U0924717

# 比较

总第114辑

2021年第3辑

COMPARATIVE STUDIES

吴敬琏 主编

中信出版集团 · 北京

**比较**

COMPARATIVE STUDIES

**主管** 中信集团

**主办** 中信出版集团股份有限公司

**出版** 中信出版集团股份有限公司

**主编** 吴敬琏

**副主编** 肖梦 吴素萍

**编辑部主任** 孟凡玲

**编辑** 马媛媛 王艺璇

**封面设计** 李晓军 / **美编** 杨爱华

**经营部**

**总经理** 张立晖

**副总经理** 傅继红

**发行总监** 周广宇

**品牌传播部高级总监** 马玲

**独家代理**：财新传媒有限公司

**电话**：（8610）85905000 **传真**：（8610）85905288

**广告热线**：（8610）85905088 85905099 **传真**：（8610）85905101

**电邮**：ad@ caixin. com

**订阅及客服热线**：400-696-0110（8610）56592288 **传真**：（8610）85905190

**订阅电邮**：circ@ caixin. com **客服电邮**：service@ caixin. com

**地址**：北京市朝阳区工体北路 8 号院三里屯 SOHO 6 号楼 5 层（**邮编**：100027）

# Contents

## 第114辑

## 前沿 Guide



## 视界 Horizon



## 法和经济学 Law and Economics



## 特稿 Feature

# 流行的经济叙事推动美国史上最长（2009—2019年）的经济扩张

罗伯特·希勒

据美国国民经济研究局经济周期决策委员会的数据①，当前这一轮美国经济扩张始于2009年6月，当时是金融危机最严重的时期，到2019年6月，已经超过了之前的纪录120个月。截至2020年3月本文撰写时，尚不清楚这轮扩张还会持续多久。

这一轮扩张提供了有用的案例研究，可以帮助我们加深对经济波动起因的理解。这是一个异常事件，因此更容易发现其根本原因；这是一个当下事件，对扩张过程中出现的种种说法，我们记忆犹新，因此可以更好地判断其中的人为因素。

本文基于我在新书《叙事经济学》② 中就经济波动起因提出的一个论点。《叙事经济学》这本书根据我在2017年的美国经济学会主席演讲“叙事经济

---

* Robert J. Shiller，2013年诺贝尔经济学奖得主，耶鲁大学斯特林（Sterling）经济学讲席教授。原文“Popular Economic Narratives Advancing the Longest U. S. Expansion 2009 - 2019”发表于*Journal of Policy Modeling*，本文翻译发表得到了原杂志的授权。——编者注

** 作者曾在2020年1月3日于加利福尼亚州圣迭哥举行的美国经济学会年会“The United States Economy：Growth，Stagnation or New Financial Crisis”（由 Dominick Salvatore 主持）介绍过本文的早期版本。感谢 Jakub Madej 和 Megan Xu 的出色研究协助。

① https：//www. nber. org/cycles. html.

② 中文版见中信出版集团2020年版。

学”扩展而成。主要论点是，由于环境的变化和叙事的简单变异会导致传染率高于恢复率，所以经济叙事，即经济理论暗示的故事、为经济事件提供解释的故事或有关道德的故事，会像疾病一样传播，正如克马克—麦肯德里克（Kermack-McKendrick，1927）的流行病 SIR 模型揭示的那样。① 经济持续受到多种叙事的困扰：这些叙事有的正在传播，有的已经达到传播高峰期，有的逐渐消退，有的对经济产生了积极影响，有的则产生了负面影响，其加总效应改变了经济行为，进而导致经济波动。像疾病一样，许多经济叙事常年存在并逐渐消退，直到某些突变或条件变化导致它们神秘地暴发为新的“流行病”。

每个正常的人都知道，我们生活的时代充斥着成千上万种叙事。但经济学家通常不会正式关注这些叙事。其他社会科学，如心理学、人类学、社会学、政治学和历史学，对这些流行叙事的关注度更高。也许，大多数经济学家认为叙事与经济学几乎没什么关系。其中的一个重大难题是因果关系的方向，但这很难证明。显然，叙事会对经济状况做出反应，但主要问题在于因果关系的另一个方向，即叙事本身是否也能推动经济发展？我认为因果关系是双向的。富有创造力的人一直在尝试各种叙事方式，而这些叙事有时会成为流行叙事，并改变经济的性质。其他社会科学已经通过控制实验来证明叙事的因果影响，因此经济叙事也有望产生因果影响。叙事看似微不足道的变异，例如当叙事与名人联系在一起时，或者当叙事与现实联系在一起时，传播率就可能超过遗忘率，原本传播力较弱的叙事就可能会引起大众的广泛关注，从而改变经济行为。

如今，借助新闻媒体和其他来源的数字化数据库，我们可以真正研究叙事传播的时间路径。我们应该能够检验有关叙事影响经济的新假设，这至少有助于人们对叙事的经济影响形成一些初步的印象。

## 史上最长的经济扩张

我们从数据中很容易就能看出历时最长的经济扩张。图 1 以准对数图的形

---

① 克马克—麦肯德里克模型是一个基本的流行病模型，它假设没有人口死亡或出生，人群完全融合，且人们康复后具有永久的免疫力。人群被分为三个部分：易感、感染和恢复。$S$ 是易感人群的比例，$I$ 是感染人群的比例，$R$ 是康复人群的比例。其中传染率 $c$ 和恢复率 $r$ 因疾病而异，但在时间上都是恒定的。这三个方程式是 $dS/dt = -cSI$，$dI/dt = cSI - rI$ 和 $dR/dt = rI$。如果 $c > r$，那么这些方程的解为 $I$ 随时间呈驼峰状的模式。我们将比较受感染的时间曲线与新文章中使用的叙事关键词的时间路径。本模型适用于各种规模的流行病，以及快速和缓慢的流行病，这取决于 $c$ 和 $r$ 的选择。

式显示了美国经济分析局公布的从 1929 年到现在的美国实际人均 GDP 以及实际人均消费支出，这使人们很容易观察到一系列的变化。本轮扩张始于 2007—2009 年的“大衰退”之后，并且在最右边以“历时最长的扩张”字样表示。十多年来，实际 GDP 增长几乎呈线性上升趋势，但消费看起来更像是折线：第一部分显示 2009—2014 年的消费复苏非常缓慢，第二部分显示 2015—2020 年的更快复苏。

图中还可以看到之前的纪录保持者，即从 1991 年 3 月到 2001 年 3 月为期 120 个月的扩张。最大的扩张似乎是在最左边，即从 1933 年 3 月（大萧条）到 1945 年 2 月（二战），但被 1937 年 5 月到 1938 年 6 月的经济衰退中断，因此这实际上是两次较短的扩张。1933 年至 1945 年的现象也很反常，是被史诗级的全面战争推动的。

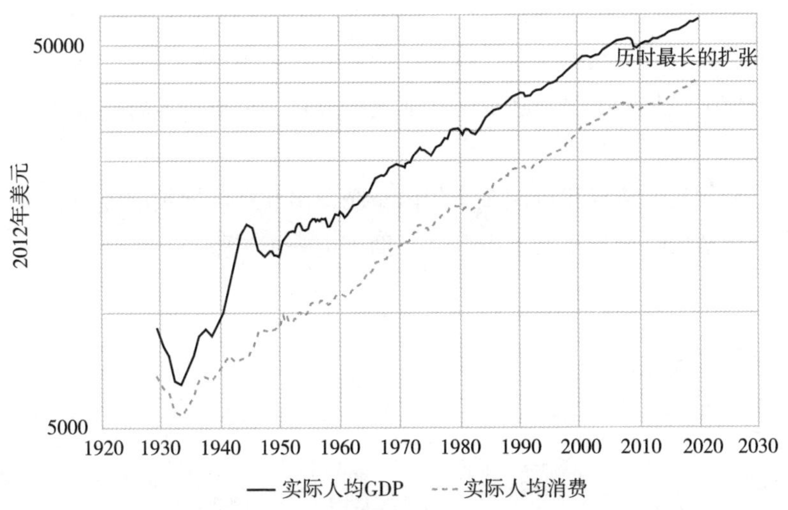


**图 1　美国实际人均 GDP 和实际人均消费**

注：1929—1946 年为年度数据，1947—2019 年为季度数据。竖轴为对数刻度。

资料来源：美国经济分析局。

自 1947 年以来，美国 GDP 变成季度而不是每年的核算数据。自 1947 年以来，ln GDP 和 ln 消费的二次趋势（quadratic trends）的标准差仅为 3% 左右。与经济衰退带来的舆论和恐慌情绪相比，偶尔的经济衰退给整体趋势带来的波动似乎很小。当人们被问道，“去年你是否比原计划多花或者少花了 3% 的钱?”大多数人可能不知道如何回答。他们也许能够想到去年的一些重大支出，或者决定不做这些支出，例如购买新车或去一次期待已久的假期旅行。除此之外，正负百分之几太小，甚至无法记住。每一次下降都会被随后几年内使人均值再创新高的上升抵消。在判断下文讨论的叙事可能产生的影响时，一定要牢记这一点。这些叙事对支出的影响不需要很大，就可以解释我们观察到的大量经济波动。

对大多数人来说，谈论下一次衰退就像谈论天气一样，只是一个可能会影响我们所有人的话题，即使它并不重要。当然，我们的经历各不相同，有些人受到了经济衰退的沉重打击。这表明，衰退的问题可能被认为是需要更好的社会保障，而不是更好的经济稳定政策。

从图 2 的散点图可以看出，较长的扩张往往也是较慢的扩张。自 1947 年以来，每次扩张都有一个点并标记它们结束的年份。x 轴显示以季度衡量的扩张期长度，y 轴显示扩张期内 GDP 的年增长率。在底部和最右端标示着 2019 年的地方可以看到最长的扩张，这一扩展可能还会再延续几年。新闻媒体通常热情洋溢地把最长的扩张描述成一次非凡的成功，但也可能将它描述为最慢的扩张。

接下来，我们将寻找可能在十年内减缓支出和经济增长的经济叙事，尽管在扩张行将结束时增加消费支出可能有助于进一步扩张。

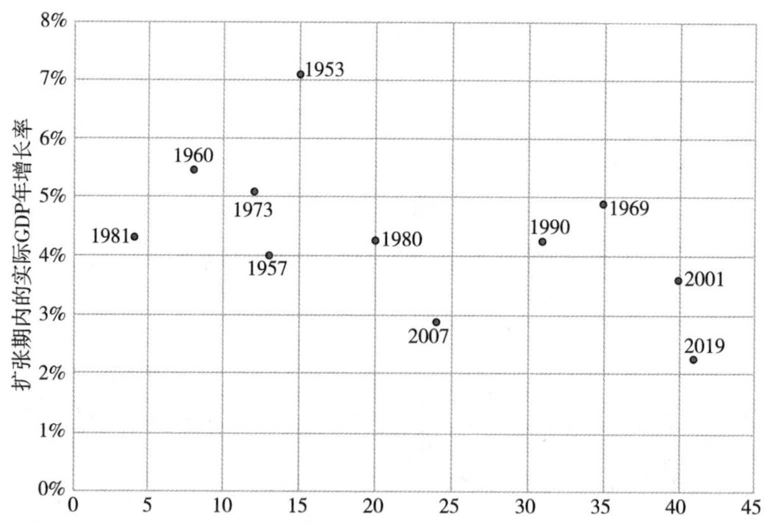


**图 2　NBER 记录的自 1947 年以来的每次扩张，实际 GDP 年增长率与扩张期长度**

注：目前右下角的年份是 2019 年，尽管在撰写本文时，尚不清楚本轮扩张是否会在 2019 年结束。

## 与最长扩张相关的一些经济叙事

为了帮助理解最长的扩张，我们试图寻找代表一系列经济叙事的关键词（为此需要搜索 Proquest News & Newspapers，以下简称 Proquest），这些有助于理解的关键词可能部分被认为是外生力量。自 1989 年以来，Proquest 的搜索范围可达 9700 万篇文章，包括金融危机前的年份、2008—2009 年的危机年份，以及自 2009 年以来最长的扩张年份。我们试图找出哪些叙事的变化（至少是部分）助推或阻碍了扩张。我们展示了六个影响支出的叙事星座，关键词是“大萧条”“长期停滞”“可持续性”（如图 3 所示），“住房泡沫”“强劲的经济”“存更多钱”（如图 4 所示）。

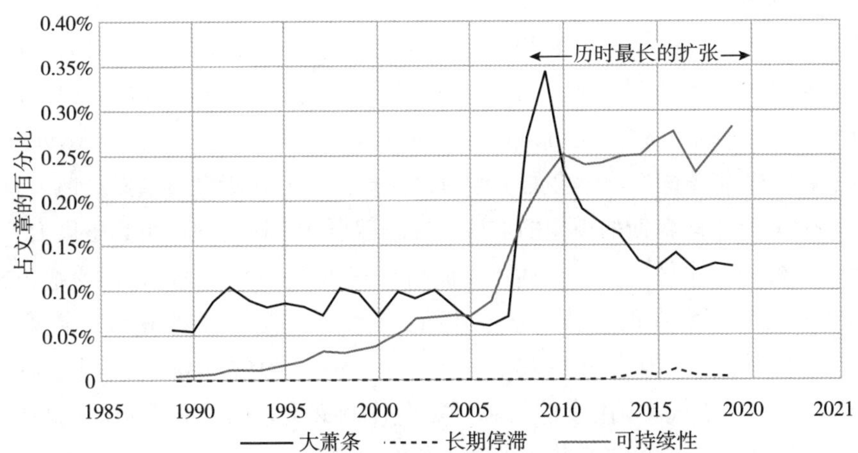


**图 3　1989—2019 年代表叙事的三个短语的时间路径：“大萧条”“长期停滞”“可持续性”**

注：对于每个短语或单词，曲线表示每年至少包含一次该短语的文章数量占该年发布的所有文章的百分比。

资料来源：作者根据 Proquest 计算得出。

**大萧条**。关于大萧条的叙事达到了自 20 世纪 30 年代大萧条以来的最高水平。包含“大萧条”的文章占比的峰值似乎很小，仅为 0.35%，或大约 1/300，但我们不能因此忽视人们真正接触并记住的文章或新闻片段的庞大数量。这些有关萧条的叙事常常关乎人们当时面临的困境，并提醒这种情况可能会再次发生。人们从未忘记过大萧条的传说，正是大萧条带来了巨大的社会对立，进而引发第二次世界大战。请注意，相比之下，在 1991—2001 年史上第二长的经济扩张期或者2001—2003年短暂的经济收缩期，大萧条叙事并未出现不寻常的波动。当2007年英国北岩银行以及2008年美国华盛顿互助银行发生挤兑时，反复出现的大萧条叙事发生了突变，而且利用了当时发生的事件与大萧条时期发生的事件在表面上的相似性。在2008—2009年金融危机期间，世界各地的政界人士发出警告，我们即将面临大萧条的风险，以期赢得人们对积极刺激政策的接受，这也使大萧条叙事更具感染力。这种新的大萧条叙事流行引发的恐惧，正是罗斯福在1933年时所说的“我们唯一要恐惧的就是恐惧本身”。最近一次对大萧条的强烈关注遵循了一条漂亮的驼峰形曲线，就像有着高传染参数和低康复（遗忘）参数的克马克—麦肯德里克模型。随着人们逐渐忘记，消费支出的缓慢上升大致对应于叙事传播的下降。

**长期停滞**。哈佛大学前校长、美国前财政部长兼高产的研究者劳伦斯·萨默斯（Lawrence Summers）在2013年国际货币基金组织的一次研讨会上的演讲，重新将“长期停滞”这一术语带到了公众面前。这次演讲视频曾在网上疯传。“长期停滞”这个词可以追溯到大萧条，由阿尔文·汉森（Alvin Hansen）在1938年美国经济学会的主席演讲中提出，但在萨默斯重提之前一直不为人注意。有了萨默斯的声望的加持，这一叙事在一段时间内更具感染力。该曲线呈驼峰形，也像一条流行病传染曲线。它比大萧条叙事流行得要晚一些，因为直到有了萨默斯的加持，它才开始流行起来。它的曲线相对“大萧条”平缓得多，可能是因为很多人不知道“secular”的含义是“长期”（long-term）。但是，这一叙事附带的信息肯定会抑制支出，因为它们暗示困难时期将无限期地存在。在特朗普执政期间，长期停滞似乎再次被遗忘，这可能会带来更长时间的扩张。

**可持续性**。这个词最早用于环境保护和气候变化，从20世纪80年代开始已经缓慢传播了几十年。它代表了新一代的理想主义，理论上会减少支出。直到最近，在16岁的格雷塔·滕伯格（Greta Thunberg）的推动下才加强了传播力。滕伯格是一名具有“病毒式”感染力的神童。她的谷歌总点击量达到1.14亿次，击败了伊丽莎白女王和默克尔。这一流行减缓了遗忘的速度。图3中显示的可持续性曲线不是驼峰形的，因为它尚未显示出下降或被遗忘的迹象。滕伯格突变是导致叙事持续蔓延的因素之一。

**住房泡沫**。这是另一条高度拟合的流行病传染曲线，在2008—2009年金融危机之前开始上升，但在2008年才暴发。“住房泡沫”一词是两种叙事相

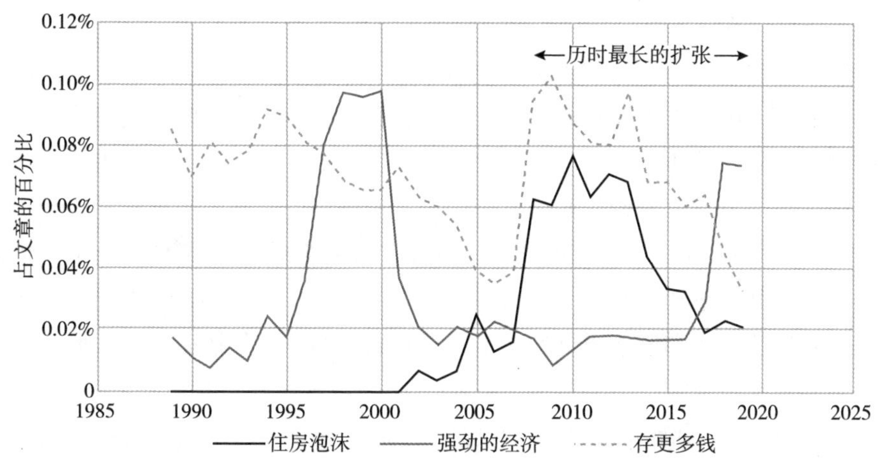


**图 4　1989—2019 年，代表叙事的三个短语的时间路径：**
**"住房泡沫""强劲的经济""存更多钱"**

注：对于每个短语或单词，曲线表示每年至少包含一次该短语的文章数量占该年发布的所有文章的百分比。

资料来源：作者根据 Proquest 计算得出。

互交织的产物，即房地产繁荣叙事和股市泡沫叙事，直到现在还没有创造出可传染的"病原体"。在最长的扩张之前，它首先表现出病毒式传播的迹象，并逐渐蔓延。曾经有过房地产泡沫，但它们往往是土地泡沫而非住房泡沫。由于我们大多数人是房主，但只有极少数人投资空置的土地，因此住房泡沫更容易引起共鸣。

**强劲的经济。**"强劲的经济"一词有两次流行：一次在 20 世纪 90 年代后期，另一次在 2018—2019 年。这可能只是反映了这两个时期的股市高企，但我认为从叙事到经济也有很多反馈。称经济"强劲"，类似于医学上的"强壮的体魄"。当特朗普总统将自己和"强劲的经济"联系在一起时，"强劲的经济"叙事就发生了变异。他打算作为一个铁腕人物，将权力融入他的竞选，就像他从 1980 年里根总统竞选活动中借用的口号"让美国再次伟大"一样。Proquest 搜索显示，2017—2019 年提到"强劲的经济"的文章或新闻中，有 62% 同时提到了特朗普，并经常提到他的口号"让美国再次伟大"。相较而言，在史上第二长的扩张时期行将结束时，即 1997—1999 年，只有 27% 的文章和新闻提到"强劲的经济"，而同时提到时任总统克林顿的更是只占其中的 1/10。克林顿的口号是"以人为本"（Putting People First），这是他 1992 年与阿尔·戈尔（Al Gore）合著的书的标题。

**存更多钱**。这句话与“强劲的经济”附带的信息正相反：大多数人没有足够的储蓄，因而未来面临很高的风险：买房、送孩子上大学、创业或者过体面的退休生活。有时，“存更多钱”附着在与这些长期计划密切相关的叙事中，比如如何节省取暖费或在杂货店购物，但更多的时候似乎仅仅是关于积累储蓄。随着2008年金融危机的到来，有关“存更多钱”的信息增加了一倍有余，无疑受到了危机的助推。在金融危机之后的几年中，有很多关于债务陷阱、学生贷款陷阱和债务风险的文章，尽管它们本身的传播力较弱，但它们彼此联系紧密。根据流行病学理论，它们最终会慢慢沉寂，并回到以前的水平。于2016年当选的特朗普总统也是有史以来最“病毒式”的名人之一，他通过呼吁奢侈来反击“存更多钱”的叙事：“要想，就往大了想；要活，就往好了活。”① 此时对应于图中显示的人均消费的折线部分：当“存更多钱”的点击率很高时，消费增长较弱，但最终确实慢慢恢复了。

我们不知道这些叙事对消费行为的确切影响，但是我们认识到，所有这些不同的病毒式信息都从不同维度为最长的扩张提供了部分合理解释。上述六大叙事中的三个叙事，即“大萧条”“住房泡沫”“存更多钱”的传播力在过去大约十年内逐渐走低，将这次扩张拉长为一次缓慢的长期复苏。最终，特朗普版“强劲的经济”叙事又进一步提振了经济。

上述叙事并不是这段时期仅有的流行经济叙事。例如，“人工智能将改变您的生活”或“新型冠状病毒是主要威胁”之类的叙事正在兴起，如果它们开始变得迫在眉睫或令人恐惧，将来可能会成为影响支出的主要因素。与最长的扩张有关的叙事还有很多，如虚假新闻、贸易战、数字时代等，这对公众看待支出的态度也很重要。

## 进一步的研究

我们需要更多的研究，来帮助我们建立更可靠的叙事。正如我在《叙事经济学》中讨论的那样，我们需要开发有关叙事的更好的数据源，例如焦点访谈和焦点小组提供的数据，而不是过分地依赖新闻媒体报道，而且总样本也要更具代表性。我们需要量化叙事以更好地确定叙事与经济事件之间的因果关

① Trump and McIver，2004，Kindle edition，location 333.

系方向。已有的一些计量经济学方法可以帮助我们理解因果关系的方向，一旦叙事数据库建立起来，就可以利用现有的计量经济学方法进行分析。这样一来，叙事的流行病模型最终就有可能与现有的经济计量模型相结合。

## 参考文献


Akerlof, George A. and Robert J. Shiller. 2009. *Animal Spirits*. Princeton NJ: Princeton University Press.

Clinton, Bill, and Al Gore. 1992. *Putting People First*. Times Books.

Kermack W. O. and A. G. McKendrick. 1927. "A Contribution to the Mathematical Theory of Epidemics." *Proceedings of the Royal Society*. 115 (772): 701 – 21.

Shiller, Robert J. 2017. "Narrative Economics" (American Economic Association presidential address) *American Economic Review*, 107 (4): 967 – 1004.

Shiller, Robert J. 2019. *Narrative Economics: How Stories Go Viral and Drive Major Economic Events*. Prineton NJ: Princeton University Press.

Trump, Donald J. and Meredith McIver. 2004. *Trump: How to Get Rich*. New York: Random House.

# 政府的适当范围

## 理论分析及其在监狱管理中的应用

奥利弗·哈特　安德烈·施莱弗　罗伯特·维什尼

### 1. 导论

一般而言，政府会利用税收来提供大部分公共服务，例如警察、军队、监狱、消防、学校和垃圾收集等。但在有些情况下，政府通过与私人供应商签订合同，将服务外包出去。究竟应该由政府提供服务还是将服务外包出去，二者之间的选择一直众说纷纭。服务外包的支持者认为，相对于政府职员，私人供应商能以更低的成本提供公共服务（Savas，1982，1987；Logan，1990）。而批评者在质疑这些数据的同时，强调私人承包商提供的公共服务在质量上不太令人满意（AFSCME，1985；Shichor，1995）。本文构思了一个关于政府所有权和合同外包的理论，分析了两种可替换的公共服务供给模式的成本和质量。

基于不完备合同的观点（Grossman and Hart，1986；Hart and Moore，1990；Hart，1995），我们假设一位热心公益的政客在由政府机构提供服务和服务外包之间进行选择。前者是政客雇用政府职员，并给他们提供就业合同，

---

* Oliver Hart，哈佛大学经济系教授，2016 年诺贝尔经济学奖得主；Andrei Shleifer，哈佛大学经济系 John L. Loeb 讲席教授；Robert W. Vishny，芝加哥大学布斯商学院 Myron S. Scholes 杰出金融学讲席教授。本文原文“The Proper Scope of Government：Theory and an Application to Prisons”发表于 *The Quarterly Journal of Economics*，1997 年第 112 卷第 4 期，第 1127—1161 页。

明确规定他们需要做什么；后者是政客与私人供应商签订合同，私人供应商继而与其雇员签订合同。如果政客能够和政府职员或承包商签订一份完备的合同，那么这两种情况实现的效果相同。从传统的激励观点看，即使存在道德风险和逆向选择，政客面临的问题同样是如何激励承包商和政府职员。为了理解合同外包带来的成本和收益，我们需要考虑不完备合同的情形，在合同未做规定时，剩余控制权对于确定代理人的激励非常重要。

一旦认识到政府想要的服务质量往往不能完全明确规定，合同不完备的假设就变得很现实。事实上，私有化的批评者通常认为，私人承包商在削减成本的同时也会降低服务质量，这是因为合同无法充分防范这种可能性。私立学校的批评者认为，即使这些私立学校由政府出资（例如通过教育券），它们也会在不违反合同条款的情况下，设法拒绝学习能力或行为操守方面存在问题因而教育成本较高的学生。批评者还担心，私立学校会用薪酬较低的助教代替薪酬较高的教师，从而危及教育质量。在关于公立和私立医疗服务的讨论中，大多数观点认为，私人医院会通过降低护理质量或拒收病情严重、治疗费用高昂的患者来节省成本。在监狱管理方面，人们担心私人供应商会雇用不合格的狱警来节省成本，从而损害囚犯的安全和保障，这是反对私有化的关键原因。

在某些情况下，合同不完备产生的问题使人们直接采用政府供给的方式。例如，政府不会将外交事务外包，因为不可预见的突发事件是外交事务的核心组成部分，而私人承包商会因此拥有最大化其个人财富的巨大权力（例如拒绝将军队派到某地）同时又不会违反合同条款。如果政府希望承包商从事合同要求以外的事情，就很有可能为重新谈判支付大笔资金。换句话说，让私人承包商提供合意的服务可能会带来高昂成本。另一方面，假定服务按照某一特定程序提供，对于垃圾收集和汽车拖移这类服务，合同不完备性不会产生重要影响，因为私人承包商削减成本的行为不太可能带来质量的大幅降低，成本降低带来的效率提高反而可能非常显著。因此，对这些服务而言，私有化的理由是令人信服的。同样重要的是，我们看到在许多行业中，私人承包商在降低成本的同时也提高了质量。一般认为，政府所有权在两方面都做得不好。我们的模型试图解释外包给私人通常成本会更低的原因，以及为何它在某些情况下能比政府供给提供更高质量的服务，而在其他情况下服务质量会更低。

关于私有化的许多讨论将公司所有权问题和竞争问题混为一谈，即私有化支持者的依据往往是私人所有权可以带来竞争收益。我们认为将私有化等同于竞争会产生误导。原则上，政府所有的几个企业通过竞争提供公共品，或者几个管理团队通过相互竞争获取一家政府所有的机构（例如监狱）的经营权是有可能的，但是，私有企业也有可能没有有效的竞争者（垄断）。我们的分析基于如下观点：私有产权和公有产权的根本区别在于剩余控制权的分配，而不是竞争程度的差异。竞争可以增强私有化的理由，事实上，我们论证了在某些条件下的确如此，但这只是因为私有化条件下剩余控制权的分配不同。我们在本文中只简略地讨论竞争的作用，但我们相信它将是未来研究的一个重要领域。

在第 2 节中，我们将提出一个关注质量问题的政府合同外包模型，该模型的基本思想是，无论服务提供者是政府职员还是私人承包商，他们都可以花时间来改善服务质量或降低服务成本。但是，降低成本对质量会产生不利影响。改善治理和降低成本这两种创新都不能事先在合同中说明。但这两种创新的实施都需要资产所有者的批准，比如监狱、医院或学校的所有者。如果服务提供者是政府职员，他不管实施哪一项改进都需要政府的批准，因为政府保留对资产的剩余控制权。最终政府职员只能获得质量改进或成本降低带来的部分收益，而且由于政府职员是可替换的，他们从任何一项改进中获取的有效补偿都是有限的。

相反，如果服务提供者是私人承包商，他拥有对资产的剩余控制权，因此在降低成本方面无须获得政府批准。与此同时，如果私人承包商想要提高质量以获取更高价格，他需要和处于买方的政府进行谈判。所以和政府职员相比，私人承包商提升质量和降低成本的动机通常会更强烈，但他们常常因为有过强的动机减少成本，而忽视了成本降低对质量的损害。

在第 3 节中，我们将分析这个模型，并证明与政府供给和合同外包的相对效率有关的几个命题。一般来说，（未在合同中约定的）成本削减对（未在合同中约定的）质量的负面影响越大，政府供给的优势就越大。政府供给的效率也取决于对政府职员的激励强度以及质量创新对政府的重要性。从这个模型中得出的结论往往非常直观，例如私人供给一般更便宜，但质量可能更高也可能更低。第 3 节还简要讨论了该模型遗漏的一个关键因素，即私人承包商之间事后竞争的可能性，这通常更有利于支持私有化。

第 2 节的基本模型讨论的是一个仁慈政府。许多讨论政府合同外包的文章考虑的是一个更加现实而不是完美的政府，在这样的政府中，官员存在腐败，或者关注其政治支持者以获取选票。在第 4 节中，我们将分析公共腐败导致过度私有化的倾向，而政府职员的利益将导致相反的倾向。对于自利的政客来说，这两种安排的效率取决于公共部门的哪种失败是最重要的。

在第 5 节中，我们将运用第 2—4 节的分析框架探讨监狱的私有化问题。政府是否应该把监狱的经营权外包给私人公司，然后由这些公司监禁和管理囚犯？尽管私立监狱只关押了大约 3% 的囚犯，但它们的增长非常迅速。批评人士强烈关注私立监狱的质量问题，具体包括囚犯的生活质量、囚犯遭受监狱暴力的可能性、狱警动用武力的发生率、越狱事件以及对囚犯的再教育不足等。

对监狱私有化的分析与我们的分析框架正好吻合。尽管关于质量的许多方面都可以在合同中加以规定，而且监狱合同的内容也很翔实，但合同的不完备性仍然显著存在。例如，因为对不同环境下获准使用武力有着不同的解释，所以人们很难通过签订合同来详细规定狱警合理使用武力的条件。故而，如果使用武力能够降低成本，私人承包商可能会过度使用武力来约束囚犯。更重要的是，人们很难在合同中详细规定私人承包商所雇雇员（例如狱警和监狱长）的素质。雇用廉价雇员（在合同规定的范围内）能让私人承包商节约成本，但很可能会恶化囚犯的待遇。最后不能不提的是，近来的一些证据表明，政府并不一定有能力起草和执行尽可能完备的合同。总的来说，将第 3—4 节得出的理论结果与可获得的现实证据进行综合研究，就可以发现我们应该对监狱私有化持一定的怀疑态度。

我们的研究结果可能也有助于探讨其他的政府服务。特别是降低成本对质量的不利影响、质量创新的重要性、政府职员的激励措施以及没有纳入模型的竞争可能性等模型参数，可能有助于我们理解国防采购、垃圾收集、警察和军队、教育以及医疗卫生等领域的私有化问题。第 6 节从总体上讨论了我们的分析框架在政府合同研究中的适用性。

我们的研究并不是最先对政府合同进行规范分析的文献。① 威尔逊（Wilson，1989）的经典著作就提出过本文的一些观点。研究这方面的经济学家通

---

① 有很多关于合同外包的积极作用方面的文献，例如 Shleifer and Vishny（1994）以及 Savas（1982，1987）。

常关注合同带来的逆向选择和道德风险等传统问题（Laffont and Tirole，1993；Tirole，1994），以及私有化后的竞争和反垄断问题（Vickers and Yarrow，1988）。最近的一些研究考察了合同不完备性（Schmidt，1996；Shapiro and Willig，1990；Laffont and Tirole，1993）。与我们的研究不同，他们着重强调合同造成的信息损失或者拥有多个经营者的成本。从理论上看，本文的创新点在于强调质量问题而不是合同中的不完全信息。在这方面，本文与霍姆斯特朗和米尔格罗姆（Holmstrom and Milgrom，1991，1994）的研究相似，他们在一个完备合同框架中，阐明了行为人追求某个目标的强烈动机（如利益）可以使他忽视其他目标（如质量），本文与这个研究有关，关注的问题也相似，但研究框架不同。此外，现有文献多为理论性文章，没有深入分析监狱管理这样的具体问题。①

## 2. 模型

### 2.1 基本假设

这一节将阐述一个简单模型，用于分析监狱、医院或学校等服务是选择政府供给还是私人供给。

假设以政府为代表的社会需要某种商品或服务的供应，同时假定消费者可能因为商品的公共属性等原因不能在市场上直接购买这种商品。② 一种可能的供应方式是合同外包，例如政府可以和一家私人企业签订合同，让其代管一所监狱5年。第二种可能是由政府提供，例如政府可以安排政府职员管理监狱。该模型的基本思想是，这两种安排的关键区别在于谁对提供服务的非人力资产拥有剩余控制权，我们将这些资产称为“设施 $F$”（如监狱）。如果由公共部门提供，那么作为所有者的政府（由官员代表）对该设施拥有剩余控制权。如果由私人提供，那么私人供应商作为所有者拥有对该设施的剩余控制权。剩余控制权之所以重要，是因为它决定了谁有权批准合同中未曾约定的程序变更

① 也有一些例外。例如，Vickers and Yarrow（1988）讨论了英国电信私有化和对价格上限进行监管后可能出现的质量下降。Domberger、Hall and Li（1995）研究了清洁服务外包对价格和质量的影响。

② 这种假设对监狱是有道理的，但在学校或医院中争议较大。

或者创新。①

我们假设公共或私有设施由单一的私人承包商或政府职员 $M$ 管理，同时也存在以 $G$ 表示的单一官员或政客。我们首先考虑官员完全代表社会利益的情况，也就是说官员和社会之间不存在代理问题。② 随后，我们考虑官员和政客自利的情况。

假设 $G$ 和 $M$ 能签订一份长期合同，详细规定所要提供的商品或服务的价格以及其他方面。事实上，我们假设如果 $F$ 是私有的，则需要一份长期合同以支持关系专用性投资。③ 我们把合同中规定的商品称为基础商品，其价格用 $P_0$ 表示。根据设施 $F$ 是私有或公有，$P_0$ 会有不同的解释。如果 $F$ 是私有的，即 $M$ 拥有 $F$，那么 $P_0$ 是 $M$ 作为独立承包商提供基础商品的价格；如果 $F$ 是公有的，即 $G$ 拥有 $F$，那么 $P_0$ 是 $M$ 作为政府职员得到的工资。在后一种情况下，基础商品的供应可被看作 $M$ 工作内容的一部分，即只有 $M$ 提供商品后，他才能得到报酬。

虽然 $G$ 和 $M$ 可以事先确定商品或服务的某些具体方面，但我们认为仍有其他一些方面是他们无法确定的。我们认为各种不测事件发生时需要对基础商品做出相应调整。例如，$M$ 可能建议修缮监狱以提高安全性，或者 $M$ 可能发现雇用更便宜（或更少）的狱警可以降低成本。我们的假设是，可能发生的意外事件太多，不可能事前全部预料到，也不可能提前在合同中约定该如何处理。④ 相反，一旦明确了可能发生的相关事件，双方就会在事后修改合同。我们将意料之外的事件发生后被改进的基础商品称为"改进商品"。

改进商品对社会带来的收益为 $B$，经营者生产的成本为 $C$，$C$ 由 $M$ 直接承

---

① 参考 Grossman and Hart（1986）。更重要的不是谁拥有实体监狱，而是谁有使用权（可能在有限时间内）。例如，政府可能拥有监狱，但将其 $n$ 年的经营权出售给私人企业（特许经营安排）。在这种情况下，私人企业在这 $n$ 年内拥有剩余控制权。本文没有区分实体所有权和监狱使用权。

② 更确切地说，我们假设 $G$ 的效用函数由社会中不包括 $M$ 的其他人的福利给定。支持这一假设的理由是政治过程符合 $G$ 和社会的利益（因为 $M$ 的投票权微不足道，他获得的利益也微不足道）。显然，如果 $G$ 的效用也包括 $M$ 的利益，就可以实现最优结果。

③ 我们没有明确提供维系关系的专用性投资的模型。然而，它们可能对应于实物投资，例如建造监狱。我们认为所有者必须承担这些投资成本，因为非所有者承担的成本可由所有者承担。关于关系专用性投资需要长期合同来支持的观点，可参考 Klein et al. （1978） 和 Williamson（1985）。

④ 更深入的论述可参考 Hart（1995）。

担。例如，$B$ 可能代表囚犯斗殴减少、囚犯饮食改善和身体健康状况良好产生的社会收益。虽然 $B$ 的数值很难测量或核实（它不会出现在任何账户中），但我们假定它可以用美元表示。同样，$C$ 也可以用美元表示。

经营者可以通过选择事前的努力来影响 $B$ 和 $C$。我们假设 $M$ 可以致力于基础商品的两种“创新”：成本创新和质量创新。假设成本创新会降低成本 $C$，但通常伴随着质量 $B$ 的降低。同样，质量创新会提高质量，但通常伴随着成本 $C$ 的增加。我们将此关系写作：

$$B = B_0 - b(e) + \beta(i)$$

$$C = C_0 - c(e)$$

公式中的 $e$ 和 $i$ 分别表示经营者为成本创新和质量创新做出的努力，$c(e) \geqslant 0$ 表示成本创新带来的成本降低；$b(e) \geqslant 0$ 表示成本创新带来的质量下降；$\beta(i) \geqslant 0$ 表示扣除质量创新带来的成本后的质量净提高。① 函数 $b$ 在这个模型中发挥着关键作用：它衡量了（未在合同中约定的）成本削减导致的（未在合同中约定的）质量下降程度，因此成为私有化批评者关注的变量。

我们对 $b$、$c$ 和 $\beta$ 的凹性、凸性和单调性做了标准假设：$b(0) = 0$，$b' \geqslant 0$，$b'' \geqslant 0$；$c(0) = 0$，$c'(0) = \infty$，$c' > 0$，$c'' < 0$，$c'(\infty) = 0$；$\beta(0) = 0$，$\beta'(0) = \infty$，$\beta' > 0$，$\beta'' < 0$，$\beta'(\infty) = 0$；$c' - b' \geqslant 0$。要注意的是，$c' - b' \geqslant 0$ 和 $\beta' > 0$ 表示成本创新带来的质量下降不能抵消成本的削减，质量创新导致的成本增加也不能抵消质量的提升。前者是一个尤为重要的实质性假设，因为人们大体上认为，承包商削减成本（如未对狱警进行培训）造成的社会损害超过了节省的成本。虽然这种情况比较容易分析，但是我们的假设排除了它。

经营者的事前努力成本必须加到 $C$ 中，从而得到 $M$ 的总成本。我们将努力成本的总和写作 $e + i$，并假设利率为零（不存在贴现），因此 $M$ 的总成本为：

$$C + e + i = C_0 - c(e) + e + i$$ ②

我们的一个重要假设是，成本和质量创新都可以在不违反基本商品合同的

① 我们需要跟踪成本创新的成本和质量各自的组成部分（$c$ 和 $b$），而不是质量创新的组成部分。

② 在本文的早期版本中，我们假设了一个更复杂的努力成本函数，其中 $e$ 和 $i$ 可以相互替代［根据 Holmstrom and Milgrom（1991）的多任务研究思路］。当前的模型会产生更简单、更容易解释的结果。

情况下被引入。也就是说，虽然每一项创新都会导致质量发生变化（成本创新带来质量降低），但初始合同总是足够模糊或不完备的，因此任何一项创新都不会违反它。

我们还假设 $i$、$e$、$b$、$c$ 对 $G$ 和 $M$ 来说都是可以观察的，但是（对外部人来说）是不可验证的，因此不可能成为可执行性合同的一部分。类似地，$G$ 的收益和 $M$ 的成本都是可观察的，但不可验证或转让，这意味着收益和成本分摊的安排是不可行的。①

我们假设一旦 $G$ 和 $M$ 建立关系，它们至少会部分地相互锁定。具体来说，除了 $F$ 之外没有可以给社会提供商品的其他设施，并且这项服务（例如监狱）除了 $G$ 之外不存在其他潜在用户。然而，$M$ 的劳务服务可以被部分替代（见下文分析）。最后，我们假设 $M$ 和 $G$ 是风险中性的，不存在财富约束。时间线如图 1 所示。

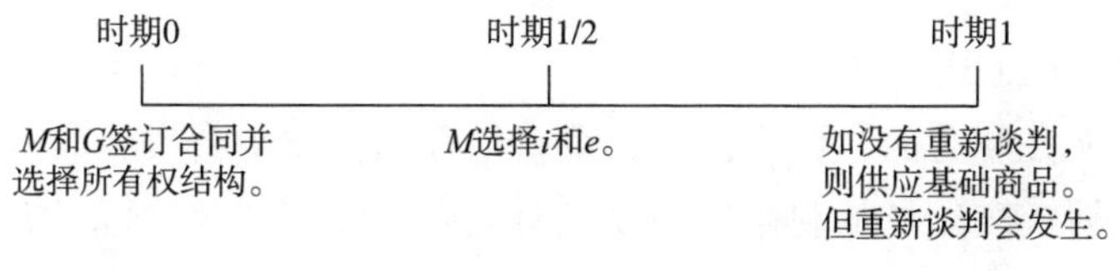


**图 1**

## 2.2 默认报酬

如前文所述，一旦合同双方了解到质量改进和成本降低的本质，他们就希望在时期 1 重新谈判合同。我们假设 $G$ 和 $M$ 根据纳什议价对收益分配进行重新谈判，即对盈余进行平分。这意味着双方的默认报酬，即不存在重新谈判情况下的报酬会影响最终收益。

我们认为，任何成本创新或质量创新都需要设施 $F$ 所有者的许可，因为实施这些创新都涉及 $F$ 使用方式的改变。只有所有者（剩余控制权的所有者）才有权批准这样的变更。因此，在设施公有的情况下，任何成本创新或质量创新都需要 $G$ 批准，而如果设施是私有的，$M$ 不用获取 $G$ 的批准就可以开展这些创新。然而，即使设施是私有的，未经 $G$ 批准就进行质量创新也不符合 $M$

① 有关可验证性、不可缔约性、收入和成本分摊安排的更广泛讨论，请参见 Hart（1995）。

的利益，因为纳入合同的任何质量改进都未必会带来报酬，除非 $G$ 批准，也就是说除非签订一份新合同。

$M$ 的努力 $e$ 和 $i$ 产生的成果在多大程度上体现在 $M$ 的人力资本中还有待讨论。假设 $M$ 有一个关于如何降低成本或提高质量的想法，实现这个想法产生的收益中，有一部分需要 $M$ 的参与才能获得，但其余部分可以不需要 $M$ 参与就能实现，尤其是假定 $M$ 的想法的某些内容已经成为公共知识（至少在组织内部是如此）。我们进一步假定：当 $F$ 是公有时，$G$ 可以不雇用 $M$ 而雇用其他经营者并支付成本价格，从而实现创新的净社会收益 $-b(e)+c(e)+\beta(i)$ 的一部分，比例为 $0\leqslant(1-\lambda)\leqslant 1$ 。如果 $F$ 是私有的，$G$ 就不能得到这些收益，因为此时 $M$ 拥有剩余控制权，他可以禁止任何创新。参数 $\lambda$ 非常重要，因为它有效衡量了政府职员激励的薄弱程度。当 $\lambda=1$ 时，政府职员（看守者）是不可替换的，因此他们在和 $G$ 的谈判中能得到与私人经营者相同的租金份额。

我们可以把上述讨论总结如下：

①如果 $F$ 是私有的，那么在没有重新谈判的情况下会实施成本创新（因为实施成本创新符合 $M$ 的利益，且 $M$ 拥有剩余控制权），但不会实施质量创新（因为 $M$ 不能从 $G$ 处得到应有的报酬）。也就是说，$G$ 的默认报酬是 $B_0-P_0-b(e)$ ，而 $M$ 的默认报酬是 $P_0-C_0+c(e)-e-i$。

②如果 $F$ 是公有的，那么在没有重新谈判的情况下会实施成本创新和质量创新。但是 $G$ 必须取代 $M$，因此只能从这些创新中获取 $(1-\lambda)$ 的收益。也就是说，$G$ 的默认报酬是 $B_0-P_0+(1-\lambda)[c(e)-b(e)+\beta(i)]$ ，$M$ 的默认报酬是 $P_0-C_0-e-i$。

## 2.3 最优情况

我们将最优情况作为一种基准是有益的，在这种情况下 $e$ 和 $i$ 能够被纳入合同（或者等价地，能够签订描述改进商品的长期合同）。此时，$G$ 和 $M$ 会选择 $e$ 和 $i$，使交易关系带来的总净剩余最大化，并通过一次性转移支付分配剩余。也就是说，在最优情况下，$G$ 和 $M$ 将解出：

$$\max_{e,i}\{c(e)-b(e)+\beta(i)-e-i\} \tag{2.1}$$

给定我们的假设，（2.1）式将有唯一解 $(e^*,i^*)$ ，满足的一阶条件为：

$$-b'(e^*)+c'(e^*)=1 \tag{2.2}$$

$$\beta'(i^*) = 1 \tag{2.3}$$

在社会最优情况下，投入额外努力降低成本产生的边际社会收益减去其导致的边际质量恶化，必须等于额外努力的边际成本，即等于1。类似地，投入额外努力提升质量产生的边际社会收益必须等于投入该额外努力带来的边际成本，也等于1。

## 2.4 私人所有权下的均衡

假定 $M$ 拥有 $F$，考虑情形1，重新谈判发生在质量创新上，由此产生的收益是 $\beta(i)$，这一收益按50∶50分配。（关于 $i$ 双方有对称信息。）因此，双方的回报是：

$$U_G = B_0 - P_0 + 1/2\,\beta(i) - b(e) \tag{2.4}$$

$$U_M = P_0 - C_0 + 1/2\,\beta(i) + c(e) - e - i \tag{2.5}$$

注意，因为 $M$ 削减成本时不用获得 $G$ 的批准，因此 $G$ 首当其冲地承受着因削减成本而导致的质量恶化。

由于假定双方都有理性预期，$M$ 会选择使 $U_M$ 最大的 $e$ 和 $i$，即求解：

$$\max_{e,i}\{1/2\,\beta(i) + c(e) - e - i\} \tag{2.6}$$

将（唯一）解记为 $(e_M, i_M)$（其中下标 $M$ 代表 $M$ 拥有所有权）。（2.6）式的一阶条件为：

$$c'(e_M) = 1 \tag{2.7}$$

$$1/2\,\beta'(i_M) = 1 \tag{2.8}$$

与最优情况相比，这里有两项背离。第一，$M$ 忽略了成本削减导致的质量恶化，因此夸大了成本削减的社会收益。第二，由于 $M$ 必须获得 $G$ 的批准才能进行质量改进，却只能从中获得一半的收益，这削弱了 $M$ 改进质量的动力。

$M$ 拥有所有权时获得的总剩余 $S_M$ 为：

$$S_M = U_G + U_M = B_0 - C_0 - b(e_M) + c(e_M) + \beta(i_M) - e_M - i_M \tag{2.9}$$

在时期0，双方根据其相对议价地位选择价格 $P_0$ 来分配总剩余。$S_M$ 的等式反映了双方事后有效地议价，但在维系双方的关系专用性投资 $e$ 和 $i$ 上存在扭曲。

## 2.5 公共所有权下的均衡

假定 $G$ 拥有 $F$，考虑情形2，重新谈判发生在 $G$ 无法获得的成本创新和质

量创新的比率 $\lambda$ 上，即 $\lambda[-b(e)+c(e)+\beta(i)]$。收益按 50∶50 分配，因此双方收益为：

$$U_G = B_0 - P_0 + (1-\lambda/2)[-b(e)+c(e)+\beta(i)] \qquad (2.10)$$

$$U_M = P_0 - C_0 + \lambda/2[-b(e)+c(e)+\beta(i)] - e - i \qquad (2.11)$$

当 $\lambda=1$ 时，即管理者是完全不可替代时，双方按照 50∶50 分配创新的收益。$M$ 选择 $e$ 和 $i$ 来求解：

$$\max_{e,i}\{\lambda/2[-b(e)+c(e)+\beta(i)] - e - i\} \qquad (2.12)$$

将（唯一）解记为 $(e_G, i_G)$（其中下标 $G$ 代表 $G$ 拥有所有权）。(2.12) 式的一阶条件为：

$$\lambda/2[-b'(e_G)+c'(e_G)] = 1 \qquad (2.13)$$

$$\lambda/2\,\beta'(i) = 1 \qquad (2.14)$$

同私人所有权情形相比，因为政府职员 $M$ 需要就削减成本与 $G$ 进行谈判，因此他会考虑削减成本可能导致的质量降低。然而在公共所有权情形中也存在新的扭曲。第一，在调整质量和成本这两个方面，政府职员都需要取得 $G$ 的批准，因此他被迫放弃了一半的交易收益。第二，如果 $\lambda<1$，即政府职员可以被替换，因此他就更不愿意去创新。这两个因素都削弱了政府职员的动力。

$G$ 拥有所有权时的总剩余 $S_G$ 为：

$$S_G = U_G + U_M = B_0 - C_0 - b(e_G) + c(e_G) + \beta(i_G) - e_G - i_G \qquad (2.15)$$

同样在时期 0，双方根据相对议价能力选择价格 $P_0$ 来分配总剩余。

### 2.6 所有权结构的选择

能产生最大总剩余的结构是最优的所有权结构（剩余的分配总是由 $P_0$ 来决定），即 $G$ 拥有所有权优于 $M$ 拥有所有权。

$$\begin{aligned}&\Leftrightarrow S_G > S_M\\ &\Leftrightarrow -b(e_G)+c(e_G)+\beta(i_G)-e_G-i_G >\\ &\quad -b(e_M)+c(e_M)+\beta(i_M)-e_M-i_M\end{aligned} \qquad (2.16)$$

信息对称情况下的重新谈判保证了任何所有权结构都能获得事后的有效收益。不同所有权结构之间的唯一区别在于事前投资 $e$ 和 $i$ 选择。

## 3. 最优所有权结构分析

（2.1）式和（2.6）式的对比表明，私人所有权相对于最优情形存在两种扭曲。第一，$M$ 忽视了 $e$ 会降低合同中未曾约定的质量 $b$（$e$）；换句话说，$M$ 忽视了自身削减成本的做法会损害 $G$ 的收益。第二，$M$ 只得到质量创新收益 $\beta$（$i$）的50%，而不是100%。因此根据一阶条件的（2.2）式、（2.3）式、（2.7）式、（2.8）式和凹性，在私人所有权下，$e$ 是无效率的高，$i$ 是无效率的低。

**命题1** $e_M > e^*$，$i_M < i^*$。

私人所有权的均衡如图2a所示。

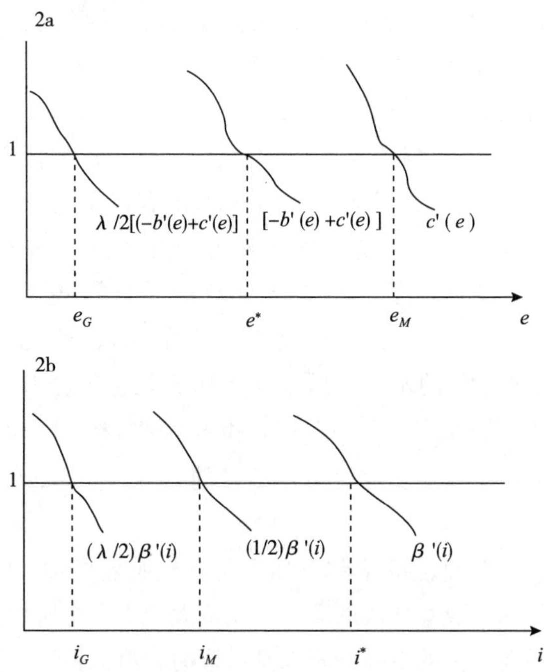


**图2 不同所有权结构下 $e$ 和 $i$ 的均衡水平**

考虑公共所有权。对比（2.1）式和（2.12）式可知，在公共所有权下，$M$ 确实担心损失 $b(e)$。因为 $M$ 在没有 $G$ 的批准下无法进行成本削减，因此他们会就成本削减产生的净剩余 $-b(e)+c(e)$ 进行讨价还价。然而，$M$ 在成本创新收益 $-b(e)+c(e)$ 和质量创新收益 $\beta$（$i$）中的占比为 $\lambda/2$，而不是最优情形中的100%。由一阶条件（2.13）式和（2.14）式可知，在公共所有权下，$e$ 和 $i$ 都是无效率的低。并且，除非 $\lambda=1$，即 $M$ 是不可替代的，否则公共所有权的 $i$ 比私人所有权下更低。

**命题 2**　$e_G < e^*$，$i_G \leqslant i_M < i^*$（除非 $\lambda = 1$，否则 $i_G < i_M$）。

公共所有权的均衡如图 2b 所示。

公共所有权和私人所有权之间的权衡现在就非常清晰了。私人所有权会产生削减成本（$e_M > e^*$）的强激励，同时产生提高质量（$i_M < i^*$）的温和（尽管还是较弱的）激励。公共所有权并没有削减成本的强激励，取而代之的是削减成本和提高质量的弱激励。因此，哪种结构更优，取决于哪种扭曲造成的损失更小。

下面两个命题说明了什么情况下私人所有权或公共所有权更优。

**命题 3**　（1）假设将函数 $b(e)$ 替换为 $\theta b(e)$，其中 $\theta > 0$。那么当 $\theta$ 足够小时，私人所有权要优于公共所有权。

（2）假设函数 $b(e)$ 替换为 $\theta b(e)$，函数 $c(e)$ 替换为 $\varphi c(e)$，其中 $\theta$、$\varphi > 0$。当 $\theta$ 和 $\varphi$ 足够小，且 $\lambda < 1$ 时，私人所有权要优于公共所有权。

命题 3 的第（1）部分是基于以下事实：当 $\theta \to 0$，成本削减对质量的损害消失了。在这些条件下，私人所有权能够选择更有效率的 $e$ [因为 $c'(e) \approx -b'(e) + c'(e)$]。因为较之于公共所有权，私人所有权下 $i$ 的水平更加接近于最优情形中 $i$ 的水平，所以私人所有权优于公共所有权。第（2）部分基于以下事实：当 $\theta$、$\varphi \to 0$，$e^*$、$e_M$ 和 $e_G$ 都收敛于 0。此时重要的是对 $i$ 的选择；由于私人所有权能实现更接近于 $i^*$ 的 $i$，因此私人所有权优于公共所有权。

命题 3 有一种非常自然的解释。私人所有权明显更优的情况基本上有两种。第一种情况是削减成本造成的质量恶化不太严重。在这种情况下，私人承包商削减成本、提高质量的更强激励都是可取的。第二种情况是削减成本的机会很小（因此对质量损害的机会也很小），并且政府职员的激励相对较弱（$\lambda$ 很小）。在这种情况下，私人承包商不会做很多潜在的破坏性成本削减，而且质量创新的激励更强，使得他略优于政府供给。这两种情况都非常直观。

政府供给占优的情况如下：

**命题 4**　（1）假定 $-b(e) + c(e) = \sigma d(e)$，其中 $\sigma > 0$。当 $\sigma$ 足够小，$\lambda$ 足够接近于 1，公共所有权要优于私人所有权。

（2）假定 $-b(e) + c(e) = \sigma d(e)$，其中 $\sigma > 0$。同时假定 $\tau\beta(i)$ 代替了函数 $\beta(i)$，其中 $\tau > 0$。当 $\sigma$、$\tau$ 足够小时，公共所有权要优于私人所有权。

命题 4 的第（1）部分基于以下事实：当 $\sigma \to 0$，成本削减带来的社会收益收敛于0：质量损失完全抵消了节省的成本。因此，在公共所有权条件下，削减成本的弱激励也具有社会效率。相反，私人所有权下削减成本的激励是无效的，因为私人所有权忽略了削减成本造成的重大损失 $b(e)$。如果 $\lambda$ 接近于1，公共所有权下进行质量创新的激励与私人所有权下相同，因此公共所有权优于私人所有权。

第（2）部分用很小的 $\tau$ 替代了第（1）部分中 $\lambda$ 接近于1的条件。在此情况下，$i^*$、$i_M$ 和 $i_G$ 几乎为0，此时重要的是对 $e$ 的选择。当 $\sigma$ 很小时，公共所有权优于私人所有权，因为它提供了一个社会效率更高的 $e$ 水平。

命题4也有非常自然的解释。当削减成本对质量的负面影响较大时，公共所有权可能更好。不仅于此，当公共所有权更优时，一定处于如下情形：质量提高是不重要的，或者政府职员在质量提高上有更强的激励（$\lambda$ 较大时）。如果后者的条件有一个能得到满足，那么私人承包商在质量提高方面并没有显著优势，因此公共所有权会更受欢迎。①

最后，我们考虑私人所有权和公共所有权之间的成本/质量对比：

**命题5** 私人所有权下成本 $[C_0 - c(e)]$ 通常更低，质量 $[B_0 - b(e) + \beta(i)]$ 可能更高或更低。

我们知道相较于公共所有权，私人所有权的 $e$ 更高（$e_M > e^* > e_G$），因此私人所有权的成本通常更低。当质量可能更高或者更低时，虽然 $e$ 更高，$i$ 也是如此。私人所有权下质量更高的一种情形是 $b'(e)$ 较小［更简洁地说，用 $\theta b(e)$ 代替 $b(e)$，并使 $\theta \to 0$］；此时，质量由 $i$ 的差异而非 $e$ 的差异决定。另一方面，如果 $\beta'(i)$ 较小，公共所有权下质量更高；此时质量由 $e$ 的差异而非 $i$ 的差异决定。

命题5解释了基本的典型化事实，即与私人订立合同通常有更优的成本效率，但对质量的影响是不明确的。请注意，如果我们有一个更简单的模

---

① 我们在假设私人所有者实际管理公司的前提下分析了私人所有权。这一假设对我们最感兴趣的情况，即监狱来说，是一个不坏的假设。在未来的研究中，将这一分析拓展到所有权与控制权分离的情况是非常有帮助的。我们已经确定的一些最重要的权衡关系仍然可能是相关的。特别地，私人公司的所有者和经理仍然有过度削减成本的趋势，因为他们可以共同瓜分削减成本带来的收益，而忽略对社会的不利质量影响。质量创新的含义更加复杂。在某种程度上，私人公司的经理比公有公司的经理更不可替代（因为私人公司的股东较为分散），前者的创新激励将大于后者的创新激励。但是，如果私人公司的经理必须与所有者和政府（而不仅仅是政府）分享创新的成果，那么私人公司的经理进行创新的激励就更低（后一个影响，请参见 Laffont and Tirole，1993；Hart and Moore，1990）。

型，在这个模型中没有对质量改进的投资，我们就不会产生歧义。在简单模型中，质量和成本之间有直接的权衡，公共供给会以更高的成本带来更高的质量。这种模型（即不存在$\beta$的模型）类似于拉丰和梯若尔（Laffont and Tirole，1993，第4章）的完备合同模型，他们认为高能激励（这可能与私人所有权相联系）会导致更低的成本和质量。相反，我们的模型解释了为什么在某些情况下（能论证的大多数情况下）私人供给会有更低的成本和更高的质量。

### 3.1　竞争

或许我们的模型没有考虑的最重要因素就是商品供给者之间存在着事后竞争。竞争可能并不总是一个适当的选择，例如，让囚犯自己选择监狱，或者让监狱竞争性地争取囚犯，这些都可能是坏主意。但在另外一些情况下，竞争可能是非常有益的。

举个最简单的例子，假设消费者直接从私人承包商那里购买商品或服务，没有任何政府干预，甚至在资金方面也没有政府干预。再假设消费者可以自己评估产品的质量（这对大多数商品来说是一个不错的假设，对教育而言这个假设似乎成立，但对医疗卫生来说可能是一个错误的假设）。最后假设供应商在每个质量水平上都处于完全竞争状态。在这种情况下，对私人承包商的激励将是社会最优的，因为在边际水平上，如果他通过损害质量来降低成本，其商品价格会下降，但如果通过创新来提高产品质量，其商品价格会上升［即他会获得$-b(e)+c(e)+\beta(i)$］。在这种情况下，选择私人供应商会达到最好的效果。另一方面，公共管理者需要就任何创新问题与政府协商，而且他自身很可能被替代，所以公共管理者的创新力会受到阻碍。在这种极端情况下，根本不需要政府，公共服务的效率低下，而私人部门会提供最好的服务。

当然，在大多数有趣的案例中，情况更加复杂，因此就需要政府发挥作用，尤其是在资金方面。例如，在教育领域，即使供给者是私人的、竞争性的，政府仍需为一些消费者的服务付费（例如以教育券的形式）。政府之所以需要对这些服务付费，是出于减少消费者之间不平等的考虑。然而，只要消费者能够评估质量并且供应商之间互相竞争，私人供应商仍将为降低成本导致的质量下降买单，因为消费者可以选择其他供应商。在这种情况下，竞争也加强了合同外包的可能性。

反对私人竞争性供应的观点通常集中在更微妙的分配问题上。一种观点认为，得到政府固定资助的私人供给者将拒绝向服务成本高昂的顾客提供服务（例如他们不会接收难教的学生）。也有观点认为，在私人所有权下，将出现差别对待，尽管从社会的观点看这是无效率的（例如，好的学校只接收聪明的学生，而其他学生则全留给了差的学校）。正如我们将在第 6 节中分析的，有的时候（尽管不是经常发生的），在私人竞争性合同安排下，这些分配问题也能得到成功解决。我们将在另一篇文章中详细讨论竞争与规制的问题。

## 4. 看待政府的另一种观点

在本节中，我们放松了对官员或政客代表社会利益的假设，并允许他们自利。这种利己行为可以用很多方式表示。首先，政客可能是腐败的，因为他愿意利用自己的控制权从承包商那里捞钱（或者获得竞选捐款）。其次，政客可以利用他的控制权追求公共利益以外的政治目标，例如迎合可能在选举中支持他的利益集团。这些政治行为特征可能对两种所有权结构的优劣产生巨大的影响。

### 4.1 腐败

一个对政府服务进行监督的腐败政客可能用多种方式为自己谋利。如果服务被外包出去，他可以将合同给那些报价并不是最低或者质量较差的企业，以换取贿赂。他也可能签订一份不利于政府的合同，在合同中故意忽视重要的质量因素，或者向承包商支付过高的价格。当这样的合同需要重新谈判的时候，他也能够就有利于承包商的条款进行重新谈判。最后一点是，一旦签订合同，他可能允许违反合同的行为存在，从而使一些重要条款得不到执行。简言之，腐败的政客可以利用他手中的各种权力，降低服务质量，提高政府的服务成本，从而收取贿赂。①

在这篇文章中，我们并不准备分析所有这些关于腐败的模型。相反，我们只介绍一种简单但可能非常重要的情况，即腐败可能导致过度私有化。也就是

① 当政客懒政或没有动力时，会出现一系列非常相似的问题。这样一个政客就像他的腐败对手一样，可能会签署一些不能保护公共利益的糟糕合同，把合同授予效率低下的供应商，支付过高的价格，不能监督承包商等。因为私有化将政府锁定在这些糟糕的安排中，政客的懒政以及腐败往往会导致反对私有化。

说，本来从社会角度出发，选择政府供给方式可以达到社会最优状态，但腐败政客却使其向私有化方向转变。

假设私有化的决策是由一个更高级别的政客在时期0之前制定的（参见图1）。也就是说，除了所有权的决策在时期1/2制定外，时间线同图1一致。再假设政客在做出私有化决策后不参与$F$的运作；也就是说，签约决策权交给一个被认为是诚实的官僚手中。相反，前面做出私有化决策的政客是腐败的，他收受了金钱贿赂。

在这种情况下，政客只有一个简单的选择。他可以将$F$（监狱）私有化，在这种情况下，他可以安排将$F$出售给$M$拥有的一家私人公司（$F$未来的所有者和管理者）。假设政客可以人为地把价格定得很低，并向$M$索取贿赂，也就是说，政客可以避免通过竞价出售$F$，或者他也可以将$F$继续保持公共所有状态，任命$M$为未来的管理者（监狱长）。在这种情况下，我们假设政客以任命$M$做管理者为条件，从$M$那里索取贿赂。

在合理的假设下，如果将$F$私有化，政客可以收取比不私有化时更高的贿赂。如果政客将$F$私有化，那么在时期0，$M$与$G$在关于合同条款的谈判中处于双边讨价还价的位置。总的剩余$S_M$从（2.9）式中得出。根据纳什讨价还价的假定，$M$在价格$P_0$水平上得到$0.5S_M$。现在回到时期1/2。到目前为止，只要有许多潜在的（相同）公司和经理可以管理监狱，政客就可以把$F$卖给贿赂最高的人：最高的贿赂当然是$0.5\ S_M$，所以这是政客的报酬。

现在考虑政客将$F$保持公共所有的情况。$M$会付多少钱来获得监狱长的特权？$M$面临的问题是，在与$G$签订合同之前，他的工作没有保障，也就是说，如果监狱是公共所有的，就没有什么能阻止政客在时期0用其他管理者取代$M$（此时不存在关系专用性投资）。因此$M$的未来收益为零，这意味着政客能得到的贿赂也为零！结论是，腐败的政客总是想私有化$F$，即便这会使社会效率非常低下。

即使腐败的政客能够迫使诚实的官僚保留由该政客选择的管理者，他从该管理者身上得到的贿赂也低于他从私人承包商那里得到的贿赂。如果$\lambda<1$，公共部门管理者从成本降低或质量改进中得到的收益比例将低于1/2，而与之相比，私人承包商能够从质量改进中得到1/2的收益，从成本降低中得到全部收益。因此，公共部门管理者能够为其工作支付的贿赂低于私人承包商。从政客实现贿赂最大化的角度看，他将促使过度私有化。

### 4.2 徇私不公

政客为公共利益行事的假设忽略了另一个重要因素，即他们为了赢得选举常常迎合特殊利益集团，如工会（Stigler，1971；Becker，1983）。政客可能会选择利用公共资金为工人提供就业机会，或者支付给工人高于市场水平的工资，从而在选举中得到工人的支持。如果在政府自身提供公共服务的情况下，使用公共资源向这些利益集团转移财富比在合同外包情况下更容易，那么政客就会倾向于减少私有化（Shleifer and Vishny，1994）。因此，徇私不公与腐败有相反的效果：它将导致政客过于倾向政府供给。有趣的是，公共企业中的过度就业可能导致质量过高（如果使用更多的人能够提高质量的话）。例如，一些欧洲国有航空公司，如法航和汉莎航空公司的服务质量可能过高，但私人航空公司可能提供的低质量服务并不表明其效率低下。

将政府服务私有化的主要目标之一，就是为了避免过多的公共资金花费在政治强势利益集团上。在美国，公共部门工会是一个强大的特殊利益集团，强烈反对政府合同外包（包括反对监狱私有化）的声音中，就有一部分来自它们（AFSCME，1985）。一些证据表明，强势公共部门团体以及政府预算软约束的存在，是美国地方政府实现公共服务私有化的重要障碍（Lopez-de-Silanes、Shleifer and Vishny，1996）。

现实情况表明，私有化与政府供给之间存在重要的权衡取舍关系。如果存在严重腐败，此时私有化的依据就要弱于仁慈政府的情形。而当徇私不公成为一个非常严重的问题时，私有化的依据就更有力。一个改革者在考虑私有化时，必须清醒地认识到，在他的政治制度中，腐败和徇私不公哪一个是更主要的问题。

## 5. 监狱私有化

### 5.1 概述

监狱私有化是指将监狱的经营活动全部承包给私营企业。在中世纪，监狱通常是私人的，但到了20世纪，大多数国家的政府接管了它们。当今美国的法律规定，即使在私立监狱里，私人企业也不能随意惩罚犯人，应当由政府人员来决定对囚犯的惩罚力度，但几乎所有与监禁有关的其他活动原则上都可以私有化。在过去 10 年中，美国的私立监狱迅速增长，可容纳的囚犯人数从 1985 年的约 1200 名增加到 1994 年底的近 5 万名（Thomas，1995）。尽管如此，私立监狱只关押了大约 3% 的囚犯。虽然私立监狱在数量上微不足道，但它在私人监禁的成本及质量方面引起了广泛的争论（例如，AFSCME，1985；Donahue，1988，1989；Logan，1990，1992；Shichor，1995，等）。尽管现在还没有关于私立与公立监狱成本及质量的大样本比较研究，但对于用不完备合同方法研究监狱私有化问题而言，现有资料已经足以对此进行评价。

私立监狱管理每个囚犯的成本比公立监狱低 10%。[①] 其主要原因可能是公立监狱狱警的工资比私立监狱狱警的高出大约 15%（Donahue，1988）。这种劳动力成本差异的部分原因是，私人承包商不需要向工会支付工资保险，另一个原因是他们雇用低质量的雇员。由于劳动力成本占监狱成本的 2/3，所以这一成本差异大体可以解释私立监狱 10% 的成本节省。

私立监狱引起的最具争议和最有趣的问题是服务质量，包括监狱中的秩序（囚犯的安全、越狱、工作人员对囚犯的态度、狱警对犯人以及囚犯之间的暴力、惩戒程序等）、囚犯得到的福利（食物质量、医疗保健、牙科保健、精神保健、衣服、设施质量、监狱工作、娱乐、获得法律帮助等）和再教育状况（职业培训、其他教育、假释程序等）。对监狱私有化的反对主要集中在质量上。迪卢里奥（Dilulio，1987）说："私立监狱的历史是非常悲惨的，囚犯受虐待和政治腐败事件有大量记述。在许多情况下，私人承包商让囚犯工作至死，殴打或杀害轻微违规的囚犯，或未能保证在他们精心起草的合同中明确规定的囚犯生活必需品的数量和质量（食物、衣服、住所等）。"在诸如韦伯等人（Webb and Webb，1963；Shischor，1995，第 2 章）批评私立监狱的叙述中，上述评论显得并不极端。另一方面，洛根（Logan，1992）对新墨西哥三所女子监狱的调查报告显示，私立监狱的质量更优越。监狱私有化的中心问题是，糟糕的历史是否对现在和未来有良好的指导作用。

我们之前的分析有助于理解在监狱私有化的进程中，合同理论在理论和实

① 监狱私有化的批评者经常质疑这种比较，因为私立监狱囚犯的暴力倾向显然没有那么强（Donahue，1988；Shichor，1995），由于私人监禁的一些成本，在比较研究中往往会忽略对持续公共监督的需要。另一方面，公立监狱的一些成本，如流失的税收收入甚至资本成本，在比较研究中也常常被忽略。

践中能够实现什么。因此，我们首先证明监狱中的许多质量问题实际上可以通过合同来解决。尽管如此，我们也承认，即使目前最具操作性的合同仍然难以避免不完备性。此外，我们在模型中描述的方式可以呈现这种不完备性：承包商有机会以可能导致质量严重恶化的方式降低成本。我们还将讨论腐败与合同执行不佳之间的高度相关性。在这一节的末尾，我们将就监狱的私有化问题提出一些尝试性的建议。

## 5.2 合同的作用

为了评估订立合同的可能性，我们将检验美国的现代“最佳实践”，当然这些实践过高地估计了平均水平。首先，一些私立监狱合同要求承包商遵守美国改造协会（ACA）的准则，这是一个准公共组织，它颁布一些优良监狱应具备的标准（可参见 ACA，1990），达到标准的监狱将被授予称号。其次，美国律师协会（ABA）制定了一系列更加严格的方案，规定了一份优质合同应该具备的内容（Robbins，1989）。最后，我们将讨论一份真实合同，该合同由田纳西州的戴维森县与美国改造公司（CCA）签订。田纳西州的监狱私有化进程比其他州要快很多，而美国改造公司是私立监狱行业中最有声誉的公司之一。通过讨论这些合同条款，我们希望发现合同如果得到执行究竟能起什么作用。

美国改造协会为成人改造惩教机构制定了 463 项标准，涵盖监狱行政和管理（包括人事政策、工作人员培训和发展、簿记、财政管理等），物理设施（包括建筑和安全规范、安全性、囚犯住房、监狱规模等），运营（包括规则和纪律、安全程序、犯人权利、特殊禁闭等），服务（包括犯人分类、食品、卫生、保健、社会服务等），以及囚犯项目（工作、教育、娱乐、邮件、探访、图书馆、宗教等）。在这些标准中有 38 项是强制性的，它们覆盖了一些核心问题，包括工作人员培训和发展、建筑和安全规范、安保和控制、安全和应急程序、囚犯权利、分类分级（classfication）、食品服务、环境卫生和个人卫生、保健，以及惩教工作。为了获得每三年更新一次的美国改造协会认证，一家监狱必须满足所有 38 个强制性标准和 90% 的非强制性标准。总的来说，只有一小部分公立或私立监狱获得了美国改造协会认证。然而，即使私立监狱没有获得美国改造协会认证，监狱合同也可以使用美国改造协会的一些或许多标准作为其中的条款。

美国改造协会的标准倾向于过程导向而非结果导向。美国改造协会通常坚持要求监狱有一套处理具体事务的书面规则或政策手册，监狱的员工必须遵守这些规则。美国改造协会的标准通常没有规定这些规则的内容。据说这些成文手册可以帮助培训监狱工作人员，同时也能让囚犯在书面规则被违反时进行投诉（或起诉），而没有手册他们就会因为没有参照标准无法做到这一点。在食品和健康等问题上，美国改造协会规定的最低质量标准确实相对难以实现。在食物方面，美国改造协会规定了必须提供的餐数、热量摄入、两餐之间的间隔时间、准备和保存食物的条件，以及美味程度。它也参考了美国饮食协会关于食品质量的标准。如果政府在合同中要求私人承包商必须通过美国改造协会认证，就能解决许多质量标准问题。

罗宾斯（Robbins，1989）在一项由美国律师协会签署的文件中提出了一种比美国改造协会更加困难的签约方法。罗宾斯的方法实际上依附于美国改造协会的标准，但对于违反合同或侵犯囚犯权利的缔约者，将承担更加严重的责任。例如，罗宾斯要求私人承包商达到100%而不是90%的美国改造协会的非强制性标准。他还要求缔约者为每起侵犯囚犯权利的行为交纳2500万美元的责任保险。这样做或许能使政府免除责任，但几乎肯定令私立监狱无法生存。① 罗宾斯的提案接近于要求缔约者在各种自然状态下均提供最高的质量水平，这样做一般是没有效率的。②

1990年，美国改造公司与纳什维尔市政府和戴维森县政府签订了一份合同，该合同说明了美国改造协会的标准在合同订立过程中可以发挥关键作用。该合同的内容包括：美国改造公司负责监狱的建造以及三年的运营，报酬为固定建设费用加上每个囚犯的管理费用。合同规定美国改造公司必须在监狱服务开始的两年内获得美国改造协会的认证。该合同对美国改造协会标准的依赖性更强，尤其是在福利设施以及服务方面。合同还规定，作为前提，监狱中必须

---

① 罗宾斯也希望要求私人承包商以不低于过去的工资水平雇用以前政府监狱的雇员。这将消除私人承包商的成本优势。

② 第2节中模型的核心假定是质量水平不能由合同约定，这一假定的确代表了一些更微秒的观点，例如在合同中规定各种可能状态下的有效质量水平成本过高。这与模型中认为有些质量水平在任何状态下均可达到规定的观点并不矛盾；问题是这一质量水平可能太高或者太低了。罗宾斯（1989）的建议说明了这一观点。他的方法实际是力图由合同约定质量水平。而这样做的问题是，它把质量水平规定得如此之高，以至于该商品的供给是不经济的，例如，监狱可能被迫要求采取许多措施以防止越狱，而这样做不可能有利可图。换言之，这样做就好像要求一个人建造一座坚不可摧的防护设施，连核攻击也不能破坏它。如果用这样的质量水平来要求监狱，那么有关质量的缔约问题就能得到解决。但实际上没有任何一所公立监狱满足罗宾斯的标准，这一点也是毫不奇怪的。

永久性地派驻三名政府职员，包括合同监控者，以便监控合同的执行情况，并审阅纪律和申诉报告。①

总的来说，美国改造协会的标准、罗宾斯的提案以及这份真实合同给我们的印象是，如果最佳实践能够被采用，监狱质量的许多问题都可以通过合同解决。

## 5.3 合同的不完备性

虽然合同可以解决一些质量问题，但在一些重要领域，其不完备性是显而易见的，而且理论上有可能损害私人承包商所提供服务的质量。我们重点关注的两个关键领域是武力使用和人员素质。这些领域是私立监狱受到批评的焦点所在。

玛蒂娜诉奥尼尔（Medina v. O'Neil，1984）这个著名的案例生动地说明了私立监狱中滥用武力以及职员素质低下的问题。希霍尔（Schichor，1985）提道："1981 年，在休斯敦，26 名偷渡者被移民归化局拘留。刚开始时，他们中的 20 人被拘禁在当地的监狱，另外 6 人被拘禁在当地的一家私人保安公司。该私人公司将他们关在一间设计容量为 6 人的小房间中。一天过后，另外 20 名被拘留者中的 10 人也被转移到这家公司关押，他们也被关在这个房间中（Logan，1990）。也就是说有 16 名偷渡者被关押在这间 12×20 英尺的房间中。又过了一天后，这间小房间中的拘留者企图逃跑，一名私人狱警在试图阻止他们逃跑的过程中意外开枪打死了一人，并致使另一人重伤。该狱警明显没有经过枪械训练，他的本意是将枪作为电棍使用，将拘留者赶回房间"（Logan，1990，第 104 页）。有趣的是，在对这起案件进行审判时，第五巡回上诉法院推翻了下级法院对移民归化局的判决，裁定："（1）移民归化局没有法定责任向偷渡者提供适当的拘留场所，（2）偷渡者应享有的权利没有受到侵犯"（Logan，1990，第 183 页）。简言之，狱警可以过度使用武力，可以不经过训练，并且法院不认为这样的情况是违反法律（或合同）的。美国州县市雇员联合会（AFSCME，1985）和唐纳修（Donahue，1988）还给出了另外一些私立监狱职员训练不足和素质低下的例子。

考察其他合同也可以发现，合同存在明显的不完备性。美国改造协会的强

---

① 罗宾斯希望政府雇员在纪律与上诉方面起到比田纳西州合同中要求的更为积极的作用。

制性标准对使用武力并没有特别具体的规定："书面政策、程序和惯例将武力的使用限制在正当自卫、保护他人、保护财产和防止越狱等情况，不到万不得已时不得使用，并要依法行事。在任何情况下，武力都不能作为正当惩罚。在使用武力之后要编写一份书面报告，提交行政工作人员审查。"这一强制性标准规定了枪支的使用，但很模糊。即使罗宾斯关于使用非致命武力的建议也十分简要："任何狱警只有在下列情况下才有权使用非致命武力：阻止重罪或轻罪的发生，包括越狱；面对身体攻击时的自卫或保护他人；防止对财产的巨大破坏；执行监狱规章制度；防止或镇压骚乱。"① 尽管罗宾斯将缔约者"执行监狱规章制度"列为使用武力的条件之一，为使用武力开了一个很大的口子，因为这几乎囊括了任何情况，但他在某些方面（财产损失必须很大）对私人承包商使用武力的限制是非常严格的。我们由这些标准可以看出，无论承包商是否得到美国改造协会认证，甚至处于美国律师协会的约束之下，他们都有使用非致命武力的很大权力。

田纳西州的合同允许使用武力的范围更广。首先，不同于美国律师协会或美国改造协会标准，田纳西州的合同允许使用致命武力阻止越狱。其次，在使用非致命武力时，田纳西州的合同采用了罗宾斯的建议（但没有规定他提议的惩罚措施），这可能使武力的使用不受明显的限制。总之，即使在最佳实践合同中，使用武力的范围也是很广的。

合同不完备可能更多地体现在职员的素质上。美国改造协会的（非强制性）标准规定，决定雇员人数需要有一套程序，并且在任何 18 个月的时间里，员工空缺率都要保持在 10% 以下。根据要求，惩教人员在工作的第一年应接受 120 小时的培训，在以后的年份接受 40 小时的培训。标准中（除了提到培训科目）几乎没有提及关于培训的质量或官员的素质。罗宾斯的提案大致与美国改造协会的标准相同。田纳西州的合同遵循了美国改造协会的培训要求，但也规定："在设施开放的时间和合同签署后的第一年里，承包商雇用的保安中至少有 25% 从事过至少一年的监狱保安工作。在雇用监狱职员的时候，戴维森县的居民享有优先权。"最有意思的是，节省员工成本方面的标准非常少，但承包商的自由处置权很大。

① 规定什么情形下使用致命武力通常比较容易，因为这些武力通常只有在囚犯越狱或发生暴乱的时候才能使用，而这两种情形都是可证实的。参见 Shichor（1995，第 101 页）。

合同不完备是否会导致质量下降？不幸的是，在这个问题上没有系统的证据。我们可以通过查看两份报告（非常小的样本）来大致了解这些问题。第一份报告是田纳西州政府1995年对其两所公立监狱和一所（由美国改造公司管理的）私立监狱的比较评估。结果显示三所监狱整体质量非常高，这暗指选择更便宜的私立监狱对政府而言是好的选择（参见《纽约时报》，1995年9月19日），但报告明确指明，私立监狱的暴力程度更高："工作人员和囚犯受伤的数量是监狱安全性的一个衡量标准。在这15个月的时间里，私立监狱报告的囚犯和工作人员受伤事件（214起）明显多于两所州立监狱，分别多了21起和51起。私立监狱还报告了30起使用武力事件，相比之下，州立监狱分别报告了4起和6起。"田纳西州的报告弱化了这些证据。这或许是因为撰写报告的方式不同，但这些数据的确具有启发意义。

这三所监狱均通过了美国改造协会认证，但它们并没有100%地达到美国改造协会的非强制性标准。私立监狱和公立监狱没有达标的地方并不相同。其中的一所公立监狱似乎在食品服务达标方面有所欠缺：在第一次检查中达标率为44%，第二次检查中达标率为67%。第二所公立监狱在第一次检查中消防和职业安全的达标率为64%，不过在第二次检查中达标率为97%。私立监狱最大的问题是员工标准，在第一次检查中达标率为73%，食品服务的达标率为67%。私立监狱在健康护理、健康记录以及精神健康服务标准方面也存在问题，达标率为75%。在第二次检查中，员工标准的达标率上升到了92%（仍然低于公立监狱），并改正了大部分其他方面的不足。从这份报告中我们很难看出，这三所监狱在第二次检查中表现焕然一新的原因是不是因为它们对评估有所准备。但是，私立监狱在员工质量方面的较差表现与我们前面的观点是一致的：私立监狱管理中无法写入合同的部分正是员工的素质。私立监狱中高频率的暴力事件或许也是由员工素质低造成的，因为在防止囚犯之间发生暴力事件的时候，训练不足的狱警使用武力的可能性更大。

虽然美国改造公司管理的田纳西州私立监狱被公认为是私立监狱管理的成功典范，但ESMOR惩教服务公司在新泽西州伊丽莎白的拘留所（主要为移民归化局提供服务）却公认为是失败的典型，部分原因是1995年6月18日那里发生过骚乱。移民归化局的报告对该机构提出了严厉批评，这份报告与其他相关报道一起，提供了有关私立监狱的更多信息，但我们应该强调的是，这些证据代表的可能是最糟糕的情况。ESMOR关押着试图通过纽约肯尼迪机场和纽瓦克机场非法进入美国的外国人（未必是一群犯罪团伙的骨干）。ESMOR 在与另外一所私立监狱的竞争中，以非常低的价格获得了移民归化局的合同，据称价格如此低的部分原因在于，其投标中对监狱工作人员工资水平估计得较低。合同确实规定了 ESMOR 将雇用的员工类型，但事实证明，在合同中有可能雇用以前的仓库看守员作为狱警。而 ESMOR 在培训方面显然违背了合同：移民归化局的报告显示，ESMOR 并没有满足这方面的合同要求。

总之，ESMOR 的拘留所人手严重不足，狱警没有接受足够的培训，他们滥用暴力虐待囚犯，管理层对工作人员缺乏监督。骚乱爆发后，狱警立即逃跑，用公用电话报警。移民局将拘留所的许多问题归咎于 ESMOR 在员工雇佣方面贪图便宜。报告中的证据表明，私人承包商有可能以牺牲质量为代价来节省成本，这一特殊事件也反映了一个同样重要的问题，即面对私人承包商明显违反合同的行为政府无计可施。

总之，虽然缺乏系统证据分析私立和公立监狱的监禁质量，但现有的少量证据表明，在监狱暴力和工作人员素质等重要方面，监狱合同存在严重的不完备性。这种不完备性有时会导致私人承包出现严重的质量缺陷。

## 5.4 合同监督与管理

到目前为止，我们讨论的都是仁慈政府签订和执行合同的情况，唯一的限制来自难以签订足够好的合同。私立监狱的历史（如同政府的其他历史一样）表明，合同分配中的腐败和合同执行不完善的问题普遍存在。例如，希霍尔（1995）讲述了一个令人不安的故事，故事的内容是关于19 世纪加利福尼亚州私立监狱的腐败和虐待犯人的情况。第一份私立监狱合同是与詹姆士·爱斯特尔（James Estell）签订的。他是一名强势的议员，利用手中的权力通过转包为自己及朋友谋取私利，同时还虐待犯人（Shichor，1995，第40 页）。那么，现在的情况比过去又如何呢?

对 ESMOR 监狱以及其他证据的检验发现，我们在第 5 节分析的内容与实际的监狱合同是高度相关的。首先，私立监狱在政治上是非常活跃的。例如，ESMOR 明显贿赂了某些政客，并利用政治捐款来取得合同（*New York Times*，1995 年 7 月 23 日）。田纳西州州长的妻子事先买入美国改造公司的股票并从中获利，该公司后来基本上致力于州长批准的田纳西州监狱私有化（*The New Republic*，1996 年3 月4 日，第9 页）。

其次，我们不能忽视合同的执行情况。移民归化局的总结报告认为，ESMOR改变其对策“阻碍了移民归化局有效执行其监管职责的能力”。该报告还提到，ESMOR 告诉其狱警不要向移民归化局的现场监督官透露信息，还有一次鼓动移民归化局撤换监督官，因为该官员在监狱发生骚乱之前的几个月投诉了新泽西州伊丽莎白拘留所的表现。报告指出，ESMOR 在某些方面违反了合同，并寻求对策阻碍移民归化局执行合同。报告也清楚地表明，移民归化局并没有尽其所能执行合同。该报告生动地说明了激励相对较弱的政府官僚机构与决心降低成本的私人供应商之间签订的合同为何难以执行，即使涉及违反合同的行为，而不仅仅是合同中对此没有规定。

再次，移民归化局的合同要么是没有规定履约失败的惩罚措施，要么只有一些轻微的惩罚（就我们所知，一名犯人逃跑将处 80 美元的罚金，而最初只有 20 美元），该合同与田纳西州的合同相比，总体来说要宽松得多。ESMOR 甚至在与移民归化局就继续运营伊丽莎白拘留所进行谈判。由此可见，私人承包商违反合同的成本看起来并不是很高。

因此，就监狱这个问题来说，仁慈政府的观点会导致对服务合同外包的前景过于乐观。

## 5.5 监狱是否应该私有化？

监狱似乎很适合我们的分析框架。虽然在某些方面监狱合同非常详细，但仍然存在严重的不完备。降低成本的机会有很多，虽然这并不违反合同，却会大大降低质量。而且，从现有的证据看，我们认为命题 4 的假设较为贴近实际。首先，质量恶化的福利后果可能与成本降低的福利后果不相上下。其次，质量创新的机会有限。在这些条件下，命题 4 表明公共所有权是优越的，也就是说，私人承包商在降低成本的过程中，可能会严重损害质量，并且私人承包商进行潜在质量创新的收益是有限的。我们还注意到，由于囚犯没有选择权，原本能够解决监狱质量问题的事后竞争并不能起到太大的作用。最后，在监狱私有化这一问题上，由于工会在合同中得不到太大的好处，所以腐败比徇私不公的影响更大。综上所述，我们的理论对私立监狱持严重怀疑的态度。

为反对监狱私有化提供了更强理由的一个例子是有最高安全要求的监狱，在这样的监狱里，防止囚犯对狱警以及其他囚犯使用暴力是监狱最重要的一个目标（*New York Time Magzine*，1995 年 11 月 26 日）。在很多情况下，防止类似暴力问题发生的一般策略就是狱警使用武力。我们已经说明，在合同中详细规定狱警使用武力的情形是非常困难的。除此之外，雇用教育程度低下、训练不足的狱警（私立监狱这样做的动力更强）将进一步增加狱警无理由使用武力的可能。因此，我们的观点是，只要限制对囚犯使用武力仍然是一项重要的公共目标，安全要求最高的监狱就不应该私有化。托马斯（Thomas，1995）对美国私营成年人改造机构的调查报告与我们的观点正好一致，在被调查的88所监狱中，仅有4所是安全要求最高的监狱。相反，由于私营过渡教习所（halfway houses）和青少年改造机构中的暴力问题要轻微得多，所以这两类私营机构在美国大量存在（Shichor，1995）。

## 6. 其他活动

前述模型在某些方面是依据监狱问题构建的，在这一节中，这个模型可以帮助我们分析其他活动，我们也借此检验模型的局限性。

### 6.1　垃圾收集

垃圾收集体现了模型中指出的具有私有化优势的情形。在垃圾收集中，由于私人承包商雇用较差的雇员或不能维护设备而造成的质量损害相当小［$b(e)$很小］。因此我们的分析认为私人供应更优。由于同一家公司只负责收集邻近街区的垃圾，因此，即使垃圾收集的事后竞争成本极高，这一结论依然成立（Donahue，1989）。私人供给在垃圾收集方面的优越性也在一些实证研究中得到证实（Donahue，1989）。

### 6.2　武器采购

在我们的模型中，能够说明私人供应更优的另一种情况是武器采购。虽然成本削减会导致更加明显的质量损害，但是这一问题很大程度上可以通过合同来处理，因为合同可以约定武器必须满足相当具体的性能要求。此外，质量创新在武器设计中极为重要，私人供应商的激励可能比政府职员的激励要强烈得多。因此，如果能通过合同限制 $b(e)$ ，如命题3指出的，私人所有权更优。

### 6.3　外交政策

在很多情况下，政府想要执行的外交政策是相当复杂和难以预期的，因此任何合同在本质上都是不完备的。私人承包商的大多数实际决策必须根据政府的行动计划重新谈判，这使得政府不得不向拥有大量权力的承包商支付高昂费用。例如，威尔逊（1989）提出，在执行美国的外交政策时，要想提前知道需要提供何种服务几乎是不可能的，而这一任务目前交给了美国国务院。假定将国务院私有化，就是在合同中具体列明针对不同国家的一系列政策。此时，如果政府想要改变针对某国的政策（比如因为俄罗斯放弃了共产主义），就必须说服私人承包商改变其行动。在这场重新谈判中，政府给私人承包商支付的费用必定会远多于向雇员支付的费用，而政府不必给雇员事先投资，因此他们是完全可以替代的。对于这种事前投资少而事后要挟机会大的情形，政府供给明显更优。

对于上述分析，怀疑论者可能会回应称，也许政府事前就知道事后会被索取高价，因此它应该以高价拍卖外交政策合约。这样的安排有什么问题吗？在我们的理论中，假定当私人所有权最优时，$M$ 有足够的财富事先支付拥有 $F$ 的费用。然而，在某些情形下，例如在外交政策的执行中，$M$ 可能并没有足够的财力。当 $M$ 事后索取的高价远远大于其事前在合同中主张的价格时，就引出了支持公共所有权的另一个论据。如果 $M$ 不能对未来的索取高价事先补偿 $G$，那么 $G$ 更改合同后，$M$ 从 $G$ 处获取的剩余就是一种社会浪费。因此，仅仅为了避免在时点 1 的时候由于改变合同而补偿 $M$，政府也可能希望拥有 $F$ 的所有权。① 这一逻辑证明了外交政策应该由政府官员执行。

## 6.4 学校

我们的基本模型不能完全涵盖的一个最重要的例子就是学校。对学校而言，由成本削减导致的质量损害 $b(e)$ 可能会很大，但是创新可能很重要，公立学校雇用的教师，特别是那些受到工会保护的教师，创新的激励非常弱。因此，我们的建议是，对于哪种安排更优不要给出明确的答案。但是学校的关键在于潜在的事后竞争。例如，当教育券与择校相联系时，政府负担每个孩子的

① Trinh（1996）进一步发展了这一论点。也许有人会产生这样的疑问，为什么 $M$ 不能预支因未来有机会索取高价带来的收入。原因是银行可能不愿意借钱给 $M$，$M$ 可能通过拒绝勒索政府转而勒索银行，而且没有什么方法阻止 $M$ 这样做。也就是说，获得贷款之后，$M$ 可以扬言在时点 1 不向政府索取高价，而威胁银行重新谈判以减少其还款（Hart and Moore，1994）。预期到这一点，银行就会拒绝给 $M$ 借款。

教育费用，而孩子和家长则可以选择学校。虽然我们的模型并没有详细分析这一问题，但我们推测私有化安排可能更优。当学生可以用教育券支付而学校无法通过价格手段竞争时，择校行为可能会促使私立学校为了竞争生源而提高教育质量。这种竞争能够显著缓解削减成本对质量降低的影响，同时增强质量创新的激励。事实上，可获得的证据似乎表明，学校之间的竞争与更高的教育质量具有相关性（Hoxby，1994）。

教育券和择校的批评者通常指出，私有化会导致特定方面的质量出现下降，即减少了某些学生获得良好教育的途径。批评者尤其担忧，这种私有化安排会导致按能力对学生分类的情况大大增加，而这是社会不愿看到的。这种分类有两种形式：第一，使用教育券的优质私立学校会挑选最好的学生，剩下的次优学生去次优的学校；第二，私立学校会竭力避免招收很难教育因而教育成本高的学生。批评者认为，这种教育分类制度对社会来说是不可取的，应尽量减少对学生的分类。譬如，一些学区试图通过法院将学生分配给那些希望收取教育券的私立学校，通过合同化的办法来解决学生分类问题（Moe，1995）。合同能否成功解决批评者关心的择校问题，从社会福利角度看这些担忧是否合理，都有待进一步研究。

## 6.5 医疗保健

同教育一样，在医疗保健领域，政府也希望至少能为部分消费者支付服务费用，并且需要为此设计合理的制度安排。在设计时需要考虑医院应该私有化还是公有化。在最优所有权的分析中，学校与医院之间有某些相似之处，当然也有所不同。首先，同教育领域一样，在医疗保健领域，创新带来的收益是巨大的，削减成本带来的质量损害也是巨大的。此外，在这两项服务中，质量有着极其重要的分配特征：对于治疗费用高昂的患者而言，如果政府支付的费用低于治愈他们所需的费用，他们往往就会有得不到有效医治的危险。

另一个重要的相似之处在于，在医疗保健中，医院之间的事后竞争（让患者选择医院）会起作用，我们认为上述竞争可能会增强私有化的理由。而非常重要的区别在于，消费者难以评估医疗保健的质量。消费者通常无法判断医院是否为了节约成本而提供了低质护理，因此，无法因为低质护理而轻易更换医院。基于这一原因，私有化和竞争的结合在医疗保健领域的效果可能会不如教育领域，实行政府所有制的理由更充分。

或许因为人们对医疗保健的私人供给有种种担忧，大多数国家通过政府供给来满足民众对医疗保健的需求。在美国，私立医院和公立医院同时存在，其中公立医院主要面向贫穷的病人。历史上，私立医院曾按照成本加成的方式收费（我们的模型并没有考虑这种方法，因为我们假定成本是不可核实的），但这种方式毫不意外地被证明是极其昂贵的。近期，向供给者提供补贴的方式转变为以固定费用购买服务，这些合同与我们在模型中的分析非常相似。这些合同越来越关注质量的恶化，特别是所谓的健康维护组织（HMO）。对医疗保健的分析要求我们的模型是高度一般化的，特别是当成本核实和成本加成合同在服务付费中起重要作用时，这是未来研究的一个重要议题。

### 6.6 警察与军队

在最后的例子中，我们考虑由政府提供的一些基础服务，即警察和军队，对这些服务很少有人会认真考虑私有化。我们的框架有利于解释这些服务为什么不应该私有化。

如果将警察或军队私有化，由此产生的私人企业的所有者将掌握巨大的权力。部分权力来源于对武器的直接所有权，如今这部分权力掌握在政府手中。私人所有者可以利用这一权力勒索政府和社会。例如，假定一个极端例子，核武器被出售给了一家私人企业，且政府与该企业签订了一份（不完备）合同，约定在国家遭受威胁时应该如何使用这些武器。明显的隐患就是私人企业可能会逃避不完备合同，要么在紧急情况下威胁扣留武器，以便从政府那里获得巨额补偿支付，要么甚至威胁对本国使用武器，除非得到这种补偿支付。

我们认为，政府拥有核武器（或军队），并不能消除被勒索的可能性。将军作为政府职员，有可能利用其能够接触核武器的权力勒索社会。毕竟军队的政变和叛乱总是不时发生。但私有化和公有化的情形还是有所不同，如果核武器或者军队由政府控制，政府可以及早采取行动防止潜在的勒索行为。如果政府怀疑某位将军正在从事叛国行为，可以立即让他停职。相反，在私有化的情形下，除非有明显违反合同的行为发生，政府才能采取行动，但可能已经为时过晚。在我们的模型中，公有化下的将军几乎在任何时候都可以被替换，然而私人 $M$ 可以进行大量投资，使得替换他需要高昂的成本。

## 7. 结论

我们研究了决定政府提供服务和服务外包相对效率的条件。我们的理论表明，当未写入合同的成本削减对质量产生巨大的有害影响、质量创新不再重要、政府采购中的腐败成为一个严重问题时，实行政府供给的理由更充分。相比之下，如果可以通过合同或竞争等方式来应对成本降低带来的问题、质量创新非常重要，以及当徇私不公与强势团体成为政府内部的严重问题时，那么支持私有化的理由就更充分。

我们还利用可获得的证据，根据不同因素的重要性，将这一分析应用于若干政府活动。我们的结论是，在执行外交政策、维持警察和军队等服务方面，通常应该采用政府提供服务的方式，同时我们认为将这一方式应用于监狱管理也非常合理。相比之下，在垃圾收集和武器生产等活动中，私有化的理由更充分，应用于学校也会令人信服。在提供医疗保健等一些其他服务中，对采取哪种方式才能获得较高效率的分析要复杂得多，需要一个比本文提供的更详细的竞争和规制模型。我们将这种分析留待以后进行。

（对外经济贸易大学金融学院 王振兴、王煜、翁璐莹 译）

## 参考文献

American Correctional Association（ACA），*Standards for Adult Correctional Institution，3d Edition*（Laurel，MD：ACA，1990）.

American Federation of State，County and Municipal Employees（AFSCME），*Does Crime Pay? An Examination of Prisons for Profit*（Washington，DC：AFSCME，1985）.

Backer，Gary S.，“A Theory of Competition Among Pressure Groups for Political Influence，” Quarterly Journal of Economics，98（1983），371－400.

DiIulio，John J.，Jr.，“Private Prisons，” unpublished discussion paper，May 1987.

Domberger，Simon，Christine Hall，and Eric Li，“The Determinants of Price and Quality in Competitively Tendered Contracts，” *Economic Journal*，105（1995），1454－70.

Donahue，John，*Prisons for Profit：Public Justice. Private Interests*（Washington，DC：Economic Policy Institute，1988）.

Donahue，John，*The PrIvatization Decision：Public Ends. Private Means*（New York：Basic Books，1989）.

Grossman，Sanford J.，and Oliver D. Hart，“The Costs and Benefits of Ownership：A Theory of Vertical and Lateral Integration，” *Journal of Political Economy*，94（1986），691－719.

Hart，Oliver，*Firms，Contracts，and Financial Structure*（Oxford：Oxford University Press，1995）.

Hart, Oliver, and John Moore, "Property Rights and the Nature of the Firm," *Journal of Political Economy*, 98 (1990), 1119-58.

Hart, Oliver, and John Moore, "A Theory of Debt Based on the Inalienability of Human Capital," *Quarterly Journal of Economics*, CIX (1994), 841-80.

Holmstrom, Bengt, and Paul Milgrom, "Multi-task Principal-Agent Analyses: Incentive Contracts, Asset Ownership and Job Design," *Journal of Law, Economics and Organization*, 7 (1991), 24-52.

Holmstrom, Bengt, and Paul Milgrom, "The Firm as an Incentive System," *American Economic Review*, 84 (1994), 972-91.

Hoxby, Caroline, "Does Competition Among Public Schools Benefit Students and Taxpayers?" NBER Working Paper #4979, December 1994.

Klein, B., R. Crawford and A. Alchian, "Vertical Integration, Appropriable Rents, and the Competitive Contracting Process," *Journal of Law and Economics*, 21 (1978), 297-326.

Laffont, Jean-Jacques, and Jean Tirole, *A Theory of Incentives in Regulation and Procurement* (Cambridge: MIT Press, 1993).

Logan, Charles H., *Private Prisons: Cons and Pros* (New York: Oxford University Press, 1990).

Logan, Charles H., "Well Kept: Comparing Quality of Confinement in Private and Public Prisons," *Journal of Criminal Law and Criminology*, 83 (1992), 577-613.

Lopez-de-Silanes, Florencio, Andrei Shleifer and Robert W. Vishny, "Privatization in the United States," Harvard Discussion Paper #1723, 1996.

Metropolitan Government of Nashville and Davidson County, "Design, Construction and Management Service Contract between CCA and Metropolitan Government of Nashville and Davidson County," 1990.

Moe, Terry, ed., *Private Vouchers* (Stanford, CA: Hoover Institution Press, 1995).

*New York Times*, "In Corrections Business, Shrewdness Pays," July 23, 1995, p. 1.

*New York Times*, "Private Tennessee Prison is Praised in State Studies," September 19, 1995, p. 7.

*New York Times*, "The Pitfalls of Private Penitentiaries," November 24, 1995, p. Al.

*New York Times Magazine*, "The Toughest Job in America is Getting Tougher," November 26, 1995, p. 42.

Robbins, Ira P., "The Legal Dimensions of Private Incarceration," *The American University Law Review*, 38 (1989), 531-854.

Savas, Emanuel, *Privatizing the Public Sector: How to Shrink Government* (Chatham, NJ: Chatham House Publishing, 1982).

Savas, Emanuel, *Privatization: the Key to Better Government* (Chatham, NJ: Chatham House Publishing, 1987).

Schmidt, Klaus, "The Costs and Benefits of Privatization: an Incomplete Contracts Approach," *Journal of Law, Economics and Organization*, 12 (1996), 1-24.

Shapiro, Carl, and Robert Willig, "Economic Rationales for the Scope of Privatization," in

Ezra N. Suleiman and John Waterbury, eds. , *The Political Economy of Private Sector Reform and Privatization* (*Boulder*, *CO*: *Westview Press*, 1990) .

Shleifer, Andrei, and Robert W. Vishny, "Corruption," *Quarterly Journal of Economics*, CVIII (1993), 599 - 618.

Shleifer, Andrei, and Robert W. Vishny, "Politicians and Firms," *Ouarterly Journal of Economics*, CIX (1994), 995 - 1025.

Shichor, David, *Punishment for Profit* (Thousand Oaks: Sage Publications, 1995) .

State of Tennessee, "Comparative Evaluation of Privately-managed CCA Prison and State-managed Prototypical Prisons," February 1, 1995.

Stigler, George, "The Economic Theory of Regulation," *Bell Journal of Economics*, 2 (1971), 3 - 21.

Thomas, Charles W. , *Private Adult Correctional Facility Census* (Gainsville: Center for Studies in Criminology and Law, 1995) .

Tirole, Jean, "The Internal Organization of Government," *Oxford Economic Papers*, 46 (1994), 1 - 29.

Trinh, Cong Minh, "Three Essays on the Economics of Governance," Ph. D. Dissertation, Harvard University, 1996.

United States Immigration and Naturalization Service, The Elizabeth, N. J. Contract Detention Facility Operated by ESMOR, Inc. : Interim Report, July 20, 1995.

Vickers, John, and George Yarrow, *Privatization*: *An Economic Analysis* (Cambridge, MA: MIT Press, 1988) .

Webb, Sidney, and Beatrice Webb, *English Prisons Under Local Government* (Camden, CT: Archon Books, 1963, reprint of 1922 Edition) .

Williamson, O. , *The Economic Institutions of capitalism* (New York: Free Press, 1985) .

Wilson, James Q. , *Bureaucracy*: *What Government Agencies Do and Why They Do It* (New York: Basic Books, 1989) .

# 前沿

Guide

Comparative

# 梅丽莎·戴尔
## 2020 年克拉克奖得主

达龙·阿西莫格鲁

美国经济学会将 2020 年约翰·贝茨·克拉克奖授予哈佛大学经济学教授梅丽莎·戴尔（Melissa Dell），因为她在政治经济学、经济史和经济发展方面做出了开创性贡献。她的工作十分出色，结合了艰难的数据收集、细致的实验证明和宏伟的理想抱负，令人钦佩。

梅丽莎出身于俄克拉何马州的伊尼德（Enid），当地人口约 5 万，属于收入相对较低的农村社会。她于 2001 年开始在哈佛的本科学习，成为家里第一代大学生，也是她的高中俄克拉何马圣经学院（Oklahoma Bible Academy）第一个上哈佛的人。起初她参与了哈佛的社会研究项目，但很快就意识到她感兴趣的核心问题都需要更加系统化的实证分析，于是转到了经济系。作为一名本科生，她的表现非常出色：在哈佛大学经济系，约翰·威廉姆斯（John Williams）认为她是最优秀的学生，西摩·哈里斯（Seymour Harris）称赞她写出

* Daron Acemoglu，麻省理工学院教授。有关附录、数据集和作者披露声明等补充材料，请参阅 https：//doi. org/10. 1257/jep. 35. 1. 231。原文“Melissa Dell：Winner of the 2020 Clark Medal”，发表于 *Journal of Economic Perspectives*，vol. 35，no. 1，Winter 2021（第 231—248 页）。——编者注

** 作者非常感谢 Gordon Hanson、Enrico Moretti、Benjamin Olken、James A. Robinson 和 Timothy Taylor 提出的宝贵意见和建议。

了最棒的论文。除了在哈佛的成就之外，她还获得了杜鲁门奖学金（Truman Fellowship）和罗德奖学金（Rhodes Scholarship），并在牛津大学获得经济学硕士学位。此后，她继续在麻省理工学院攻读经济学博士学位（在那里我有幸成为她的导师）。

在这篇文章中，我将尝试把梅丽莎的成就和研究放在更广泛的背景下理解，我愿称之为长期经济发展的根本问题：为什么有些国家或地区比其他地方富裕得多？为什么存在这么多不平等？为什么18世纪中叶以来各个国家或地区的增长速度有所不同？为什么18世纪下半叶和19世纪初某些地方开始飞速发展，而不是另一些地方？此外，上述现象与当地的民主制度、政治参与和宪政有哪些联系？

这些基本问题不仅吸引了经济学家，而且激发了很多社会学家、历史学家和哲学家的兴趣。许多有志之士（包括18岁时的我）都被这些问题吸引到了经济学领域，但不少年轻的经济学家很快发现他们不愿意深入钻研：有时他们得知这些问题太宽泛，无法通过细致的实验求证；甚至有时他们被告知这些问题已经超出了经济学的范畴。

然而，梅丽莎的工作拓宽了我们思考这些基本问题的方式。她使用了最前沿的微观计量经济学方法，比如断点回归法，为求解制度和历史因素在长期经济发展的根本问题中的作用提供了更可信的证据。她没有对许多方面都有差别的国家做比较，而是将重点放在更小的对象上，例如村庄和城市间的比较。事实证明，将重点放在具体的环境上，不仅让因果推断更加简单明了，还能让读者更深入地了解制度的经济影响、持续存在或者衰落的机制，以及制度的各方面如何随时代环境和社会背景而变化。例如，西班牙殖民者在安第斯地区实施的强制劳动制度对采矿业有什么影响？墨西哥政府为缓解冲突而出台的政策似乎反而引发了墨西哥革命，这会带来什么样的长期影响？为什么荷兰殖民者引入爪哇岛的甘蔗种植和制糖技术会产生意想不到的效果？越南地方政府的形成方式如何影响该国不同地区的长期发展？

首先我将就长期经济发展的根本问题提供一些背景知识，然后仔细研究梅丽莎在这些主题上最杰出的一些著作，以及在三个广泛领域中的其他著作：（1）殖民历史、制度和现代发展；（2）冲突、执法和政治；（3）其他研究，包括气候变化和经济增长以及数据提取的新方法。在本文中，我将始终按照表1中的编号引用她的关键论文。

**表1 梅丽莎·戴尔的论文选集**

1. "The Persistent Effectsof Peru's Mining Mita." 2010. *Econometrica* 78 (6): 1863-1903.
2. "Productivity Differences between and within Countries" (with Daron Acemoglu). 2010. *American Economic Journal: Macroeconomics* 2 (1): 169-88.
3. "Path Dependencein Development: Evidence from the Mexican Revolution." MIT Working Paper.
4. "The Historical State, Local Collective Action, and Economic Development in Vietnam" (with Nathan Lane and Pablo Querubín). 2018. *Econometrica* 86 (6): 2083-2121.
5. "The Development Effects of the Extractive Colonial Economy: The Dutch Cultivation Systemin Java" (with Benjam in Olken). 2020. *Review of Economic Studies* 87 (1): 164-203.
6. "Trafficking Net works and the Mexic an Drug War." 2015. *American Economic Review* 105 (6): 1738-79.
7. "The Violent Consequences of Trade-Induced Worker Displacement in Mexico" (with Benjamin Feigenberg and Kensuke Teshima). 2019. *American Economic Review: Insights* 1 (1): 43-58.
8. "Nation Building Through Foreign Intervention: Evidence from Discontinuities in Military Strategies" (with Pablo Querubín). 2018. *Quarterly Journal of Economics* 133 (2): 701-64.
9. "Temperature and Income: Reconciling New Cross-Sectional and Panel Estimates" (with Benjamin F. Jones and Benjamin A. Olken). 2009. *American Economic Review* 99 (2): 198-204.
10. "Temperature Shocks and Economic Growth: Evidence from the Last Half Century" (with Benjamin F. Jones and Benjamin A. Olken). 2012. *American Economic Journal: Macroeconomics* 4 (3): 66-95.
11. "What Do WeLearn from the Weather? The New Climate-Economy Literature." (with Benjamin F. Jones and Benjamin A. Olken). 2014. *Journal of Economic Literature* 52 (3): 740-98.
12. "Information Extraction from Text Regions with Complex Tabular Structure" (with Kaixuan Zhang, Zejiang Shen, and Jie Zhou). 2019. In *33rd Conference on Neural Information Processing Systems*. Vancouver, Canada.
13. "OLALA: Object-Level Active Learning Based Lay out Annotation." (with Zejiang Shen, Jian Zhao, Yaoliang Yu, and Weining Li). 2020. Working Paper.

## 背景：长期经济发展的根本问题

经济增长和发展经济学领域中的大多数现代著作都没有试图解决长期经济发展的根本问题。经济增长的研究人员通常在关注物质资本、人力资本和技术变化的框架中开展研究，同时研究诸如“物质资本或人力资本如何积累”或者“我们如何为内生和持续的技术变化建模”之类的话题；发展经济学家的研究重点是健康状况、学校教育、不完善的信贷市场、歧视以及对发展中国家穷人的生活至关重要的其他问题。但是，没有哪项研究探讨历史和制度因素如何影响政治和经济的轨迹及其分化。

当然，经济学中一直存在着受这些根本问题激励并试图解决这些问题的传统。毕竟，亚当·斯密（1776）的杰作全名是《国民财富的性质和原因的研究》，即《国富论》，其分析与当时的制度背景息息相关。马克思（1867）也有关于经济分化的制度理论，他首次将经济体的潜力及其造成的不平等的性质与生产资料所有权联系起来。然后，这种“生产方式”塑造了社会的其他方面，包括政治和社会制度，并通过它对资本积累率和技术变革的影响决定经济增长。① 许多关注长期经济发展和制度的 20 世纪经济学家都受马克思著作的影响，他们当中不仅有马克思主义经济学家②，还有克里斯托弗·希尔（Christopher Hill）、佩里·安德森（Perry Anderson）和罗伯特·布伦纳（Robert Brenner）等历史学家，以及索尔斯坦·凡勃伦（Thorstein Veblen）、约瑟夫·熊彼特（Joseph Schumpeter）、卡尔·波兰尼（Karl Polanyi）和巴灵顿·摩尔（Barrington Moore）等非马克思主义的早期制度主义者，他们彻底改变了我们对早期现代制度演变的理解。③

这一早期工作并没有系统地研究制度差异如何决定国家的经济和政治轨迹。这主要是因为缺乏制度动力学理论（theory of institutional dynamics），即各国不同的历史、国际、地理和政治特征如何影响不同类型制度的演变。④ 当时还没有概念框架来研究制度是否和如何“有效率”的，这里的“有效率”是指它们能否以有助于产生高水平产出的方式组织经济体的生产能力，或者是否

---

① 马克思有时听起来像是一个技术决定论者，他将生产方式和其他一切都与技术相联系：例如，他在《哲学的贫困》中断言：“手工磨产生的是封建主为首的社会，蒸汽磨产生的是工业资本家为主的社会”（1847［1920］，第 49 页）。但是马克思的思想往往更微妙，他意识到制度的自主作用，最能体现这一点的著作是《路易·波拿巴的雾月十八日》（1852）。

② 例如 Baran and Sweezy（1968），Dobb（1975）。

③ 请参见 Hill（1961）、Anderson（1974）、Brenner（1976）、Veblen（1899）、Schumpeter（1942）、Polanyi（1944）以及 Moore（1966）。

④ 我当然不是说这种传统的早期学者不了解比较静态分析的重要性。例如，Barrington Moore（1966）为了揭示共产主义、法西斯主义和市场资本主义的历史和社会起源，对独裁和民主的社会渊源进行了开创性研究，就属于一种比较静态分析。但是，这些尝试并没有形成一个连贯的框架。特别是，Barrington Moore 的解释不能轻易地推广到非洲、美洲或亚洲，或不能适用于不同时代。

会产生系统性的“低效率”和次优的经济组织。这些工作同样既没有清晰地描述历史发挥重要作用的途径，也没有评估各种制度途径（institutional channels）的系统性实证研究。

接下来，一批对经济机制和经济数据更加熟悉的学术先驱在这一领域做出了重大贡献。例如，曼库尔·奥尔森（Mancur Olson）、道格拉斯·诺思（Douglass North）、奥利弗·威廉姆森（Oliver Williamson）和巴里·温加斯特（Barry Weingast）开始澄清与制度效率有关的问题，强调社会资源与效率问题的不可分割性。简单地说，我们不能假定某一制度可以将蛋糕按照我们想要的任意形式分割，同时始终保持其体积最大化；蛋糕的大小与分割方式相关。埃利诺·奥斯特罗姆（Elinor Ostrom）和奥利弗·威廉姆森着手研究市场型制度和非市场型制度的重要性。诺思、莫克尔（Joel Mokyr）、恩格尔曼（Stanley Engerman）和索科洛夫（Ken Sokoloff）开始撰写关于制度的某些方面如何持续存在的综合报告，例如恩格尔曼和索科洛夫关于北美殖民地的著作，提到了不平等持续滋生不平等，一国的经济和政治发展轨迹也受此影响。①

下一个重要的里程碑是，以艾伦·梅尔泽和斯科特·理查德（Allan Meltzer and Scott Richard，1981）为首的一些经济学家意识到，政治经济学思想不仅适用于规范分析或者理论研究，而且对理解重大的社会和经济变化也有帮助，在梅尔泽和理查德的案例中，指的是由选举权扩大引发的政府规模增加。许多现代经济学家从这一观点出发，运用政治经济学推理（political-economic reasoning）阐明投资、增长和不平等的相关问题，例如研究不平等是否以及为什么会阻碍经济增长，或者研究影响投资和增长的产权是如何确定的。②

在这些文献的基础上，我与西蒙·约翰逊（Simon Johnson）、詹姆斯·罗宾逊合作，试图为研究长期经济发展的根本问题建立一个更系统的框架。我和罗宾逊（2000，2016，2020）想要发展一种制度变迁理论，特别强调对制度的比较静态分析：为什么民主只在某些地方出现，为什么特定的制度在具有某些

① 这些作者的相关示例，请参见 North（1981）、Olson（1982）、Williamson（1985）、North and Weingast（1989）、Mokyr（1990）、Ostrom（1990）以及 Engerman and Sokoloff（2011）。

② 请参见 Alesina and Rodrik（1994）、Grossman（1994）、Perotti（1994）、Persson and Tabellini（1994）、Besley and Coate（1997）以及 Benabou（2000）。

历史的国家更能促进增长？在实证方面，我们利用这其中的某些想法，探究各国存在经济差距的原因。我们试图以理论的核心思想为基础进行实证研究，例如，描述统治阶层，如亚洲或北美洲的欧洲殖民者在什么条件下，会承认（或允许）社会广大群体的财产权，又或者试图垄断资源并控制劳动力。通过这种方式，我们试图证明制度与经济发展的跨国差异和不平等之间存在因果关系。我们还力图论证世界上许多社会经历过的殖民时期对其经济和政治发展的影响（Acemoglu、Johnson and Robinson，2001，2002）。

梅丽莎被长期经济发展的这些根本问题吸引，从一开始就掌握了这些知识背景。詹姆斯·罗宾逊讲述了他在哈佛任教期间与梅丽莎的会面。当时，梅丽莎正在攻读他教的非洲政治经济学（本科课程）和杰弗里·威廉姆森（Jeffrey Williamson）讲授的经济史（研究生课程）。她还研读了我们当时的最新论文《殖民起源》（Colonial Origins，2001）和《财富逆转》（Reversal of Fortune，2002）。之后，她走进詹姆斯·罗宾逊的办公室，询问他是否与合著这些论文的詹姆斯·罗宾逊是同一个人。他们不仅讨论了经济问题，还讨论了这些论文提出的历史比较问题。

我还记得我与梅丽莎的第一次交谈，当时她还是一位前途光明的研究生，在几家争夺她的大学之间犹豫不决。我很清楚，我遇到的是一位干劲十足、能力高强、洞察力敏锐的人。这不仅是因为我们开始谈论玻利维亚各地区尽管初始条件有相似之处，但发展结果截然不同。她已经意识到，这可能与强制劳动力市场制度的长期影响有关，这一观点奠定了她最重要的一篇论文。

## 殖民历史、制度和现代发展

当梅丽莎在 21 世纪头 10 年的中期进入研究领域时，她已经明白，关于经济发展的根本问题的经济学文献在理论上和经验上都太“宏观”了，尤其侧重于国家层面的差异。不仅国家内部存在许多相关的不平等和差异，而且不同制度的运作方式，包括制度持续的不同路径及其政治和社会基础，在国家和地方层面也有很大差异。梅丽莎在殖民制度和历史对现代经济和政治结果的影响方面做的研究工作最好地说明了她所做贡献的性质。

正如我之前提到的，在 20 世纪 90 年代和 21 世纪头 10 年初期，几位学者的研究已经开始提供证据并以新的方式思考欧洲殖民政策如何塑造殖民地的不同命运。但是，在比较 17 世纪以来美国和墨西哥的发展轨迹时遇到了很大的麻烦，因为两国之间存在很大差异。

梅丽莎的西班牙语很流利，同时通晓拉美裔美国人的历史。因此，从她作为一名本科生走进詹姆斯·罗宾逊的办公室的那一刻起，她就开始思考拉丁美洲内部的分化。她对拉丁美洲殖民历史的深入研究最终帮助她完成了最著名和最重要的论文《秘鲁采矿制度“米塔”的持续影响》（见表1中的第一篇文章）。

1573年秘鲁成为西班牙的总督区，并建立了强制劳动制度，即“米塔”（Mita）。“米塔”是在矿山（特别是今天玻利维亚的波托西银矿）附近的村庄中强制性的劳工征召制度，1/7的成年男性人口被迫在矿山中长期工作。尽管“米塔”并不像在巴西、哥伦比亚、加勒比海地区和美国南部地区的动产奴隶制（chattel slavery）那样普遍和残酷，但由于一系列镇压机构的支持，“米塔”仍然是沉重的负担。这一劳工征召制度在19世纪初被废止，而关键问题在于，这一特定的殖民制度是否对之后的200年造成了持续影响。

通过查阅殖民地采矿系统的档案和历史资料，梅丽莎得知矿山有一个特定的征召区（catchment area），征召区以外的村庄不受劳工征召制度的约束。她精准地找出了征召区的边界，从而设计了地理上的断点回归，并据此对征召区边界两侧的相邻村庄进行比较。

然而，这一识别因果关系的特定方法至少面临四个挑战，而梅丽莎对它们的处理方式展现了她成熟且富有创造力的思维模式。首先，在采取这种微观方法时，有可能导致“把婴儿和洗澡水一起倒掉”。矿业“米塔”与秘鲁总督府颁布的其他制度结合在一起，通过武力和镇压控制劳动力，而这些制度在今天的玻利维亚仍然以某种形式存在。如果事实如此，那么在比较这里的两个相邻地点时，人们可能会滤除强制劳动制度的真实影响。针对这一挑战，梅丽莎用合理的论据说明了为什么强制劳动制度的影响更多体现在地方层面。正如她论证的那样，许多受影响的市镇直到现在仍与世隔绝，而玻利维亚政府羸弱不堪，能管理到的范围有限。同样，正如梅丽莎认识到的，人们可能会将运用断点回归方法得到的有关“米塔”制度影响的估计值视为下限，因为支持强制劳动的相关制度的某些效应也会影响作为控制变量的那些市镇。

其次，矿山所在地区可能不是随机的，因此采矿工人征召区的位置可能也不是随机的。实际上，征召区边界的一部分分布在阿尔蒂普拉诺高原的边缘，而该高原位于南美洲中部，海拔高度和一些其他地理特征的变化非常剧烈。从计量经济学的角度看，这提出了一个问题，即征召区内部和外部的村庄可能会存在其他系统性差异。梅丽莎意识到这个问题，并确认阿尔蒂普拉诺高原的北部区域没有遭受这种地理不连续的困扰。对她的研究目的来说，北部边界值得重视，因为根据工人从其村庄步行到波托西（殖民时期该地区的首府）所用的时间估计，北部边界的位置在 16 世纪是固定的。于是她的实证工作便集中在北部边界。

第三个挑战是，需要了解当地经济的组织情况，才能确定相邻村庄在 200 多年间存在多大的差异，哪种机制可能区分这些相邻村庄的发展轨迹？当然，这既是挑战又是机遇，因为这使我们在理解特定国家内部和国家之间的制度持续机制方面可能更容易取得进展。

最后，与当时最常见的只有单一操作变量（running variable）的断点回归不同，设计空间上的断点回归必须要解决的一个问题是：她研究的村庄与相关边界之间的距离是二维的。梅丽莎对这一问题的处理谨慎细致且清晰易懂，这让许多其他研究人员可以在她的工作基础上再接再厉。

梅丽莎利用矿区“米塔”的北部边界进行断点回归估计后发现，征召区边界两侧的相邻市镇之间存在明显差异。例如，征召区内部的居民家庭现在的消费当量（household-equivalent consumption levels）与征召区外部的邻近市镇相比低了 20%—30%。前者的儿童发育迟缓率（即同等年龄下的儿童偏矮）也明显更高。这是一个令人吃惊的发现。想象一下，您所在城镇的某个街区的人均收入比附近街区低 30%，而原因仅仅是他们在 200 年前的历史不同！强制劳动的伤害必定非常大，才能产生如此长期的影响。

但是这一问题甚至比上述重要发现揭示的更加复杂和有趣，因为这些市镇不同于现代美国大都市中的两个城市街区。了解它们在社会、政治和经济领域的差异是梅丽莎论文的第二大贡献。

梅丽莎的论证表明，相邻村庄的经济仍然非常不同，部分原因是这些地方是孤立的，彼此间的联系并不紧密。实际上，导致征召区贫困的直接原因之一可能是基本公共服务（如道路、水、污水处理和教育）的普及率和质量较低。但是，为什么 200 年前的强制劳动会导致今天的公共品供给更少呢？为了回答这个问题，梅丽莎深入研究了西班牙殖民的政治和经济史。

矛盾的是，事实证明，西班牙殖民政府希望“保护”征召区的居民，以便使他们成为矿山的可靠劳动力来源。尤其是，这意味着要使他们免受定居当地的西班牙人的盘剥，因为这些西班牙人会建立自己的庄园，招募或有时强迫土著居民干活，而且只给他们微薄的薪水。如果西班牙殖民政府想要保护征召区的居民，最简单的方法是禁止定居者在征召区内建造庄园。

梅丽莎的论证表明，庄园在征召区以外的地区很常见，而在征召区内部很少。在19世纪，庄园主的权力越来越大。他们控制着国家对道路、当地设施和学校的投资，并将这些投资导向其庄园所在地，因为这有利于他们运输自己的产品，并可以通过工人直接或间接地从其他服务中受益。因此，征召区内的市镇常常被忽视，得不到重要的公共服务。由于无法进入市场，自给农业和经济自足在这些地区愈发普遍。①

自2010年发表以来，这篇论文（表1第一篇文章）逐渐广为人知，出现在许多研究生和部分本科生的阅读清单中。通过艰辛的数据收集和高水平的计量经济学分析，它细致入微地描摹了殖民制度及其持续影响。数据和计量经济学分析的结合在梅丽莎的作品中反复出现。

表1中的第一篇文章之所以如此重要，是由其品质决定的，这些品质也出现在梅丽莎有关拉丁美洲殖民历史的第二篇主要论文《发展中的路径依赖：墨西哥革命的证据》（表1第三篇文章）。长期统治墨西哥的独裁者波菲里奥·迪亚斯（Porfirio Diaz）被推翻后，墨西哥革命于20世纪10年代席卷墨西哥。梅丽莎的论文研究了这一背景下发生的武装冲突带来的长期后果。有趣之处在于，该论文讨论了20世纪初墨西哥独特而丰富多彩的背景，但它同样提出了有关制度产生持久影响的重要问题。所有南美国家在19世纪上半叶都实现了独立，其中有许多国家经历了各种社会革命，为什么这些动荡没能消除过去殖民制度的影响呢?②

墨西哥革命是研究这些问题的理想案例，因为它摧毁了既有体系的很多部分，迎来了墨西哥政治的新时代和新的统治政党，并从根本上改变了墨西哥的政治架构。尽管该国各地的叛乱原因错综复杂，但其中大部分出于地方团体对

---

① 我还应该提到我和梅丽莎合著的一篇更短的论文《国家之间和国家内部的生产率差异》（见表1中的第二篇文章）。在这篇论文中，我们记录了国内城市之间不平等的程度，并将其与公共品供给，特别是道路基础设施联系起来，就像梅丽莎关于“米塔”制度的那篇论文一样。

② Acemoglu and Robinson（2008，2012）认为，初始制度通过“路径依赖式变化”（path-dependent change）过程影响随后的政治和经济发展，但我们无法确定确切的机制，也没有系统性证据证明这一进程是如何运作的。

挑战国家权威的渴望。最终，墨西哥革命带来了“立宪主义者”的胜利，他们的计划是在墨西哥实现政治权力的集中。

梅丽莎的想法是，中央集权政权将区别对待奋起反抗中央权力的地区，以政治手段对这些地区施加长期影响。梅丽莎表明，1906—1910 年的严重干旱是革命活动和武装冲突加剧的主要因素，并通过一如既往的严谨研究验证了因果关系。有趣的是，这些经历了更多革命活动的地区如今明显更加贫困，可获得的公共品更少且教育水平更低。为什么制度会产生这种持久影响呢?

梅丽莎对墨西哥历史的研究提供了令人信服的解释。立宪主义者的革命制度党（Institutional Revolutionary Party，PRI）在 21 世纪之前始终主导墨西哥政权，通过建立恩庇侍从关系（patron-client relations），例如农业公社（ejidos）控制这些地区。统治者推行政治改革并提供公共品，但始终植根于这种产权扭曲和高度政治化的资源配置体系。于是，这种政治途径引发了新的持久影响：为了维护一个非代议制攫取型政权内部的秩序，统治者使用低效率的方式安抚当地社区，其结果是长期的发展滞后。

换言之，梅丽莎提出了制度产生持久影响的新途径。在这一关键节点，由临时冲击（1906—1910 年的干旱）造成的政治动荡产生了持久的政治和经济影响。由于墨西哥的环境以及革命制度党对这个幅员辽阔的国家控制之脆弱，对这些地区的回应采取了给予资源的让步形式，但其效率非常低，因而产生了持续的经济成本。

鉴于梅丽莎对拉丁美洲历史的深入了解，可能有人希望她会继续专注于这一领域。相反，她转而研究亚洲的殖民历史。这里的一个根本区别是，与大多数拉丁美洲国家不同，若干亚洲国家在过去 70 年中经历了快速的经济增长。造成这种“第二次分化”（second divergence）的原因仍不明确。受这些问题的驱使，梅丽莎开始疯狂阅读和学习这段历史。在这里，我将讨论该领域的两篇重要论文，并略过她对日本和中国台湾地区尚未完成但有望结出硕果的研究。

在与内森·莱恩（Nathan Lane）和帕勃罗·奎鲁宾（Pablo Querubín）合著的《越南的国家职能、地方治理和经济发展》（表 1 第四篇文章）中，梅丽莎他们不仅将重点从拉丁美洲转移到了亚洲，还转向了一套新的政治经济机制：地方层面的官僚国家能力（bureaucratic state capacity）的作用。

研究国家能力（state capacity）的文献越来越多，其中大部分研究聚焦于国家内部的差异。但有各种问题困扰着这类文献。比如，导致国家能力变化的机制通常难以确定，甚至连它如何起作用也尚未可知。此外，国家能力与其他制度或文化特征可能同时发生变化，这一问题很难消除。梅丽莎他们的文章试图利用受两个相互竞争的王国［北部的大越帝国（Dai Viet）和南部的高棉帝国（Khmer Empire）］影响而深深扎根于越南的不同制度，来克服这些问题。北部的大越帝国实行中央集权制，将乡村机构（village institutions）作为中央集权国家的延续并赋予其权力；而南部的高棉帝国则通过恩庇侍从关系控制各个地区（某种“间接统治”）并征集贡品，但并未在这些地区投资或发展官僚化、制度化的地方政府。

梅丽莎等人利用这一历史和地理背景，阐明了国家能力的作用及其在越南的发展历史。他们利用两个帝国之间存在的明确界线，对这些不同政治制度对国家能力的长期发展和现状的影响进行断点回归估计。

梅丽莎的历史研究一贯认真细致，这篇论文也不例外，它使用非常丰富的在若干年中手工收集的数据，论证生活水平的长期差异，表明边界北部大越帝国的国家能力发展得更好，其生活水平更高。他们指出，这些结果很大程度上是通过提供更好的公共品达成的。梅丽莎他们对制度在当地如何运作的细致解析，再次给人留下了深刻印象。

一个重要发现是，大越帝国强大的中央集权制度似乎“挤入”而非挤出更强大的民间社会和村庄内部的合作关系，而且它们最终负责提供和分配公共品。这篇论文相当引人注意，因为一些学者已经观察或者推测出，亚洲的政治经济（特别是在中国、越南和韩国等地）与非洲和拉丁美洲的主要区别在于，前者拥有经过上千年演化的更强大的官僚机构和国家能力。但是，这种能力是如何在现实中出现的？这是自上而下的帝国控制的标志吗？就像在中国那样，两千多年前就开始在王权的掌控下建立了得力的官僚制度？对于这些问题，梅丽莎等人的文章发人深省，因为它表明增强国家能力有多种途径。实际上，地方政治组织和合作可以加强国家能力，这相当不同于对中国道路的最常见的解释。

关于亚洲制度持续影响的另一篇论文是梅丽莎与本杰明·奥尔肯（Benjamin Olken）合著的《对殖民地经济发展的影响：爪哇的荷兰种植园制度》（表1第五篇文章）。本文同样以梅丽莎从荷兰档案馆认真收集的数据为基础。它使用了典型的断点回归法以及创造性的安慰剂策略（placebo strategy），这两者均基于荷兰殖民制度影响力的历史差异。

这篇文章与梅丽莎关于矿业“米塔”的研究工作有一些相似之处：同样有征召区，主要从事强制性的殖民活动，但这次与糖料作物的种植有关。生产同样是以强制的形式组织起来的，其主要目的是让欧洲殖民者致富，他们借助军事优势保持着控制权。但是，由于历史背景不同，两种制度的运作方式存在很大差异。基于此，梅丽莎和本杰明发现，在荷兰殖民的爪哇岛，殖民制糖系统征召区的村庄并不比对照组差。实际上，他们的教育水平更高、制造业活动更多。为什么会这样？

秘鲁的矿业“米塔”制度和爪哇的糖料作物种植制度有一些重要的区别。一方面，爪哇的糖业工人不会被转移到矿场，而是在当地社区进行种植，这意味着对道路和环境的投资。更重要的是，糖料作物的种植虽然要遭受严酷的盘剥，但要和制糖厂在一起。梅丽莎和本杰明表明，这些工厂以及基础设施在强制种植制度消失后仍然存在。他们通过安慰剂策略，即对沿着同一条河流曾经设立过制糖厂的地点与反事实的合理设定的制糖厂地点进行比较，进一步证明，制糖厂导致了更多的经济活动，并且这种影响在制糖厂关闭后还持续了100 多年。因此，可以预见的是，荷兰人实行的以甘蔗生产和加工为中心的经济结构，辅以学校和其他公共品投资，为殖民结束后的持续经济活动创造了平台。这些投资带来的经济机会产生了持久的影响。

这是另一篇经过精心设计并收集大量历史数据而写就的论文。然而，最令人印象深刻的是详细的制度背景和对这些制度如何基于历史条件实际运作的深入研究。

## 冲突、执法与政治

梅丽莎在冲突、执法和政治之间的相互作用方面也做出了有目共睹的贡献。当然，发达国家和发展中国家都有大量关于犯罪和执法的文献。但是，在梅丽莎的研究之前，它们与政治的关系并没有受到重视。例如，政治因素是否会决定执法何时有效，以及何时适得其反？

在《贩运网络与墨西哥毒品战争》（表 1 第六篇文章）中，梅丽莎提出了暴力冲突如何影响经济机会和结果的问题。她认识到，如果不了解发生暴力冲突的制度背景以及中央当局为遏制暴力冲突而采取的政策，就无法回答这个问题。

梅丽莎关注的背景是墨西哥的毒品战争以及国家行动党（National Action

Part，PAN）在21世纪头10年后期对贩毒集团采取的政策。来自国家行动党的费利佩·卡尔德龙（Felipe Calderon）于2006年竞选总统期间，将打击贩毒集团提上议程，并强调了这些集团是如何控制地方政治的。卡尔德龙的策略是利用联邦警察打击贩毒集团盘踞的城市。实施这些政策至少需要一些地方政客的支持，因此，地方市长是否与国家行动党结盟对打击贩毒集团的战争至关重要。

梅丽莎首先要证明来自国家行动党的地方市长对打击贩毒集团的因果影响。为此，她必须解决通常被忽略的变量偏差（variable bias）和选择问题，这两个问题与某些具有不同政治偏好和意识形态（或绝望地转向一个在最糟糕的时刻承诺整治贩毒的政党）的地区相关。梅丽莎设计了不同类型的断点回归解决这个问题，就是说，将当选市长来自国家行动党的城市与当选市长来自其他政党（通常是革命制度党）的城市进行比较。她发现，与当选市长来自其他政党的城市相比，当选市长来自国家行动党的城市经历了更大规模的打击贩毒集团的行动，这导致暴力事件显著增加。人们可能会认为这是由于警察与贩毒集团的对抗所致，但事实证明，暴力事件的增加主要是贩毒集团自身的争斗造成的。

联邦行动似乎已经成功地削弱了占主导地位的贩毒集团，甚至消灭了它们的部分头目。这些证据和其他证据表明，打击贩毒集团的强硬路线破坏了市场稳定，并引发了敌对帮派之间的地盘争夺战，以控制市镇和当地的贩毒路径。因此，在政治制度基础薄弱的情况下，打击贩毒集团会造成意想不到的后果，尤其是在毒品交易仍然有利可图的时候。

梅丽莎还想了解这些禁毒行动是如何重塑墨西哥毒品网络的，这些变化又对普通墨西哥人的生活产生了什么影响。最初，某些市镇地理位置优越，可以为美国庞大的毒品市场服务，但是一旦地盘大战爆发，这些市镇对已建立的贩毒集团就不再有吸引力。根据这一观察，梅丽莎绘制了从毒品来源地到美国入境点的道路网络地图。她发现，贩毒集团的活动从受地盘争夺影响的市镇转向能形成其他可行路径的市镇。据我所知，这一分析是第一个精心证明犯罪活动通过空间网络溢出的实例。

随后，这篇文章利用这种变化来解决最初的经济问题，即贩毒集团活动对居民的经济机会和结果有何影响。梅丽莎使用卡尔德龙的禁毒行动导致的变化来解答这个问题。梅丽莎的证据表明，打击贩毒集团的行动给当地的居民带来了巨大的负面经济影响，而不是改善普通墨西哥人的命运，这很可能是因为地盘争夺战给他们带来的附带损害（collateral damage）和不稳定。

从许多方面来说，这与研究殖民制度的历史持久性是一个截然不同的研究议程，但它同样聚焦于制度设置的细节如何影响政策的效果。在不同的历史背景和制度环境下，联邦政府打击贩毒集团的行动可能非常有效，甚至可能改善居民的经济机会。然而，在墨西哥的局势下，地方机构薄弱，联邦政府控制力有限，以及美国对毒品的需求带来的持续盈利机会，使结果大为不同。

梅丽莎最近发表的论文《由贸易引起的墨西哥工人流离失所的暴力后果》（表 1 第七篇文章）同样与此相关，该文由她与本杰明·范伯格（Benjamin Feinberg）和手岛健介（Kensuke Teshima）合著。文章转向一个相反的问题：经济冲击（在这里是指贸易冲击，即从中国进口造成的制造业就业损失）对毒品贩运和暴力行为有何影响？当负面贸易冲击减少了当地劳动力市场的机会时，更多的低技能居民（他们受制造业下岗潮影响尤其严重）似乎会转向毒品交易或帮派中的非法工作，从而导致犯罪活动和暴力行为增加，这也可能与地盘争夺有关，只不过这次是因为经济（贸易）冲击破坏了不同集团之间的平衡。

在这一广泛的研究领域，一篇更具野心和原创性的论文是梅丽莎与帕勃罗·奎鲁宾合著的《通过外国干预建立国家：来自军事战略不连续性的证据》（表 1 第八篇文章）。文章要回答的问题是，外国干预，在这里指的是越南战争期间美国的反应，是否有效制止了抵抗运动。与此相关的更窄的问题是，轰炸和军事战术是否能够有效阻止抵抗者使用强大的武力，但这一问题往往因以下事实而复杂化：此类战略可能波及抵抗者借以藏匿和生活于其中的平民群体，而平民在这一过程中遭受的损害反而促使他们支持抵抗者。这一问题不仅关系到广泛的执法和政治领域，而且关系到军事战略和国家力量薄弱地区遏制抵抗运动的研究。

通过设计巧妙的断点回归，梅丽莎等人解决了这个问题。美国国防部在每个越南小村庄收集了详细的信息，使用了大约 170 个关于安全、政治和经济的月度和季度问题。这些问题被汇总成一个整体的安全评分，美国空军以此为基础决定将哪些地区作为空袭的目标。源数据（source data）都被保留了下来，因此梅丽莎和帕勃罗能够找到并恢复这些连续的安全评分。

然后，他们将四舍五入的安全评分阈值（rounding thresholds）作为被轰炸可能性的不连续切点（discontinuity cutpoint）。安全评分略低于阈值的村庄被认为具有较高的抵抗风险，遭受轰炸的可能性高于那些评分略高于阈值的可比村庄。令人震惊的是，美国空军的轰炸非但没能阻止抵抗者，反而帮助了他们。在风险和对抵抗者的同情水平等基本条件相近的情况下，与类似村庄相比，那些被轰炸村庄的居民更有可能与越共合作。

该论文还比较了美国陆军和海军陆战队的不同策略，后者采取的是“得人心者得天下”（winning hearts and minds）运动的早期形式。这里的因果识别基于一种非常不同的方法，而且植根于不同军事传统的影响。鉴于海军陆战队的传统和以往的经验，其兵力比陆军少得多，因此他们在与越共作战的问题上采取了截然不同的方式。使用这种不同的识别策略，梅丽莎和帕勃罗估计了类似影响，证实了高压轰炸战术在遏制抵抗中适得其反。

这篇论文的潜在意义显然超出了越南战争的背景，它是一篇发人深省的论文，已经对经济学文献产生了影响，并将在梅丽莎目前正在研究的这个新领域激发更多的创新工作。

## 其他研究工作

梅丽莎还有其他重要的研究工作，我现在简要讨论一下。梅丽莎与本杰明·琼斯（Benjamin Jones）和本杰明·奥尔肯合著了两篇论文（表1第九篇和第十篇论文），研究气候对长期经济发展的影响，他们要回答的问题是气候（以及隐含的气候变化）是否以及如何影响经济结果。

在《温度冲击与经济增长：过去半个世纪的证据》（表1第十篇论文）中，作者利用一国的气候和温度波动研究温度对收入水平和经济增长的影响。该论文发现了具有统计意义的实质性负面影响。鉴于总体跨国数据的性质，作者只能有限地揭示这一令人惊讶的重要效应的根本原因。但是，他们表明温度影响各个行业，甚至可能影响政治动荡。第二篇论文则是派生的，旨在进一步探讨相同的问题。

梅丽莎也为高质量的实证研究工作做出了贡献。在《我们从天气中学到了什么？新经济气候文献》（表1第十一篇论文）中，梅丽莎等人清晰地阐明了使用微观数据进行跨空间天气变化研究的最佳实践。该论文展示了这种变化如何有助于回答各种问题，但也指出了各种陷阱。例如，温度和降雨数据通常是由卫星数据或少数气象站数据内推或外推而来，可能存在空间上的相关性或者推断错误。

在表 1 中列举的第十二篇和第十三篇论文中，梅丽莎和她的合著者开发了新的计算图像处理方法，用于从非标准（和外语）文本数据中提取信息，随着对档案记录的数字化日益普及，这种方法已变得越来越普遍。

## 结论

梅丽莎为应用研究设定了新的标准，因为她以自己为例，表明我们不必回避长期经济发展和政治经济学的根本问题（也是社会科学的一些根本问题），也能做出可信甚至创新性的实证研究。学术研究和出版环境对可靠的识别策略的要求不一定将研究人员局限在狭窄的研究背景和问题上。梅丽莎突破性的方法展示了如何进行艰苦而细致的数据收集，以及使用精巧且可落地的实证方法，从而使经济学家和其他社会科学家理解制度的运作方式。她的工作植根于特定制度的历史、背景和细节。在宽泛的研究议题中，她形成了数条独特的研究路线。

正如本文所述，梅丽莎的洞察力、活力和创造力都无与伦比。但是，在我们这些认识她的人看来，同样令人印象深刻的是她崇高的职业精神和勇攀学术高峰的决心。我清楚地记得，每次我们乘坐同一航班去开会时，我都会看到她全神贯注地阅读一本历史书，哪怕在排队登机或下飞机时也不例外。这种职业精神不仅让她成为了不起的学者，还让她成为一名优秀的长跑运动员（这样的训练对那些致力于改变自己所在领域的人来说是合适的，这一任务与马拉松无异）。

我们都赞赏梅丽莎的工作，但她已取得的研究成就的真正受益者是经济发展和政治经济学领域的下一代年轻学者。他们可以从梅丽莎的职业精神、对历史和实证工作的精妙方法以及解决重大问题的雄心和勇气中学到很多。实际上，梅丽莎已经让雄心勃勃的应用经济学家们发现，长期经济增长的根本问题是值得研究的。

（清华大学经管学院 吴思怡 译）

## 参考文献

Acemoglu, Daron, Simon Johnson, and James A. Robinson. 2001. "The Colonial Origins of Comparative Development: An Empirical Investigation." *American Economic Review* 91 (5): 1369 – 1401.

Acemoglu, Daron, Simon Johnson and James A. Robinson. 2002. "Reversal of Fortune: Geography and Institutions in the Making of the Modern World Income Distribution." *Quarterly Journal of Economics* 117 (4): 1231 – 94.

Acemoglu, Daron, and James A. Robinson. 2000. "Why Did the West Extend the Franchise? Democracy, Inequality, and Growth in Historical Perspective." *Quarterly Journal of Economics* 115 (4): 1167 – 99.

Acemoglu, Daron, and James A. Robinson. 2006. *Economic Origins of Dictatorship and Democracy*. Cambridge, UK: Cambridge University Press.

Acemoglu, Daron, and James A. Robinson. 2008. "Persistence of Power, Elites, and Institutions." *American Economic Review* 98 (1): 267 – 93.

Acemoglu, Daron, and James A. Robinson. 2012. *Why Nations Fail: The Origins of Power, Prosperity and Poverty*. New York: Crown.

Alesina, Alberto, and Dani Rodrik. 1994. "Distributive Politics and Economic Growth." *Quarterly Journal of Economics* 109 (2): 465 – 90.

Anderson, Perry. 1974. *Lineages of the Absolutist State*. London: Verso, 2013.

Baran, Paul A., and Paul M. Sweezy. 1968. *Monopoly Capital: An Essay on the American Economy and Social Order*. London: Penguin Books.

Benabou, Roland. 2000. "Unequal Societies: Income Distribution and the Social Contract." *American Economic Review* 90 (1): 96 – 129.

Besley, Timothy, and Steven Coate. 1997. "An Economic Model of Representative Democracy." *Quarterly Journal of Economics* 112 (1): 85 – 114.

Brenner, Robert. 1976. "Agrarian Class Structure and Economic Development in Preindustrial Europe." *Past and Present* 70: 30 – 75.

Dobb, Maurice. 1975. *Theories of Value and Distribution since Adam Smith: Ideology and Economic Theory*. Cambridge, UK: Cambridge University Press.

Engerman, Stanley L., and Kenneth L. Sokoloff. 2011. *Economic Development in the Americas since 1500: Endowments and Institutions*. Cambridge, UK: Cambridge University Press.

Grossman, Herschel I. 1994. "Production, Appropriation and Land Reform." *American Economic Review* 84 (3): 705 – 12.

Hill, Christopher. 1961. *The Century of Revolution 1603 – 1714*. New York: W. W. Norton & Co.

Marx, Karl. 1847. *The Poverty of Philosophy*. Chicago: Charles H. Kerr & Company, 1920.

Marx, Karl. 1852. *The 18th Brumaire of Louis Bonaparte*. Rockville, MD: Wildside Press LLC, 2008.

Marx, Karl. 1867. *Capital*, Vol. 1. London: Penguin, 2004.

Meltzer, Allan H., and Scott F. Richard. 1981. "A Rational Theory of the Size of Government."

*Journal of Political Economy* 89 (5): 914 - 27.

Mokyr, Joel. 1990. *The Lever of Riches: Technological Creativity and Economic Progress*. Oxford: Oxford University Press.

Moore, Barrington, Jr. 1966. *The Social Origins of Dictatorship and Democracy*. Boston: Beacon Press.

North, Douglass C. 1981. *Structure and Change in Economic History*. New York: W. W. Norton & Co. New York.

North, Douglass C., and Barry R. Weingast. 1989. "Constitutions and Commitment: The Evolution ofInstitutions Governing Public Choice in Seventeenth-Century England." *Journal of Economic History* 49 (4): 803 - 32.

Olson, Mancur. 1982. *The Rise and Decline of Nations: Economic Growth, Stagflation, and Social Rigidities*. New Haven, CT: Yale University Press.

Ostrom, Elinor. 1990. *Governing the Commons: The Evolution of Institutions for Collective Action*. Cambridge, UK: Cambridge University Press.

Perotti, Roberto. 1994. "Income Distribution and Investments." *European Economic Review 38* (3 - 4): 827 - 35.

Persson, Torsten, and Guido Tabellini. 1994. "Is Inequality Harmful for Growth?" *American Economic Review* 84 (3): 600 - 21.

Polanyi, Karl. 1944. *The Great Transformation*. Boston: Beacon Press.

Schumpeter, Joseph A. 1942. *Capitalism, Socialism and Democracy*. London: Routledge. London.

Veblen, Thorstein. 1899. *The Theory of the Leisure Class*. Boston: Houghton Mifflin, 1973.

Williamson, Oliver E. 1985. *The Economic Institutions of Capitalism: Firms, Markets, Relational Contracting*. New York: Free Press.

# 以赛亚·安德鲁斯

## 2021 年克拉克奖得主

章永辉

### 一、荣誉加身的天才计量经济学家

2021 年约翰·贝茨·克拉克奖颁发给了哈佛大学年仅 35 岁的天才计量经济学家以赛亚·安德鲁斯（Isaiah Andrews）教授，其获奖理由为"他在计量经济学理论和实证分析方面做出的突出贡献改进了经济学中定量研究的质量、可靠性以及可交流性，并在近期计量经济学回归实证研究的重要问题中起到了关键作用"。

另外，由于为经济学和社会学的实证研究提供了可靠且广泛适用的统计推断理论，以赛亚·安德鲁斯获得了 2020 年麦克阿瑟奖（MacArthur Fellow）。该奖俗称"天才奖"，被视为美国跨领域最高奖项之一，旨在表彰在社会发展中发挥重要作用的创造性人才，每年从不同领域评选出共计 20—25 名杰出人士，并在未来 5 年中给每人提供总额 50 万美元左右的奖金，让他们能更自由地继续探索和研究。2020 年共计 21 位不同行业的"天才"获得该奖项，安德鲁斯是经济学领域的唯一获奖者。此外，在 2018 年，他还入选了《经济学人》杂志评选的"十年来最杰出青年经济学家"，入选的标准为时下经济学界

* 章永辉，中国人民大学经济学院副教授，主要研究领域为计量经济学。

最引人瞩目的学术新星，并且能够代表经济学的发展方向。在获选的8位杰出青年经济学家中，安德鲁斯推动了计量经济学界的理论研究回归现实世界、关注实证研究中的重要问题。

在过去几年间，为什么安德鲁斯能够一直得到各大奖项的垂青？他到底有何过人之处？他的学术研究为何得到这么多的赞誉？本文试图为读者回答这些问题，让人们了解一位天才计量经济学家的成名之路、他在计量经济学领域做出的突出贡献，以及他对经济学实证研究范式带来的深远影响。

以赛亚·安德鲁斯，非裔美国人，1986年出生，他的父亲马赛拉斯·安德鲁斯（Marcellus Andrews）和母亲谢里尔·史密斯（Cheryl Smith）都是经济学家。他在耶鲁大学就读本科期间曾下定决心不和父母学同一专业。但是，随着时间的推移，经济学深深地吸引了他，尤其是经济学有助于回答和解决一些重要的公共政策问题，因此他不仅在大学期间主修了经济学和数学的双学位，而且选择了继续攻读经济学博士学位。在麻省理工学院经济系读博期间，他师从时间序列分析领域的世界级专家安娜·米库舍娃（Anna Mikusheva）教授，并于2014年毕业。他毕业时，由于在计量经济学的弱识别（weak identification）方向做出了杰出的工作，在学术界声名鹊起，是7位入选2014年"《经济研究评论》巡讲"（*Review of Economic Studies Tour*）的"明星"博士毕业生之一。在博士毕业之后，他在哈佛大学从事博士后研究员工作，2016年被麻省理工学院经济系聘请回去做助理教授，在2017年秋季和2018年春季他分别访问了耶鲁大学和普林斯顿大学，于2017年成为麻省理工学院经济系的非终身制副教授。让人意外的是，2018年哈佛大学经济系将他从麻省理工学院聘走，一步到位直接聘为终身制正教授。众所周知，在美国顶尖大学的经济系拿到正教授是非常困难的，即使能够获得，一般也需要8年左右，学术表现格外优异的可能也需要6年左右。但是，安德鲁斯仅用4年时间，就获得了世界最顶尖经济系的终身制正教授职位。此外，在2018年，他已经成为计量经济学领域顶级期刊《计量经济学杂志》（*Journal of Econometrics*）和经济学"五大刊"之一的《美国经济评论》（*American Economic Review*，*AER*）的副主编，2020年成为"五大刊"中另外两份期刊《计量经济学》（*Econometrica*）和《经济学季刊》（*Quarterly Journal of Economics*，*QJE*）的副主编，并于2021年成为《美国经济评论》的联席主编。2020年，他成为世界计量经济学会的会士（Fellow of the Econometric Society），从博士毕业起，仅仅用6年时间，就达成了众多经济学家为之奋斗一生的梦想。哈佛大学经济系主任杰里米·斯坦因（Jeremy Stein）教授评价他为“现象级的天才人物”。从博士毕业到目前为止，他的学术简历不算长，却是近些年计量经济学界冉冉升起的最耀眼的“新星”。

根据美国经济学会对以赛亚·安德鲁斯学术贡献的评价，他对计量经济学的贡献可以分为三大类：第一类提供了计量经济学分析方法和工具，使得在经济学或社会学实证研究中的参数估计对用于估计的数据特征（矩条件或假设）的敏感性（sensitivity）更加透明；第二类涉及发表偏差（publication bias）问题，以及选择参数或方法等之后的目标参数估计和推断问题；第三类集中在计量经济学的基础理论方面，主要是出现弱识别时如何对计量模型进行有效的估计和推断。在接下来的内容中，我们逐一介绍安德鲁斯教授的几类重要研究。

## 二、改进经济学实证研究中的科学性

近几年来，安德鲁斯的研究视角更多地关注经济学、社会学以及相关学科的实证研究中面临的重要问题。在第一类研究中，他通过剖析实证研究的流程，洞察到描述统计、数据特征和结构化模型估计的内在联系，基于严谨的计量和统计理论，提出一系列对模型假设和估计量进行评估的方法，提高了经济学定量研究的质量、可信度、透明性和可交流性。第二类研究关注发表偏差问题和选择参数或方法等之后的推断问题，前者对实证研究和发表研究成果的规则具有重要意义，后者指出了某些经济学实证研究中存在赢家诅咒（winner's curse）问题①，并提供了正确的推断方法。这两类工作对经济学中的实证研究尤为重要，提高和改进了实证研究的科学性。

在经济学的实证研究中，对结构化分析方法的一个重要批评是“缺少透明性”。如海克曼（Heckman，2010）所言，“结构化估计通常需要复杂的计算方法，从而使估计过程不够透明”；安格里斯特和皮施克（Angrist and Pischke，2010）也提到，“很难看到数据的哪些特征驱动了最终的结果”。在《测量参数估计对估计矩的敏感性》（Andrews、Gentzkow and Shapiro，2017）一文中，安德鲁斯和合作者提出了改进结构化估计的透明性问题的方

① “赢家诅咒”指的是通过某些“最优化”过程选出来的估计量或方法在后续的表现中确不如预期的出色。比如在预测时，基于历史数据从不同预测方法中选出来的最优预测，在后续的样本外预测时表现往往不是最好的。

法。在经济学的实证研究中，模型的假设通常对应着结构化估计采用的矩条件（moment conditions）。对所采用假设的违背或偏离意味着矩条件的错误设定，在广义矩估计（Generalized Method of Moments）的局部框架下，这种偏离可以被度量出来。基于这一观测，他们创造性地提出参数估计对假设的“敏感度”概念，从而可以确定估计量与数据特征之间的关系。首先，他们提出了参数估计量和矩条件这两者之间关系的一个局部度量，即敏感度矩阵（sensitivity matrix）。该矩阵决定了当真实模型偏离假设模型时，必要参数（parameter of interest）的估计量将会如何发生变化或偏离原来的估计量。其次，他们度量了这种变化或偏离的具体大小。在最小二乘回归模型中，遗漏变量会导致对真实模型的偏离，此时偏离的大小就是遗漏变量引起的偏差（bias）。基于该观察，安德鲁斯和合作者将最小二乘回归的遗漏变量偏差公式推广到更一般的模型，并通过具体的经验实例说明其有效性。最后，为了改善结构化估计的透明性，他们建议在汇报结构化估计的结果时，同时报告敏感性分析的结果。这样有助于读者理解估计结果在多大程度上依赖于采用的假设；如果某些关键假设不成立，读者能够预测结构化估计量将如何发生变化。

安德鲁斯的另一项具有重要影响力的工作与实证研究中普遍采用的描述性统计息息相关。在结构化的实证研究中，学者经常会汇报所用数据的描述性统计量。比如在政策评估中，将政策实施组与控制组的差别作为描述性统计量；在考察影响因素时，将不同变量与被解释变量的相关系数作为描述性统计量。研究者通常会基于描述性统计量呈现的特征，为模型的结构化估计提供直觉式的解释和动机，有时这被称为“非正式识别”（informal identification）。但是，这种非正式识别缺少严格的理论分析，尚不清楚在多大程度上是正确的或是可靠的。为了解决实证研究中的这一问题，安德鲁斯和合作者在《用于结构化估计的描述性统计的信息量》（Andrews、Gentzkow and Shapiro，2020）一文中，进一步研究了描述性统计这一“常规动作”在实证研究中应该起什么作用。如果某一结果主要由数据的某些直觉式的描述性特征驱动，那么可以集中评估与这些描述性特征相关联的假设。基于上述思想，从严格的理论基础出发，安德鲁斯他们提供了一种直观的方法量化特定描述性统计量对特定结构化参数估计的“指导”程度。通过为描述性统计量引入“信息量”（informativeness）度量，可以刻画描述性统计量中包含了多少与结构化参数相关的信息。“信息量”数值越高，说明描述性统计量中体现结构化参数的信息越丰富。即使计算量非常复杂的模型，信息化度量也能够以很低的代价被估计出来。因此，该方法可以用于各种模型，安德鲁斯的这篇文章用经验示例说明了如何使用“信息量”度量。他们建议，学者在使用描述性统计量支持结构化估计的时候，应该同时报告描述性统计量的信息量。《计量经济学》杂志特邀三位国际顶级计量经济学家（Andres Santos、Yuichi Kitamura 和 Stéphane Bonhomme）分别对该论文进行评论，引发学术界对实证研究中的透明性和科学性问题展开深入讨论。

上述这两篇论文都有望从根本上改变经济学家估计评估模型和交流研究成果的方式。在《结构化研究的透明性》（Andrews、Gentzkow and Shapiro，2020）一文中，安德鲁斯和合作者为经验研究中的透明性提供了一个正式的定义，并将这一概念应用于经济学实证研究的结构化估计。他们进一步讨论了现有实证研究中哪些实践可以改进实证研究的透明性，并给出了改进现有实证研究方式（如描述性统计、识别策略、清晰的估计过程、灵敏性分析等）的建议，同时也强调了最小化计算成本的要求。通过具体的例子，他们对如何改进实证研究中的透明性做了明确的示范。该文章系统总结了近期实证研究中的透明性问题，也是对未来实证研究方式的展望。鉴于该问题的重要性，《商业与经济统计杂志》（*Journal of Business & Economic Statistics*）邀请了三位具有不同背景的国际顶级经济学家（Stéphane Bonhomme、Elie Tamer 和 Christopher Taber）分别对上述文章进行评论，进一步引起了学术界对实证研究透明性的关注和讨论。

不同于前面三篇文章直接关注实证研究过程的科学性问题，《发表偏差的识别和纠正》（Andrews and Kasy，2019）是安德鲁斯和凯西（牛津大学经济系副教授）对不断增长的发表偏差文献的主要贡献。发表偏差问题和研究的科学性紧密相关，在近些年受到学术界越来越多的关注。在文章发表过程中，某些实证结果相比于其他实证结果更加容易得到发表。编辑和审稿人都更加倾向于发表显著的结果，① 可能的原因在于显著的结果看似更加能够代表知识的增量。但是，这就带来了发表偏差问题，会严重损害研究的科学性和人类对知识的探索。例如，假设有 100 个团体在世界各地参加就业技能培训，其中 5 个

① 在实证研究中，“显著”的结果是指假设检验的 $p$ 值小于给定的第一类错误水平（$\alpha$），如 0.01、0.05 或 0.1。假设检验的第一类错误是指原假设成立却拒绝了原假设的概率，通俗地说，是“错怪好人（原假设）”的概率。

团体认为这个培训项目非常有效，而其余团体认为参加这个项目对技能没有任何改进。如果只公布那些认为职业培训有效的组织的调查结果，就会扭曲对职业培训有效性的评价。这种选择性偏差（selection bias）问题会导致有偏的估计和错误的推断结果。在该文中，安德鲁斯和凯西提出了两种方法来识别实证结果得以发表的条件概率函数，该函数以实证结果为解释变量。第一种方法基于系统性的重复研究，第二种方法基于元分析（meta-analysis）。给定一个已知的条件发表概率函数，他们提出了偏差校正（bias-corrected）的估计量和置信区间。他们将该方法用于实验经济学和心理学的最新研究，并对最低工资的影响研究进行了元分析。该项工作有助于人们理解学术文章的发表偏差问题，且对发表规则的研究也具有重要的实际意义。

许多实证研究都需要先从有限候选集合中选取最优的一个（如根据不同预测方法的历史表现选取最优的方法，基于试验结果从多种政策选项中选出表现最好的一种，或从不同的候选模型中选取拟合最好的那一个），然后对目标参数进行统计推断。更具体而言，比如，具有多重处置（multiple treatments）的随机试验往往是为了向政策制定者推荐政策干预方法，人们想要知道实验表现最好的处置水平（treatment level）的真实平均效应（true average effect）到底是多少。又如，在金融领域，人们会根据投资策略的历史表现选取最优的一种，然后研究该策略的真实回报率。对于这类事先基于数据进行选择，然后再对目标参数进行推断的问题，如果忽视了选择过程的随机性，那么目标参数的估计将会是严重有偏的，且基于传统的 $t$ 统计量构造的置信区间不再具有正确的覆盖率。① 这就带来了著名的“赢家诅咒”问题，该问题也出现在全基因组关联研究和在线 A/B 测试②当中。安德鲁斯等人的工作论文《对获胜者的推断》（Andrews、Kitagawa and McCloskey，2021）明确指出，经济学的实证研究如果涉及事先选择，就可能会出现赢家诅咒问题。随后，给定最优化过程选出的结果，他们提出了具有最优置信区间和中位数无偏性（median-unbiased）③的估计量。从推断的角度看，为了消除选择的不确定性，他们推荐使用该文提

---

① 指能够把参数真实值包括在置信区间内的概率。

② A/B 测试是一种用来测试新产品或新功能的在线测试常规方法。一般分为两组用户：对照组和实验组。对照组采用已有的产品或功能，实验组采用新功能，对比两组的结果并以此确定哪个版本更好。

③ 中位数无偏指的是估计量服从的分布的中位数（或中值）恰好等于参数的真实值。

出的条件推断（conditional inference）方法。该方法同时考虑了两个阶段的随机性，类似于计量经济学文献中考虑事先检验（pre-test）的随机性对第二阶段的估计量进行统计推断的影响（例如，利用豪斯曼检验先确定面板数据模型是固定效应还是随机效应，然后基于选出的模型设定检验某个感兴趣的解释变量是否具有解释能力）。这一工作不仅对实证研究具有重要价值，而且给理论计量经济学的未来研究指出了众多可能的方向：如对选出来的最优预测方法进行统计推断；在大数据背景下，为从大量候选模型中选取出来的模型进行事后选择推断（post-selection-inference）等。另外，安德鲁斯等人（2020）已经将上述工作中的条件推断方法运用于研究某些具有未知离散特征的计量模型的推断问题，如存在阈值效应（threshold effect）和结构变化（structural break）的模型。

为了进一步理解透明性在实证研究过程中的重要性，安德鲁斯和合作者在近期的研究论文《一个科学交流的模型》（Andrews and Shapiro，2021）中强调了专家在研究成果评估中的角色。一份给定的统计报告或一项实证研究的成果能否得到“有用”的评价，很大程度上依赖于专家对产生该统计结果或研究成果的过程的理解和认可程度。如果专家认可研究过程，那就会倾向于给研究成果正面或积极的评价。该模型假设每位研究者观察到数据并进行分析，然后向专家汇报其研究成果；每位专家背景不同，具有不同的信念，基于其信念和对研究成果产生过程的理解来评估该项成果是否“有用”，然后更新他们的信念并采取不同的行为，研究者则根据专家的评估获得收益。该模型同时将研究者和专家包括进来，有助于理解科研成果的评价和交流过程；可以看到研究过程的透明性，有助于专家对研究成果的科学评价。因此，在科研成果交流中体现研究过程的透明性显得尤为重要。该项研究从研究者和专家互动的角度出发，更加贴近真实情况，使人们更好地理解科研交流和评价的过程。

安德鲁斯和合作者的这一系列原创性研究，将严谨的计量分析方法用于解决实证研究的透明性问题、结构化估计的敏感度问题、研究成果发表和评估问题等，深刻影响了经济学的研究方式和未来的发展方向：一方面，对于计量经济学界而言，这些研究开创了新的研究方向，扭转了理论计量经济学某些方向的研究与经济学的实证研究渐行渐远的趋势，使计量经济学家更多地关注和转向实证研究中面临的最重要的科学性问题①；另一方面，安德鲁斯的这些工作正在影响经济学应用研究的范式，并逐渐打开实证研究中结构化估计的“黑匣子”，敏感度分析、数据中的“信息量”度量等分析方法也逐渐成为研究人员工具包的标准组成部分。

## 三、在计量经济学基础理论方面的贡献

弱识别问题一直是安德鲁斯教授重点关注的问题，可以说贯穿了他现有的研究生涯。在经济学和社会学的实证研究中，弱识别现象非常普遍，而且会对估计和推断带来非常严重的后果。因此，在计量经济学的理论研究中，弱识别具有独特的地位，既是难点问题，也是热点问题。具体而言，弱识别问题通常是指在点识别（point-identified）的计量模型中，数据仅包含了未知参数的有限信息，从而使传统的大样本分布不能很好地近似于估计量或者 $t$ 统计量或者 Wald 统计量的有限样本分布（Andrews and Mikusheva，2014）。此时，依赖大样本理论的统计推断方法往往会失效，如何基于数据中含有的有限信息进行可靠的统计推断就成为计量经济学的重要问题之一。在一系列文章中，安德鲁斯和合作者为弱识别模型提供了有效的统计推断方法，并不断完善理论框架。这些方法都具有稳健性，同时适用于弱识别和强识别的模型，为实证研究者提供了有效的分析工具。

在实证研究中，模型非线性的来源有很多，其中之一来自结构化参数的弱识别。对于非线性模型，经济学家经常采用最小距离（minimum distance）技术，通过匹配模型的预测和简约式参数估计未知参数。对于非线性模型中的复合假设检验问题②，由于传统的检验统计量过度依赖一阶线性近似（如 Delta 方法和一阶泰勒展开），它们的统计推断往往是不可靠的。在《非线性计量经济模型中的几何方法》（Andrews and Mikusheva，2016a）一文中，安德鲁斯和米库舍娃采用微分几何的方法，创造性地推导出具有一致渐近有效（uniform asymptotically valid）性质的最小距离检验。背后的基本思想是，最小距离统计量的分布被一个容易模拟得到的分布占优，且该分布仅依赖于原假设下可以确

① 例如 Mukhin（2018），Lavergne（2020），Bonhomme and Weidner（2020），Christensen and Connault（2021），Armstrong and Kolesár（2021），Honoré、Jørgensen and de Paula（2019），等等。

② 在假设检验中，复合假设和简单假设是相对应的；后者指原假设只含有一个元素，前者指原假设包含多个元素，可以由多个简单假设组成。

定的一个流形（manifold）的几何曲率（geometric-curvature）。利用该占优分布，他们推导出了一个奇特的检验统计量，可以有效地控制有限样本的检验水平（size）。① 不论结构化参数和简约式参数之间是不是非线性关系，该检验都具有稳健性的优点，可以应用于一大类数据生成过程和结构化模型。这篇论文非常具有创新性，为由弱识别引起的非线性模型提供了有效的推断方法，属于计量经济学理论的重要突破之一。

在《带有函数型冗余参数的条件推断》（Andrews and Mikusheva，2016b）一文中，安德鲁斯和米库舍娃考虑了模型估计采用的矩条件可能不足以识别必要参数时，如何对这类矩条件模型进行有效统计推断。不同于线性工具变量回归模型，广义矩估计模型本质上是一个半参数模型。因此，他们把矩方程的分布看作来自模型的非参数部分的函数型冗余参数。为了克服该冗余参数问题，安德鲁斯和米库舍娃为函数型冗余参数找到一个充分统计量（sufficient statistic），然后考虑给定该充分统计量的检验统计量的条件分布。这一核心思想为构造具有正确的检验水平和良好检验功效（power）的检验统计量提供了基础。该项工作创造性地引入了函数型冗余参数的概念，完美地处理了弱识别的广义矩估计的推断问题，不仅完善和推动了广义矩估计的计量理论研究，也影响了基于广义矩估计开展实证研究的范式。

在《弱识别计量模型的条件线性组合检验》（Andrews，2016）一文中，鉴于不同检验统计量各有优势，安德鲁斯巧妙地利用它们的凸组合构造新的检验统计量。该条件线性组合检验统计量的权重由极小极大后悔准则（minmax regret）确定，并且依赖于某一条件统计量。该检验统计量包含了许多已知的稳健检验作为特例，如 $S$ 检验（Stock and Wright，2000），$K$ 检验（Kleibergen，2005），以及具有单内生变量的线性工具变量回归模型的条件似然比检验（Moreira，2003）。安德鲁斯证明了该检验统计量在出现弱识别时，能够很好地控制检验水平，而且在条件检验的框架下享有不少最优性特征。该项工作从统计决策理论出发，大大改进了弱识别计量模型的统计推断问题，进一步完善了弱识别计量经济学的基础理论。

① 一个检验统计量的检验水平指的是在原假设成立时该统计量拒绝原假设的概率；相对地，检验功效是指在备择假设成立时该统计量拒绝原假设的概率。构造检验统计量的基本思想是将检验水平控制在某个可接受的较小数值以下，并在备择假设成立时能够有尽量大的检验功效。

在《弱广义矩估计的最优决策规则》（Andrews and Mikusheva，2021）一文中，安德鲁斯和米库舍娃提出了弱广义矩估计模型①的最优决策规则，该论文目前收到《计量经济学》杂志的修改邀请并处于重新提交的状态。他们首先为弱识别或者局部识别（partial identified）的非线性广义矩估计模型推导出极限实验（limit experiment），然后在极限框架下研究贝叶斯决策规则，为非参数冗余参数提供具有理论基础的先验函数。由这些先验函数得到可计算的准贝叶斯决策规则，并允许研究者自由地挑选结构化参数的先验分布，他们推导出具有最优加权平均功效且对识别稳健的检验统计量。该文从贝叶斯分析的角度，为弱识别和局部识别的广义矩估计模型构造了"最优"（即具有最优的加权检验功效）的检验统计量，从检验的效率角度进一步改进了现有文献。可以预期，该文将推动计量经济学家更深入地研究复杂模型的最优假设检验问题。

上述四篇文章，构成了安德鲁斯在弱识别计量经济学上的系统研究，形成了较为完整的理论体系。除了上述工作，安德鲁斯在《弱识别的动态随机一般均衡模型的极大似然推断》（Andrews，2016）一文中考察了多维动态随机一般均衡（DSGE）模型在极大似然框架下的弱识别问题，厘清了动态随机一般均衡模型存在弱识别时的几个重要计量理论问题。具体地，他证明了对整个向量的简单假设检验，经典的得分检验（score test）对弱识别具有稳健性；对于子向量的复合假设检验，他提出了一个检验统计量，并证明了当冗余参数是强识别时，该检验是渐进有效的。此外，安德鲁斯注意到，在可能具有弱识别的模型中，学者经常会先评估模型的识别状况，然后决定是否汇报参数估计的稳健置信区间。为了解决这一问题，安德鲁斯在《广义矩估计的有效两阶段识别稳健置信区间》（Andrews，2018）中提出了一个探测模型是否存在弱识别的方法，并构造了广义矩估计估计量的两步置信集合（two-step confidence set）。该方法在弱识别时能够有效地控制参数估计的置信区间覆盖率的扭曲（covergage distortion）②；当模型可良好识别（well-identified）的时候，即数据中包含的未知参数有足够强的信息，能够以接近 1 的概率检测出模型是强识别的。

此外，虽然美国经济学会没有提及，但安德鲁斯教授在工具变量回归方面也做出了一系列重要的创新工作。他的主要工作包含：（1）在第一阶段回归

① 在该文章中，弱广义矩估计模型指的是具有弱识别或局部识别的非线性广义矩估计模型。

② 覆盖率是指构造出来的随机置信区间包含了参数的真实值的概率。

符号已知（known sign）的前提下，如何构造出均值无偏的工具变量估计量（Andrews and Armstrong，2017）；（2）当线性工具变量回归模型的过度识别约束不成立时，不同的工具变量估计量具有怎样的结构（Andrews，2019）；（3）系统梳理了工具变量回归中弱工具（weak instrument）问题的理论，并为实证研究工作者提供了指南（Andrews、Stock and Sun，2019）。他的这一系列工作是对工具变量方法的重要拓展和深化，进一步加深了经济学家对工具变量方法本质的理解。限于篇幅，我们不再一一介绍，感兴趣的读者可以直接阅读他的论文。

## 四、结语

在本文中，我们简单回顾了安德鲁斯教授到目前为止在计量经济学领域所做的主要贡献，以及对经济学实证研究带来的深远影响。我们可以预期，作为计量经济学领域的青年领军人物之一，他会在未来持续带来各种创新性的工作，引领计量经济学甚至经济学的研究方向。从他的研究中，我们可以得到如下两点启示：

第一，计量经济学的理论研究应当回归现实世界的实际问题，这应该是未来计量经济学的发展方向。计量经济学是以数量分析方法为工具，研究经济变量之间的关系，检验经济理论是否成立。自 1930 年成立了国际计量经济学会以及 1933 年创办了《计量经济学》杂志以来，计量经济学发展迅速，已经形成独有的知识结构体系和研究方法。但是，我们应该看到计量经济学的某些理论研究方向，采用高度抽象的假设和极其精致的模型结构，在抽象和复杂的推导过程之后，得出某些适用性很窄的理论结果。在某种意义上，这类研究方式与经济学中的实际问题渐行渐远，与计量经济学这门学科成立的初衷背道而驰。另外，科技的飞速发展，大数据和人工智能时代的到来，给计量经济学研究带来新的挑战和机遇。计量经济学的理论研究应该如何有效吸收这些领域的发展成果用于分析现实世界中的实际问题，是值得我们思考的问题。

第二，经济学和社会学的实证研究应当更加透明、更加科学，这也是未来经济学研究范式改进的方向。在大数据时代，数据类型多样化，数据量更大，经济变量之间的关系更加错综复杂，实证研究采用的模型和估计方法也越来越复杂。另一方面，科学的实证研究需要逐渐打开研究过程的“黑匣子”，使研究过程透明化和可复制，推动实证研究的科学评估和交流，促进科学研究和人类对知识的探索。因此，如何在进行复杂的结构化研究的同时，又能保持研究过程的透明性，值得更多的学者进一步思考。

## 附录：以赛亚·安德鲁斯的主要著作（2014—2021）


Andrews I, Mikusheva A. 2021. "Optimal Decision Rules for Weak GMM." Working Paper.

Andrews I, McCloskey A, Kitagawa T. 2021. "Inference on Winners." Working Paper.

Andrews I, Kitagawa T, McCloskey A. 2021. "Inference After Estimation of Breaks." *Journal of Econometrics*. Forthcoming.

Andrews I, Shapiro JM. 2021. "A Model of Scientific Communication." *Econometrica*. Forthcoming.

Andrews I, Gentzkow M, Shapiro JM. 2020a. "On the Informativeness of Descriptive Statistics for Structural Estimates." *Econometrica* 09 (8): 2766 – 94.

Andrews I, Gentzkow M, Shapiro JM. 2020. "Transparency in Structural Research." *Journal of Business & Economic Statistics* (invited discussion paper) 38 (4): 711 – 22.

Andrews I, Stock J, Sun L. 2019. "Weak Instruments in IV Regression: Theory and Practice." *Annual Review of Economics* 11: 727 – 53.

Andrews I, Kasy M. 2019. "Identification of and Correction for Publication Bias." *American Economic Review* 109 (8): 2766 – 94.

Andrews I. 2019. "On the Structure of IV Estimands." *Journal of Econometrics* 211 (1): 294 – 307.

Andrews I. 2018. "Valid Two-Step Identification-Robust Confidence Sets for GMM." *Review of Economics and Statistics* 100 (2): 337 – 48.

Andrews I, Gentzkow M, Shapiro JM. 2017. "Measuring the Sensitivity of Parameter Estimates to Estimation Moments." *Quarterly Journal of Economics*, 132 (4): 1553 – 92.

Andrews I, Armstrong TB. 2017. "Unbiased Instrumental Variables Estimation Under Known First-Stage Sign." *Quantitative Economics* 8 (2): 479 – 503.

Andrews I, Barron D. 2016. "The Allocation of Future Business: Dynamic Relational Contracts with Multiple Agents." *American Economic Review* 106 (9): 2742 – 59.

Andrews I, Mikusheva A. 2016a. "A Geometric Approach to Nonlinear Econometric Models." *Econometrica* 84 (3): 1249 – 64.

Andrews I, Mikusheva A. 2016b. "Conditional Inference with a Functional Nuisance Parameter." *Econometrica* 84 (4): 1571 – 12.

Andrews I. 2016. "Conditional Linear Combination Tests for Weakly Identified Models." *Econometrica* 84 (6): 2155 – 82.

Andrews I, Mikusheva A. 2015. "Maximum Likelihood Inference in Weakly Identified DSGE Models." *Quantitative Economicsv* 6 (1): 123 – 52.

# 视界

Horizon

Comparative

# 互联网基础设施的经济学分析

谢恩·格林斯坦

商业意义上的互联网在25年前刚刚出现。20世纪90年代中期，当用户通过拨号上网传递数据包时，互联网上的主要流量是邮件、文件和少数网络应用。对此类内容，用户通常可以容忍延迟。当然，如今的互联网已是一个由软件应用和计算设备构成的相互连接的庞大系统，整个社会依靠它来交换信息与服务，以支持商业活动、购物和娱乐。流媒体、视频与游戏等数据传输成为互联网接入提供商（Internet Service Provider，ISP）的主要流量，基本上通过宽带送达用户，用户通常不再能接受服务的延迟（有关网络使用情况的统计，可参阅 Nevo、Turner and Williams，2016；McManus et al.，2018；Huston，2017）。近年来，智能手机与无线局域网（Wi-Fi）的兴起支持了类型广泛的“共享经济”新业务（如 Uber、Lyft、Airbnb 等）、移动信息服务业务（如社交媒体、订票业务、短信）和其他许多应用的增长。80%以上的美国家庭如今

---

* Shane Greenstein，哈佛商学院商业管理学 Martin Marshall 讲席教授。原文“The Basic Economics of Internet Infrastructure”，发表于 *Journal of Economic Perspectives*，vol 34，no. 2，Spring 2020，第192—214页。

** 作者感谢如下人士极具价值的对话与评论：Tim Bresnahan、David Clark、kc Claffy、Chris Forman、Avi Goldfarb、Gordon Hansen、John Laprise、Enrico Moretti、Abhishek Nagaraj、Frank Nagle、Tommy Pan Fang、Bill Rogerson、Alicia Shems、Heidi Williams 和 Pai-Ling Yin。特别感谢 Timothy Taylor 出色的编辑工作。

拥有至少一部智能手机，而2007年还几乎为零（数据来自Pew Research Center 2019 Mobile Fact Sheet）。超过86%有宽带接入的住宅利用某种无线局域网连接应用服务（Internet and Television Association，2018）。

标准的GDP统计程序很可能低估了互联网的产出，包括与“免费”产品有关的产出，以及那些使用互联网广告的企业在构成上发生变化带来的经济活动重组等（有关讨论可参阅Nakamura、Samuels and Soloveichik，2016；Feldstein，2017；Syverson，2017；Groshen et al.，2017；后三篇文章是提交给《经济展望杂志》2017年春季研讨会的）。至于这些经济变革的规模，要知道2017年在线广告（包括在线出版和广播，以及网络搜索门户等类别）为美国GDP贡献了1059亿美元，在之前5年里共增长了250%。美国人口普查局估计，仅电子购物和邮购商店（NAICS 4541）贡献的在线零售额就超过5450亿美元，在同期的增幅达65%（数据来自Census data on Statistics of US Business）。

虽然互联网已成为我们日常生活的组成部分，但对公众与大部分经济学家而言，互联网的内部架构与运营几乎是无形的。本文将首先介绍支持互联网服务传输的背后进程。互联网基础设施包含多个不同类型的设备：根服务器、光纤、宽带、网络交换机与路由器、内容分发网络、通信塔及其他。而互联网的“主干网”由庞大的数据线构成，尤其是连接各种网络与核心路由器以传输数据包的部分。互联网基础设施的其他组成要件包括云设备以及谷歌或亚马逊等大企业内部安置的网络。深入了解互联网架构机制，可以帮助我们解答如下类型的问题：数据交换的定价与条件由哪些因素决定？改进基础设施的激励来自哪里？先进的数据基础设施在不同地区之间的普及是否平衡？

这些讨论将涉及网络经济学中的某些经典议题。在标准和规则上达成共识的网络可以在广泛的环境中实现自我维持，因为现有用户和潜在用户都会被构造成熟的网络吸引。可是，如果网络中包含多个最终用户和多个商家，相互之间会发生成本和计费，某些时候的谈判可能陷入僵局。以原来的方式继续扩张网络或许简单易行，但网络运营中更复杂的变化可能会带来问题，因为此类变化可能会干扰确保网络运行的共同规则，或者需要为变化而投资的商家发现自己不能从其他参与者那里分到足够份额的、令投资物有所值的收益。

本文将着重讨论北美的做法，并简要提及工程设计方面的内容。尽管如此，本文仍能说明互联网基础设施是如何运行的，它的作用是什么。如果文中出现了相关的技术术语，我将做相应的介绍和解释。另外，表1给出了术语表。

表 1　部分互联网术语的解释

| 术语 | 定义 |
| --- | --- |
| 主干网（Backbone） | 相互连接的网络与核心路由器之间架设的长距离和高容量连接线路。 |
| 边界网关协议（BGP） | 互联网上指导流量路径的最常用协议，规定网络转换器与服务器如何发送数据包的协议之一，最新版本是在 2006 年拟定的（https：//tools. ietf. org/html/rfc4271）。 |
| 宽带（Broadband） | 各种高速互联网接入，始终在线，比拨号接入更快。 |
| 内容分发网络（CDN） | 一组分散式计算机系统，作为原始内容的中介，把内容透明地传送给终端用户。 |
| 云计算（Cloud computing） | 正在发展的模式，根据需要提供无所不在的可配置计算资源共享集合。 |
| 搭配设施（Collocation facility） | 服务器与其他计算硬件放置的地点。 |
| 域名系统（DNS） | 一套命名和编号规则，把常用文字与 IP（网际互联协议）地址匹配，与 TCP（传输控制协议）/IP 相符。如今由 ICANN 组织负责监督互联网上采用的该系统。 |
| 电缆数据服务接口规范（DOCSIS） | 由 Cable Labs（美国有线电视实验室）开发的互联网接入传输的电缆系统（可参见 Knieps and Bauer，2016；Clark，2018）。 |
| 数字用户线路（DSL） | 在电话线路上改进的一种宽带接入。 |
| 互联网名称与数字地址分配机构（ICANN） | 非营利组织，负责协调与互联网命名空间和编号空间有关的若干数据库的维护和流程的协调（http：//www. icann. org）。 |
| 电气与电子工程师协会（IEEE） | 参与以技术为中心的标准化产品与服务的开发、实施和维护的职业人士组成的全球性协会和组织（http：//www. ieee. org）。 |
| 网络协议地址（IP address） | 互联网协议，网络上每个设备都必须有这一数字标识。 |

（续表）

| 术语 | 定义 |
| --- | --- |
| 互联网交换中心（IXP） | 通常由运营商或第三方负责的建筑物，根据运营商的服务器托管和数据流连接的需要而建造。 |
| 协议栈（Protocol Stack） | 用于实施一个协议族类的软件，对一组规则规定做出定义，以决定电信和计算机网络中的数据如何传输。 |
| 传输控制/网络通信协议（TCP/IP） | 数据包转换协议，规定如何组成数据包、网络连接时如何确定地址等，一组决定互联网数据包的格式与纠错流程的协议族类。 |
| 无线局域网（Wi-Fi） | 无线路由器采用的一套协议，基于 IEEE 802.11 的标准类型设立。 |

## 互联网数据如何传输?

要理解互联网如何连接如此众多的设备，我们先从一个基础案例说起：某位用户从维基百科（Wikipedia）获取信息的要求如何引起若干即时操作？这就关系到用户通常看不到的数据传输机制。

这里是对该机制的一个简化解释：用户利用自己的计算机、手机或其他上网设备上已装载的网页浏览器，可以连接某家互联网接入提供商，即通过建设和运营能够传输数据的实体设备，提供有线或无线的网络连接的企业。此时，该企业把用户的访问要求提交给一台域名服务器，此服务器会把访问目的地（这里是指 Wikipedia. org）关联到一个网络协议地址（IP address）。收到此信息后，用户的浏览器将把访问要求提交给该 IP 地址对应的服务器。然后维基百科网站的服务器将做出回应，以数据包形式发出用户要求获取的信息，数据包格式则是按照互联网上连接设备的特定协议编制的。这些数据传递给用户的互联网接入提供商，后者将其传递到用户的设备上，再由设备把信息转化为用户可以阅览的格式。

这一双向信息流动由多个市场交易支持。首先，互联网接入提供商的行为靠公开的市场交易决定：用户通常按月付费。此类企业大致分为两类：有线和无线提供商。有线提供商采用的技术各不相同，从最慢到最快的包括：卫星、数字用户线路（DSL）、有线调制解调器和光纤等。地球同步轨道上的卫星可以接收和发送来自全球任何位置的卫星天线的信息。DSL 设备是对电话线加以改进来传输数据的。调制解调器是添加符合电缆数据服务接口规范（DOCSIS）的转化器和解调器，在有线电视系统上增加数据服务。光纤则通常是给用户铺设新的连接线路。

图 1 显示的是美国联邦通信委员会对企业宣传的几档网络传输速度开展的标准化测评结果，包含 17 家公司，其服务面向绝大多数美国用户。数据传输速率的单位是每秒百万单位，并将其换算成下载网页时的标准用户体验。如该图所示，不同接入技术宣传的传输速度会给用户带来不同的下载体验，也对应着不同的月费用。通常的卫星接入服务为每月 90—120 美元，另外需要至少 300—500 美元的初装费。DSL 的月费用为 30—50 美元（仅包含互联网服务），美国最大的 DSL 提供商为 AT&T（美国电话电报公司），用户近 1600 万。调制解调器服务的月费用为 50—80 美元，根据速度和流量封顶而不同，最大提供商为康卡斯特（Comcast），用户人数超过 2800 万。入户光纤的月费用为 40—80 美元（仅包含互联网服务），根据速度和流量封顶而不同，对商户与住户的最大提供商为威瑞森光纤（Verizon Fios），用户数量约为 700 万。对任意给定的地点来说，上网选项通常可能有 0—2 个有线接入提供商，加上一家潜在的跨越型接入提供商。

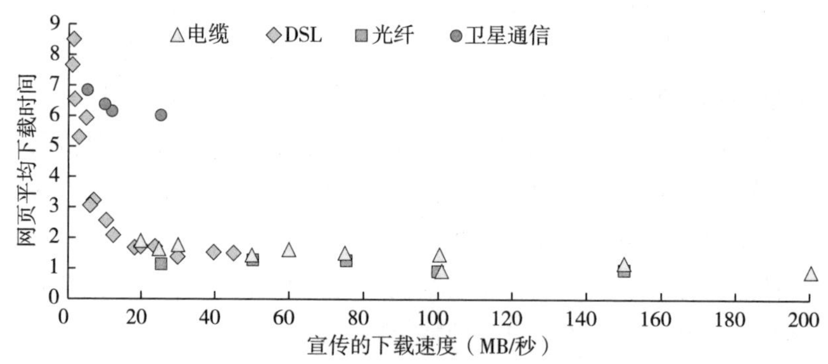


**图 1　加权平均下载时间与宣传的下载速度对比**

资料来源：Federal Communications Commission（2018）。

无线上网选项与有线宽带的用途不同。虽然卫星连接服务可以全覆盖，其大多数用户却位于人口密度低、缺乏有线接入提供商的地方。据估计，其用户包含 800 多万个美国家庭。美国最大的无线接入提供商是威瑞森无线（Verizon

Wireless）和 AT&T 无线（AT&T Wireless），分别拥有超过 1.5 亿和 1.6 亿用户。

还有一类市场交易对用户来说是藏在幕后的。域名以及网站所有者的代理人需要给域名服务器公司付费（美国最大的域名服务器企业包括 Cloudflare、Amazon Web Services、Akamai 等）。虽然域名服务器可以成为独立公司，但越来越普遍的做法是把域名服务同其他服务（如安全等）捆绑。此外，需要发送大量信息的某些机构会采用企业内的域名服务器，而非采购第三方的服务（关于这方面的决策选择，可参见 Bates et al.，2018）。

### 数据传输的五个选项

在互联网接入提供商与域名服务器发挥作用之后，还有一个关键步骤要解决：数据如何在用户的互联网接入提供商与维基百科等内容服务商之间传递？互联网数据可以在两点之间的多条路径流动，这使整个系统有极大的灵活度。那么每条消息的路径该如何决定？所有选项都采用相同的路由表和软件协议，通常把数据包发往堵塞最少的路径。这一过程主要依靠工程决策：在某些路径发生拥堵时，整个网络的参与者必须如何集体行动。至于数据传输的价格如何决定，我们将在后文解释，因为在了解网络运行机制后再讨论经济问题会容易得多。目前，我们还是聚焦于数据从用户到维基百科的往返路径，这里有五个选项。

第一个选项最简单，如果用户与内容服务商的连接通过同一家互联网接入提供商（如康卡斯特），则数据可以在这家互联网接入提供商的网络内部请求和发送。这条路径常见于个人之间的双边通信，如电子邮件，大多数发生在位置接近的两个参与者之间。不过，大多数其他流量，尤其是支持网页和流媒体应用的流量，发生在相距遥远的内容服务商与受众之间。由于地理分隔及美国互联网接入提供商的分散性质，此类交互通常并不局限在单一网络内部。

由此关系到互联网用来尽量减少延迟的最常见的第二个选项：把用户对内容服务商的数据请求转路由到内容分发网络（content delivery networks，CDNs），它是地理上分散的服务器构成的网络，更加靠近终端用户。有时将这种做法称为“把数据转移到网络边缘”。由于此类网络在现实中更靠近用户，便可以节约响应时间。许多内容服务商选择把内容缓存在内容分发网络上，只对最及时和流行的内容做更新，使大多数用户实际上是同内容分发网络而非最终的内容服务商做内容交换。内容分发网络还可以增加一层可靠性和安全性，例如当某些服务器失效时，内容分发网络上的缓存内容依然可以为用户提供服务。另外，内容分发网络可以保护内容免受“拒绝服务攻击”，发起此类攻击的人试图以大量信息涌入使目标网站的服务瘫痪。①

内容分发网络在商业互联网的初期并不存在，但如今，几乎所有大大小小的商业参与者都以某种方式利用它们来提供流行内容。美国目前最大的第三方内容分发网络提供商是 Akamai，2018 年的收入达 27 亿美元。紧随其后的提供商是 Cloudflare 和 Limelight，2018 年的收入分别为 1.92 亿美元和 1.84 亿美元。尽管内容分发网络对用户来说是隐形的，但他们收到的绝大多数数据其实直接来自这一路径。

传输数据的其他三个选项也在互联网私有化之后的 20 年中采用（Greenstein，2015），但很难估计其使用频率。在比较遥远的过去，私人对等互连（private peering）、互联网交换点（internet exchange points）以及传输载体（transit carriers）这三种传输选项更经常地用于把数据从内容服务商直接传递给用户，也就是说无须内容分发网络的帮助。如今，它们用于把数据从内容服务商传递给内容分发网络，并在大多数访问请求中作为内容分发网络的补充。在少数情形下，它们又作为内容分发网络的替代，例如当用户请求访问非流行的内容，或者内容服务商没有做出采用内容分发网络安排的时候。

私人对等互连兴起时，维基百科网站与它的用户（及支持用户的内容分发网络）有着不同的互联网接入提供商，但两家接入商有直接连接点，并相互达成了解决数据交换的双边合同。在典型的合同中，如果一个月内彼此往来的数据流量大致相当，则不需要支付费用；如果一方给另一方的数据流量占比更高，则发送净数据更多的运营商要给接受流量的一方付费。通常来说，这些支付的发生条件是流量超出谈判约定比例（在 4∶1 到 8∶1 之间）的时候。当然，此类合同与谈判的具体情况不是一句话能讲清楚的（详细介绍可参见 Norton，2014）。

两家或更多互联网接入提供商还可以在互联网交换中心（IXP，internet exchange point）交换数据，互联网交换中心可以由独立机构运营，被设置为各

---

① 感兴趣的读者可参考 Cloudfare 获得的专利（Patent 8613089B1），识别对云代理服务的拒绝服务攻击（https：//patentimages.storage.googleapis.com/a0/90/f7/3f8aa8ef076cf4/US8613089.pdf）。

运营商彼此连接交换流量的场所。每家运营商向提供这些数据交换设备的机构支付一定的费用，并可以对有关的建筑物、备用能源和设备投资，以确保互联网交换中心在任何情况下都维持运转。不同于私人对等互连，这里的所有参与者通常都同意发送和接收自身连接能力允许的任意数据流量，各家租户的收费可能不同，但往往并不与数据流量挂钩。美国有数百个此类交换中心，全球的数量更多。最大的运营商 Equinix 的年收入超过 50 亿美元，在多个城市设有 200 多个数据中心，其中一部分即设置为互联网交换中心。

假如在我们的例子中，用户与维基百科网站各自的互联网接入提供商之间没有任何直接连接，甚至没有通过网络交换门户连接，则有最后一种实现互联的方式。此时，另外一家或多家网络的连线可以充当这两家提供商之间的传输载体。提供载体传输的运营商可以根据与其他运营商达成的合同为这些行动获得补偿。

### 投资、扩张与改进的激励

我们需要关注这一体系的经济意义：如果能帮助企业获得收入或者避免其他企业的收费，则网络运营商会有激励建设更多网线，提供更多连接，以缓解网络传输拥堵。如果能增加对用户的收费或减少运营费用，则互联网接入提供商就有激励提高产能，保证连接。这样的激励看起来符合长期的理想结果，即为数据的发送和接收提供更高效、更优质的选择。一个有趣的开放问题是与网络收益有关的私人激励的大小。传输线路是系统的组成部分之一，一个部分的改善会把收益传递给其他所有互补部分。传输线路改善产生的大多数收益是归属利用这些线路的内容服务商、享受更快内容服务的用户，还是从用户那里收费的互联网接入提供商？答案部分取决于我们下文要讨论的定价机制。

与之相关的一个问题是关于建设内容分发网络的激励。第三方商业内容分发网络需要与互联网接入提供商或无线接入提供商就“靠近用户的服务器的权利”展开谈判。互联网接入提供商或其他网络接入提供商还可以向内容分发网络收取从网络上获取数据的传输费，这些数据传输发生在内容服务商的服务器到内容分发网络建立的设备之间。原始内容服务商则向内容分发网络提供商付费，后者把内容从内容分发网络服务器上分发给用户，前者按照每天的约定时刻表更新内容分发网络服务器上的内容。美国的所有（包括规模最小的）互联网接入提供商都采用这一合同安排，表明该安排符合此类厂商的利益。

某些大型内容服务商，如谷歌、苹果、微软、脸书、亚马逊和网飞等公司，有自己的内容分发网络，并根据自己的应用和服务调整技术特征。同样，它们需要就支付给互联网接入提供商的“搭配”价格展开谈判，有时也为数据传输付费。事实上只有大型企业采取这种做法，因为对中小规模流量来说，外包给第三方内容分发网络比自建的成本更低。另外，出于其他若干原因，如分级服务、谈判摩擦与搭配费用等，某些企业选择把部分自有的内容分发网络放置在互联网连接点上，而非互联网接入提供商的体系中。

一个悬而未决的问题是：内容分发网络改善带来的大多数收益是归属经营服务器的内容分发网络提供商，还是利用该网络的内容服务商、享受更好服务的用户，或收取搭配费用和用户月费的互联网接入提供商？与任何网络组成部分一样，这里我们并不清楚私人激励与网络整体收益之间的关系。

但这一问题非常重要，因为内容分发网络的兴起既是用户需求改变和网络快速进步的原因，也是其表现。许多用户已转移到更高速的宽带上，提高了网速。这些用户更需要和支持新的应用服务，例如网飞、Sling、Disney + 以及 HBO Go 等厂商提供的超越运营商的 OTT 流媒体服务，它们越过有线电视或卫星电视，直接通过互联网为消费者提供内容，尤其离不开内容分发网络设施。

快速进步最引人注目的表现是互联网应用服务的深度进化以及与之伴随的流量。在互联网最早出现的时候，文字在流量中占主导地位，采用电子邮件或被动浏览形式。以当前标准看，当时的数据量在上下两个方向都非常小。如今居民家庭接收的数据比发送的高出很多个量级，因为他们接收的大部分流量已从静态内容变成视频与流媒体（Huston，2017）。例如在 2013 年，家庭每月使用的中位数据传输量为 20—60Gb（Federal Communications Commission，2013）。而如今在线收看一部标清或高清电影会产生每小时 1—3Gb 的流量，远远超出任何被动网页浏览所能达到的水平。仅仅是不间断追看一部连续剧，就能大幅增加居民家庭的数据使用量。与此同时，最大的流媒体服务企业网飞的美国注册用户数在 21 世纪第二个 10 年从 2000 万飞涨到 6000 万，其业务还远不止流媒体。简而言之，随着家庭以流媒体收看电视和电影的增加，处理密集数据应用服务的基础设施的能力必须随之提高。要回答投资激励是否最优的问题总是颇有难度，不过互联网发展历史确实表明，私人投资激励已足以带来网络架构的巨大扩容与升级。

## 数据中心与云服务

在商业互联网兴起之初，几乎所有企业都把服务器放在自己公司内。不过商业界逐渐认识到把计算资源集中到一个地方的规模经济，由此诞生了数据中心。这些建筑中包含很多排放在支架上的服务器，以适应网络支持和维护的日常操作。设计者最终学会了如何配置，以容纳数据储存和计算所需的大量服务器，利用建筑的特点降低能源消耗，并确保紧急情况下的可靠运行等。

市场上用来发送和接收信息的不同方式，如私人对等互连和系统互连等，也被某些服务于此目的的数据中心采用。数据中心的内部连线可以支持某些特定类型的活动。例如，纽约股票交易所的数据中心位于新泽西州，允许许多公司以极快的速度获得交易服务。又如，医疗、金融和运输等产业的部分商业用户要求极高的安全性与可靠性（即保证 99.99% 的运行时间），特别是对含有敏感客户信息的交易提供支持的关键功能。这些数据中心可能包含高级的备用发电机、能抵御洪水的高造价建筑物以及减少附近车辆行驶产生震动的加固地板等。此类成本不菲的配置在某些情况下会物有所值，例如，由于内在的灵活性与机智的选址，休斯敦的数据中心在 2017 年 8 月哈维飓风引发洪水期间及之后都没有停止正常运行。

较小的数据中心包含数万台服务器，建设费用可能超过 1 亿美元，而大型数据中心可以包含数十万台服务器，建设费用高达数十亿美元。作为美国最大的第三方网络机构之一，湖滨技术中心（Lakeside Technology Center）位于芝加哥市区以南 2 英里的一栋 110 万平方英尺的建筑物中，由唐纳利集团（R. R. Donnelly）过去的一家印刷厂改建而成。该机构归数字房地产信托公司（Digital Realty Trust）所有，这家控股公司控制着全球 200 多个数据中心，2018 年的营业收入超过 30 亿美元。芝加哥这座建筑并不符合数据中心的惯例，通常的数据中心是修建在极其广阔的土地上的单层建筑，有丰富且廉价的电力，与互联网有高质量连接，往往位于距离商业用户不太远的郊区。北美洲最大的数据中心聚集地是弗吉尼亚州的阿什伯恩（Ashburn），就在华盛顿特区外围，靠近东部城域交换中心（通常称作 MAE-EAST），是美国最早的互联网交换中心之一。

数据中心的合同涵盖所有者与租赁市场之间全部可能的安排。一个极端是许多有通用需求（如备份存储）的买家，它们租赁数据中心的空间，自带服务器，但让其他人来管理建筑物。另一个极端是有特殊计算需求的公司，例如脸书、苹果、微软、亚马逊和谷歌等，它们拥有并维护自己的大型数据中心，并根据应用需要来配置建筑物与服务器。

所谓“云服务”是指出租存储服务、计算服务或数据库相关应用的数据中心，且用户可以根据自身需要灵活启用或关闭服务。主要的云服务提供商正越来越多地提供附加软件服务，只收取象征性费用或完全免费。例如，亚马逊网络服务（Amazon Web Services）就提供数十款云软件服务。微软云（Microsoft Azure）以云服务方式支持 Outlook 等微软公司的许多产品。谷歌则免费提供机器学习工具 TensorFlow 的云服务。

随着服务质量改进与价格下降，对云服务的需求正在增长。有研究估计，质量调整后的亚马逊网络服务的价格在 2009—2016 年的年降幅为 17.3%（Byrne、Carrado and Sichel，2018）。对于支出增长和业内市场份额变化的估计则取决于销售额的具体定义（相关讨论可参见 Byrne、Carrado and Sichel，2018；Coyle and Nguyen，2018），但最大的三家企业正是上文提到的亚马逊网络服务、微软云和谷歌云。例如在 2019 年，亚马逊网络服务被公认为是其中最大的一家，收入达 350 亿美元，比上年剧增 40%。其他企业也在快速成长。云服务的吸引力来自它们的灵活性、工具类型广泛，以及能选择用可变成本替代固定成本（Wang and McElheran，2017）。云服务还便于许多创新应用服务开展实验（Ewens、Nanda and Rhodes-Kropf，2019）。

私有云提供商越来越多地利用复杂架构来平衡用户需求的负载，例如，把应对全方位任务的数据中心同快速提供内容服务的分发网络结合起来。云服务为内容分发网络提供及时更新，并对不太流行的内容做出次级响应，而主服务器的更新间隔时间与非流行内容响应时间则更慢。云服务可以在一天中把用户需求高峰的负载分摊到多个地理区域。

## 大企业在何种情形下运营自己的互联网基础设施

应用市场与平台中的许多大企业，如微软、苹果、谷歌、亚马逊和脸书等，运营自己的互联网基础设施，而非借助第三方提供商。这些企业都有自己的数据中心和内容分发网络。还有，谷歌自己的数据中心都与自己的主干网相连接，从而绕过了本可以从网络运营商租用的主干网。大企业把这些互补功能集成起来，是因为它们的运营费用可以低于第三方提供商，而且可以根据特殊需要调整工作流程，以便获得更好的结果。例如，谷歌自有的网线能帮助众多数据中心与内容分发网络在一天中平衡负载。大企业还能在众多相关服务中发现范围经济，以便提供对用户有吸引力的捆绑服务（Bates et al.，2018）。例如，Cloudflare 就把内容分发网络与域名服务器集合到一个有众多服务的包里，作为内容保护的全套安全服务的组成部分。

当大企业自建互联网基础设施时，对整个网络的效应可能是正面的，也可能是中性或负面的。例如，微软、谷歌与亚马逊等运营大型数据中心的大企业从数年前开始提供云服务。用户对其效率感到满意，于是需求增长迅猛。所以这些公司提供云服务让整个网络经济获得了好处。

不过，谷歌光纤（Google Fiber）的故事则是另一种情形。谷歌当时设立了一家新机构，向居民提供高速光纤接入，并通过与电视、电话和互联网接入企业签订合同进入了几个城市。尽管在本文写作时，该机构在这些城市取得了商业成功，但由于有若干挑战需要克服，投资被暂时停止。① 该项目的可见收益有限，并局限于其进入的少数地区，或者说最多表明在其他地方也可能成功。即使谷歌光纤延伸到其计划中的所有城市，覆盖的美国人口占比也不会高于 10%。

当大企业加入互联网基础设施时，还可能产生某些有更大隐忧的结果。补充服务提供商必须同支配性的大企业谈判，相比在有更多选项的竞争性市场，它们可能遇到更苛刻的合同条款（Rogerson，2018）。此外，长期以来有人担忧，与更多采用开放协议的环境相比，最大型的企业内部越来越多采用专用流程可能不利于一般性创新（Zittrain，2008）。上述担忧在反垄断或监管议题中关系重大，因此一个有待解决的关键问题是：在何种市场支配力与哪些市场条件下，我们需要正视这方面的担忧。

私人数据中心与云服务的兴起，同样涉及网络基础设施改进的竞争行为与私人激励的重要经济问题：云服务等部分网络的改进带来的收益如何在用户与企业之间分配？在用户分享收益的情况下，竞争激励是否充分？是否对某些用

① 在本文写作时，谷歌光纤提供服务的城市包括：内华达州的盐湖城、犹他州的普罗沃、密苏里州的堪萨斯、得克萨斯州的奥斯汀、田纳西州的纳什维尔、北卡罗来纳州的夏洛特、佐治亚州的亚特兰大、北卡罗来纳州的罗利－达勒姆、加利福尼亚州的奥兰治县、亚拉巴马州的亨茨维尔、得克萨斯州的圣安东尼奥。另外还进入过肯塔基州的路易斯维尔，但后来退出了。谷歌光纤有进入至少另外十多个城市的计划与许可，但没有宣布时间表。

户比其他用户更有利？利用第三方服务的创新企业进入的长期竞争前景如何？这些都是尚待研究的课题。

## 协议与治理

协议（protocols）是决定数据如何通过网络传输的一套规则与规定。网络协议规定了一些流程的惯例，包括数据包格式的定义、传输错误的恢复等。如TCP/IP 就是设定互联网数据包格式的一组协议，规定网络连接时的地址、如何组合来自不同互联网路径的数据包，及错误修正流程等。边界网关协议（Border Gateway Protocol，BCP）则是最常用的互联网流量路由选择协议，当然它只是负责网络转换和服务器发送数据包的众多协议中的一种。

工程师认为，不同设备只有在采用相同协议时才能兼容。每种协议都与许多补充协议共同构成协议栈，即关联协议组成的族类。协议栈可以作为开发人员的参考模型，为生产兼容设备服务。这方面的更多介绍可参见克拉克等人的研究（Clark，2018；Knieps and Bauer，2016；Greenstein，2015）。

大多数互联网协议栈沿着拥堵最少的路径发送数据包，即使网络上有众多潜在路径和瓶颈可能，这一特征仍使数据能快速传输。由于许多现代互联网应用（如游戏和流媒体）需要快速数据传输，该特征正变得愈发重要。

基础设施企业与运营商基本上都遵守协议栈，毕竟这样做便于它们提供有利可图的服务。但我们不能把这一结果视为天然如此，因为过去的做法大不相同，许多企业提供彼此不通用的专用协议和网络。当然，自商业互联网于 20 世纪 90 年代中期诞生之后，互联网协议栈的兼容性便呈现自我强化的趋势。这一趋势会进一步促使所有参与者更广泛和持久地采纳现有协议，并鼓励在此基础上开发更多的创新服务。在现代互联网中，让协议保持连续性的激励显然非常强大，尽管网络效应的动因和规模对不同参与者有所不同。

有可能出现的情况是，某些决策者认为需要背离现有协议。尽管有部分背离的若干例子，但最近几十年来此类压力并未大到严重背离互联网协议（有关理论架构见 Simcoe and Watson，2019）。例如，“暗网”运营商不愿意让其内容被搜索到，因为据说它们支持非法活动，如盗版产品交换等。网络效应在国际层面或许也不能奏效，因为不同国家的政府对本国网络采取不兼容的做法，例如内容审查，还要求应用服务运营符合本地对隐私、安全、版权及其他政策方面的规定等。某些行动已开始进入基础设施层次，例如政府要求在路由器中加入数据包检测流程，或者在操作系统中设计允许监控的后门等。此类行动与政策带来了丧失无缝互操作性的风险或导致互联网碎片化，值得经济学研究者关注。

以上现象还涉及改进协议的治理问题。在大多数情况下，是非营利组织负责设计和更新互联网基础设施中采用的协议栈，如国际互联网协会（Internet Society）互联网工程任务组（Internet Engineering Task Force，IETF，负责 TCP/IP 与 BGP 背后的协议）及其他许多组织。互联网名称与数字地址分配机构（Internet Corporation for Assigned Names and Numbers，ICANN）负责更新域名分配以及互联网上每个转换器和路由器使用的路由表。路由表包含网络拓扑信息，并为数据包的传输提供指引。在现代互联网体系中，通过这些路由表能够了解拥堵状况，采用避免拥堵的传输路径（Clark，2018）。电子与电气工程师学会（Institute of Electronic and Electrical Engineers，IEEE）制定了支持标准 Wi-Fi 服务的 IEEE 802. 11 及其他技术标准。这些组织会召集负责协议设计、维护和升级的小组，几乎不收取使用费。大多数组织也很少对私人部门如何运营采用此类协议的设备做法律上的限制。

负责协议治理的组织在采取行动时受到颇多掣肘。由于涉及私人利益，有关知识产权政策的讨论在今天自然颇受关注，创建网络协议应采用何种行政程序标准的讨论也是如此。这方面的一个例子是现有 IP 地址枯竭的问题，它导致必须重新设计 IP 地址，以满足未来的增长需要。互联网工程任务组通过讨论推出了第 6 版协议，简称 IPv6。但在采用之后，其推广速度较慢。许多人批评新的设计用起来过于复杂。

另一个例子是围绕 ICANN 的顶级域名扩展的激烈争论。互联网设计时包含 248 个国家的代码，但美国内部有 6 个域名——com、org、net、edu、gov、mil——被广泛使用，尤其是 com，没有要求再附加国家代码。考虑到人们对域名集中在 com 类别中带来的局限性的抱怨，ICANN 把顶级域名数扩展到 1000 个以上，包括 icu、top、xyz、site、vip、online 等。关于这些组织及相关机构的历史，以及对其起源的分析，感兴趣的读者可参阅穆勒等人的研究（Mueller，2004；Simcoe，2012；Russell，2014；Greenstein，2015；Clark，2018）。

协议选择与协议更改类似于公共品问题，因为几乎所有用户会有相似的体验，也不能选择退出或不接受变化。协议设计付出了巨大努力，却不会被同等采用。为理解商业互联网的持续性，我们需要发展经济学理论来回答如下问题：在何种时候应该渐进或激进地改变协议，或者是否应该完全放弃协议？

## 定价与激励

对大多数互联网用户而言，他们面临的预付价格是互联网接入提供商的收费。市区和郊区的绝大多数企业用户选择宽带连接（美国的宽带普及情况，参见 Ryan and Lewis，2017；Pew Research Center，2019）。2012—2017 年，用有线方式上网的付费金额达到 887 亿美元，增幅超过 30%。其网速也在加快，从 2011 年到 2018 年几乎翻番。来自美国商业统计（Statistics of US Business）的调查显示，选择无线上网的付费超过了 900 亿美元，增幅达 57%。这一时期的收入增长主要不是源于家庭上网数字增加，因为大多数美国家庭在 2012 年已经有了互联网服务。①

宽带服务供应市场存在一定程度的竞争。其供给结构是在宽带替代拨号成为主要上网接入方式后形成的（Greenstein and McDevitt，2011）。1995 年，几乎所有互联网连接都通过拨号，如今近 80% 的美国居民家里已有宽带连接。在人口密度高的市区，网速更快，那里的目标客户是商业用户与多户住宅用户（Chen and Savage，2011；Connolly and Preiger，2013）。市区与郊区的大多数居民拥有至少 1—2 家有线接入提供商，以及多家无线接入提供商（Wallsten and Mallahan，2013）。针对居民的典型互联网接入提供商是本地电信公司（通常提供 DSL 服务）和本地有线电视提供商（利用与 DOCSIS 兼容的解调器提供数据服务，借助有线电视电缆传递信号）。某些地区有第三方跨越式提供商直接提供入户光纤，威瑞森作为本地电信商也在某些运营地区提供光纤入户。在人口稠密的市区，企业还可以有更多接入提供商可供选择。

有许多因素可能限制互联网接入提供商进入市场，包括：财务因素，如资本成本过高；监管因素，如道路通行权限制、导致跨越式提供商成本增加的法规、阻止多家提供商同时进入的法规等（Seamans，2012）；行为机制因素，如在位企业不愿意进入彼此的既定地盘等。此外，还有些技术因素导致 DSL 或 5G 无线网络等宽带接入在人口稠密区域外的效率下降（Destafano、Kneller and Timmis，2018），或者使电缆接入服务过于昂贵。卫星接入在大部分地区可行，

---

① 例如，网飞公司（Netflix ISP Speed Index）对 2012—2018 年的网速测算表明，大多数网络的实际连接速度翻番（https：//ispspeedindex. netflix. com/country/us/）。根据有关调查，在 2011—2018 年仅有 3%—5% 的美国家庭是新的宽带上网用户（Pew Research Center，2019）。

给人口稀疏区域提供了基本水平的服务（Boik，2017）。与之相关，出现了安置运营商天线的蜂窝塔的强大市场，使多数地区能有 2—4 家接入提供商的服务，仅人口最稀疏的地区除外。

同时，自从宽带成为居民家庭的主要传输方式以来，测算的接入价格几乎没变。美国消费价格指数（来自 US Bureau of Labor Statistics，2020）中的“互联网服务与电子信息提供商”价格系列数据（美国城市平均数，均为城市消费者）可以作为对宽带价格的测算，从 2007 年的 73.4 美元到 2019 年的 77.1 美元，涨幅仅为 5%。最接近可比的无线接入服务指数（包含数据服务与电话服务价格）显示，消费价格指数中的“无线电话服务”的价格（美国城市平均数，均为城市消费者）在同期从 64.5 美元降至 46.4 美元，降幅为 22%。鉴于这些年的巨大变化，如 Web 2.0 业务兴起、社交媒体成长、长短视频和流媒体爆炸式增长，以上的测算价格很可能还没有反映用户体验的许多重要方面。

有哪些方面被忽略了呢？例如，两个价格指数都没有在接入价格中加入对服务质量的调整，另外也没有考虑广告支持的“免费”内容的质量改变（Byrne and Corrado，2019）。最后，接入收入大幅增长而用户数量增加不多，表明许多家庭的接入支出增长是源自他们转向收费更高的高阶服务。标准的价格测算方法并未把此类消费层级变化计入价格变化之中。

有线接入与无线接入在何时互相替代，在何时互相补充？对此没有普遍答案，随着接入能力改进与模态应用变化，这个问题的答案将随时间改变，同时也根据用户所处位置而不同。在今天的某些应用里（如电子邮件和网页浏览），当用户能容忍延迟时，有线接入与无线接入能相互替代。然而在数据密集的流媒体和游戏等应用中，延迟可能破坏用户体验，不同接入模式就不能随便替代。有时不同接入能相互补充，例如娱乐企业鼓励在网络游戏或流媒体观看中发送推特（Twitter）。而对于只能通过无线智能手机或卫星上网的很大数量的家庭来说，这些问题则难以回答。随着对前沿基础设施连接的推进，无线接入与有线接入的替代性和互补性将是重要的研究课题。

用户与接入提供商之间的合同也在随时间改变。在最早的时期，大多数接入是收取月费，不限制使用。2015 年我曾研究过基于上网时间的价格歧视的消失。而如今，基于数据使用加上流量封顶的价格歧视在有线与无线接入合同中广泛存在。还有，有线与无线数据接入合同采取不同形式。有人对早期的有线数据的分级定价和流量封顶做过调查（Burnham et al.，2013）。近期的研究则显示某些用户对流量封顶的附加费用较为敏感，但他们会内生地选择适合自己需要的流量能力，例如，大量使用流媒体的人会选择能满足需要又不会使成本大增的服务方案（Nevo、Turner and Williams，2016；McManus et al.，2018）。

改进互联网传输与接入能力的激励在政策研究中广受关注。一方面，人们普遍相信有线与无线接入速度的提高对更多参与方有利，而不仅仅是有利于提供接入服务的企业。接入提供商固然可以获得更多收入，用户也得到了更好的服务，应用服务商则可以推进数据密集型服务的前沿。于是我们再次看到，改进的收益得到普遍分享，私人成本和商业风险却集中在某一家投资企业身上，即接入提供商。前文已经提到，有线宽带升级中私人激励与社会激励之间的差异是一个关键的未解课题。有学者认为这一缺口相当大，表明私人激励不足以实现符合更广泛社会利益的质量升级（Nevo、Turner and Williams，2016）。

对此类激励的估计依然是个尚待挖掘的研究领域，特别是向无线技术升级，例如移动电话向更新的技术升级，从3G到4G等。4G是取代3G的第4代宽带移动技术，3G同时利用包交换技术和老式的线路交换技术，而4G只利用包交换技术。在本文写作时，通信能力远超过4G的5G已开始部署。总之，用户大幅增加了无线接入模式的数据使用，供应商也为支持这些流量做了投资。这一变化中的激励是否过高或过低？此问题的答案对于正在升级中的5G又会带来哪些启示？

与质量改善有关的另一个议题是竞争。如果有线宽带公司根据用户需要传输视频，那么传输其他形式的互联网流量是否涉及利益冲突问题，这会进一步影响投资、互连与定价（Rogerson，2018）。近期经验表明，另一个变化也可能影响了激励，并可能在未来继续产生影响。在商业互联网初期，互联网接入提供商并不对接收要发送给自己客户的数据收费，但如今某些接入提供商已做出改变。这给它们带来了更多收入，但受到与之互连的其他服务商的抵制，因为这会增加通过远程和内容分发网络提供数据服务的成本。

对于互连场景背后发生的定价与收费，目前能得到的数据还太少。网络互连达成的合同经常没有披露条款。有证据表明，各地的互连合同都在增加，不同地理区域由于经济发展程度不同而存在差异（Zhuo et al.，2019）。在决定私人对等互连与内容分发网络的收费中，谈判非常重要。开展价格谈判时，若存在能实现相同结果的其他选项，则这些选项会制约提价或其他操纵谈判优势的尝试。相反，如果基础设施企业提供的服务没有其他替代选项，或者它们能制约其他网络参与方的诉求，则会占据谈判优势地位。

在此情形下，互联网基础设施内部的价格是更多由多竞争选项主导，导致最终用户支付的价格下降，还是更多由竞争限制或瓶颈状态决定？关于这些问题的相关证据有限。乐观的看法强调所有参与者对谈判状况的了解程度（Norton，2014），这些谈判通常能不出意外地达成，事实上自 2013 年后期以来，当时网飞公司与美国的四家最大网络接入提供商未能达成协定，导致了广泛拥堵，数千万家庭的流媒体传输速度和可靠性受损，但新的重大谈判破裂事件尚未出现（Greenstein and Norris，2015）。网飞事件背后的基本问题在于，商业互联网最初的经营模式是不对互联网接入提供商收到的数据收费，尝试收取这笔费用是网飞与四家大型接入提供商谈判破裂的主要原因。

若干合理的竞争选项会影响这些价格的制定，让人们对此保持乐观的最突出证据或许是：基础设施改进、接入收费增长与电子商务收入增长之间保持了长期的共生关系。互联网基础设施帮助减少了开展商业活动的若干摩擦，例如有研究认为（Goldfarb and Tucker，2019），数字技术主要通过减少这些摩擦因素来促进经济活动。本文之前提到的案例是用户向维基百科网站这家非营利组织查询数据，如果用户是向一家追求盈利的企业查询数据，则可能带来更多商业活动。如果有广告活动，广告商需要为广告交易平台和 IP 地址定位付费，使用户收到与其位置匹配的广告，其他相关流程还可以使广告进一步个性化。所有这些步骤都几乎瞬间发生，用户完全看不到。如果用户购买或出售了一件产品，会有更多的流程来支持这笔订单的完成，并可能使支持交易的数据中心、交换机和传输线路这些基础设施得到更多的资金流入。

对互联网内部定价的悲观看法则指出，我们知道的所有事故都缺乏透明度，尤其是在 21 世纪前 10 年（Greenstein，2010）。例如，在 2013 年的网飞事件中，居民家庭并不清楚本地接入提供商和网飞究竟是谁无理地妨碍了谁，导致不属于它们谈判范围的其他许多应用的服务质量同样受损。由于争端解决条款后来没有公布，对此事件仍有不同解释。政府干预能否改善用户互联网体验恶化的问题同样悬而未决。

悲观论者还注意到，网络参与者对多家企业的依赖使我们难以明确服务提供不足的责任，服务中断可能造成广泛后果。例如，当 Slack、Quora 和 Medium

的服务在2017年2月28日都中断时，用户无从知道是不是亚马逊云储存服务因为北弗吉尼亚一处设施中某位维修人员的错误操作而发生故障，致使若干亚马逊网络服务器下线。另一个例子是，CNBC（美国消费者新闻与商业频道）、网飞和推特等网站于2016年10月21日发生故障，用户也不清楚那是否源于对Dyn公司的分布式拒绝服务攻击，后者为其他公司提供域名服务器支持。此类事件往往给有关法律或监管架构的讨论提供了素材，涉及谁应该承担经济损失赔偿责任，以及这些架构能否给供应商足够的激励投资于风险防范。

## 地理上的普及性

互联网基础设施的地理供给不平衡并非某些区域网络接入率不高的唯一原因，但也发挥着关键作用。如今，近10%的美国人口没有使用互联网（Anderson et al.，2019），某些原因与用户的人口特征有关，如年龄偏大、收入低和教育程度低等，另一个重要原因则是居住在农村或低人口密度的区域。虽然根据人口普查局的统计，美国97%的土地属于住房较为分散的农村地区，但仅有19%的人口住在那里。

最先进的互联网基础设施通常没有延伸到低密度区域。在其中某些地方，甚至技术老旧的互联网基础设施也没有普及（更多讨论参见Forman et al.，2018）。例如根据2019年2月的皮尤调查，63%的美国农村居民说有宽带接入，而郊区居民为80%（Perrin，2019）。另外，20%的农村家庭只有无线接入，相比之下，低收入家庭中只有无线接入的比例为25%（Anderson，2019）。非宽带家庭用户中有22%把“没有宽带服务”或“质量差”作为只利用手机无线上网的原因。不过，有线宽带接入的价格贵是只选择无线上网的人最多提到的因素，超过一半的用户将它作为主要原因。

互联网基础设施供给不平衡有多种原因。某个地区的互联网供给成本可能反映了规模经济，也就是说，在建设和运营通信塔、数据中心与内容分发网络时，这些设施会自然地靠近人数较多的居住密集的用户，因为投资回报更快。在区域间铺设线路的固定成本很高，但边际成本很低，因此人口密度低的区域可能没有足够的需求来吸引此类投资。对更高质量网络的需求也会导致分布不平衡，因为供应商愿意首先在更富裕的城市区域投入建设，那里有更多用户愿意为更贵的高质量前沿服务付费。马歇尔式集聚效应（Marshallian agglomeration）也会加剧地区差异，更富裕的城市区域能吸引高素质劳动力，兴建技术上更先进的基础设施。

供给上的地理差异有可能导致不同地区的居民与企业的体验差异。计量经济学家经常在寻找此类差异，然而许多差异只存在于细小的地理层面（如社区），测算这些细微的供给差异会遇到若干挑战。例如，2011 年开始，美国联邦通信委员会曾试图创建全国宽带地图，并几经修改，其成果在某些区域较为准确，但并不全面，最后在 2018 年 12 月被放弃。在本文写作时，美国联邦通信委员会又在开发新的网络地图绘制项目。

在此情形下，若干公共政策同样面临某些利弊权衡，涉及的经济因素并不容易测算。在可能的情况下，许多用户喜欢采用本地的互联网基础设施供应商。但利用远程的数据中心、云储存或卫星可能更便宜，而且用户或许愿意在某些条件下转向远程供应商。了解这样的消费者偏好是有难度的，但它会影响我们测算社会愿意付出多少成本为市场不能支持的区域提供基本互联网接入，以及社会愿意付出多少成本为这些区域提供基础水平之上的更高质量的互联网服务。

许多不同项目试图解答此类问题。例如 1996 年的《电信法案》（Telecom Act）设立了 e-rate 项目，对电话通话征税，以补贴农村宽带。如今，该项目每年产生的收入超过 40 亿美元，主要用于发展成本较高区域的宽带互联网接入，并提供给图书馆、学校和医院等有公益使命的机构使用。另一个例子是，2009 年经济刺激综合方案包含 70 亿美元的农村宽带补贴。在地方层面，许多基层政府也试图改变供给状况。许多地方坚持采用电缆特许经营合同，要求供应商把线路铺设到低收入和低人口密度的区域。另外还有解决需求侧问题的项目，但更为少见。例如，作为并购案的批准条件之一，康卡斯特公司同意为低收入家庭提供价格更低的互联网接入服务，而证据表明这惠及了数十万个家庭（Rosston and Wallsten，2019）。鉴于这些项目涉及的领域广泛，对不同规模和设计的补贴在有效性上究竟如何存在大量争议，这并不令人意外。

## 最后的政策问题

互联网基础设施在过去几十年持续进步，使网络服务得到显著改善，众多用户则愿意为此付费。反过来，付费又增强了改善数字基础设施的激励，尽管大多数用户看不到背后的进程。这一良性循环伴随着网络接入收入的增长、免费服务（如新闻和搜索）的广告收入增长，以及利用在线购物优势的电子商务的增长。

一个尚待回答的重大问题是，这样的增长和改进是否会在未来持续。某些因素可能减缓增长，如家庭和企业的宽带普及饱和；还有些因素则可能使其加速，如利用云技术和5G无线设施的在线服务重构等。过去数十年的历史表明，互联网架构具有适应变化的卓越潜能，但每个变化事实上也会带来新的挑战。每个变化都会改变不同供应商的收入和成本，某些发展将造成纠纷，例如早期的流媒体传播引发的事件。因此，未来的某些变化是否会给互联网基础设施的治理及其设计的适应性造成过大压力，仍有待探讨。

到目前为止，关于互联网的监管架构尚未形成共识。政策与政府机构的干预意愿随着商业互联网的成长而演进，包括法律或监管指令（如并购条件）中包含的正式政策，以及关于一般原则的公开声明（如联邦通信委员会主席的演讲）中包含的非正式政策。有关这些政策的发展历史，可以参阅相关学者的研究（Nuechterlein and Weiser，2005；Greenstein，2010；Greenstein、Peitz and Valleti，2016；Knieps and Bauer，2016），以及 Cybertelecom. org。

未来学家们绝不会忽略无线和云服务重组的良机，但也不会认为竞争性宽带将很快普及到所有地区。互联网的这些和那些变化必然给可预见的将来带来更多未解问题和政策讨论。

（余江 译）

## 参考文献

Anderson，Monica. 2019. “Mobile Technology and Home Broadb and 2019.” Pew Research Center，June 13. https：//www. pewresearch. org/internet/2019/06/13/mobile-technology-and-home-broadband-2019/.

Anderson，Monica，Andrew Perrin，Jingjing Jiang，and Madhumitha Kumar. 2019. “10% of Americans Don't Use the Internet. Who are They?” Pew Research Center，April 22. https：//www. pewresearch. org/fact-tank/2019/04/22/some-americans-dont-use-the-internet-who-are-they/.

Bates，Samantha，John Bowers，Shane Greenstein，Jordi Weinstock，and Jonathan Zittrain. 2018. “In Support of Internet Entropy：Mitigating an Increasingly Dangerous Lack of Redundancy in DNS Resolution by Major Websites and Services.” NBER Working Paper 24317.

Boik，Andre. 2017. “The Economics of Universal Service：An Analysis of Entry Subsidies for High Speed Broadband.” *Information Economics and Policy* 40：13 – 20.

Burnham, Brad, Shane Greenstein, Neil Hunt, Kevin McElearney, Marc Morial, Dennis Roberson, and Charles Slocum. 2013. Issues in Data Caps and Usage Based Pricing. Washington, DC: Federal Communications Commission.

Byrne, David, and Carol Corrado. 2019. "Accounting for Innovation in Consumer Digital Services: IT Still Matters." NBER Working Paper 26010.

Byrne, David, Carol Carrado, and Dan Sichel. 2018. "The Rise of Cloud Computing: Minding Your P's, Q's, and K's." NBER Working Paper 25188.

Chen, Yongmin, and Scott J. Savage. 2011. "The Effects of Competition on the Price for Cable Modem Internet Access." *Review of Economics and Statistics* 93 (1): 201 – 17.

Clark, David. 2018. *Designing an Internet.* Cambridge, MA: MIT Press.

Connolly, Michelle, and James E. Prieger. 2013. "A Basic Analysis of Entry and Exit in the US Broadband Market, 2005 – 2008." *Review of Network Economics* 12 (3): 229 – 70.

Coyle, Diane, and David Nguyen. 2018. "Cloud Computing and National Accounting." Economic Statistics Centre of Excellence Discussion Paper 2018 – 2019.

DeStafano, Timothy, Richard Kneller, and Jonathan Timmis. 2018. "Broadband Infrastructure, ICT Use, and Firm Performance: Evidence for UK Firms." *Journal of Economic Behavior and Organization* 155: 110 – 39.

Ewens, Michael, Ramana Nanda, and Matthew Rhodes-Kropf. 2019. "Cost of Experimentation and the Evolution of Venture Capital." Harvard Business School Working Paper 15 – 070.

Federal Communications Commission. 2013. *Measuring Broadband America 2014.* Washington, DC: Federal Communications Commission.

Federal Communications Commission. 2018. Measuring Fixed Broadband-Eighth Report. https://www.fcc.gov/reports-research/reports/measuring-broadband-america/measuring-fixed-broadband-eighth-report. Accessed March, 2020.

Feldstein, Martin. 2017. "Underestimating the Real Growth of GDP, Personal Income, and Productivity." *Journal of Economic Perspectives* 31 (2): 145 – 64.

Goldfarb, Avi, and Catherine Tucker. 2019. "Digital Economics." *Journal of Economic Literature* 57 (1): 3 – 43.

Greenstein, Shane. 2010. "Glimmers and Signs of Innovative Health in the Commercial Internet." *Journal of Telecommunication and High Technology Law* 8 (1): 25 – 78.

Greenstein, Shane. 2015. *How the Internet Became Commercial: Innovation, Privatization, and the Birth of a New Network.* Princeton, NJ: Princeton University Press.

Greenstein, Shane, Chris Forman, and Avi Goldfarb. 2018. "How Geography Shapes—and is Shaped by—the Internet." In *The New Oxford Handbook of Economic Geography*, edited by Gordon L. Clark, Maryann P. Feldman, Meric S. Gertler, and Dariusz Wojcik, 269 – 85. Oxford, UK: Oxford University Press.

Greenstein, Shane, Martin Peitz, and Tomasso Valleti. 2016. "Net Neutrality: A Fastlane to Understanding the Tradeoffs." *Journal of Economic Perspectives* 30 (2): 127 – 50.

Greenstein, Shane, and Ryan C. McDevitt. 2011. "The Broadband Bonus: Estimating Broadband Internet's Economic Value." *Telecommunications Policy* 35 (7): 617 – 32.

Greenstein, Shane, and Michael Norris. 2015. "Streaming Over Broadband: Why Doesn't My Netflix Work?" Harvard Business School Case 616 – 007.

Groshen, Erica L. , Brian C. Moyer, Ana M. Aizcorbe, Ralph Bradley, and David M. Friedman. 2017. "How Government Statistics Adjust for Potential Biases from Quality Change and New Goods in an Age of Digital Technologies: A View from the Trenches. " *Journal of Economic Perspectives* 31 (2): 187 – 210.

Huston, Geoff. 2017. *The Rise and Rise of Content Distribution Networks.* San Diego, CA: Center for Applied Internet Data Analysis.

Internet and Television Association. 2018. "Wi-Fi: How Broadband Households Experience the Internet. " Internet and Television Association, April 6. https://www.ncta.com/whats-new/wi-fi-how-broadband-households-experience-the-Internet.

Knieps, Günter, and Johannes M. Bauer. 2016. "The Industrial Organization of the Internet. " In *Handbook on the Economics of the Internet*, edited by Johannes M. Bauer and Michael Latzer, 23 – 54. Cheltenham, UK: Edward Elgar Publishing.

McManus, Brian, Aviv Nevo, Zachary Nolan, and Jonathan W. Williams. 2018. "Steering Incentives and Bundling Practices in the Telecommunications Industry. " Networks, Electronic Commerce, and Telecommunications Institute Working Paper 18 – 12.

Mueller, Milton. 2004. *Ruling the Root: Internet Governance and the Taming of Cyberspace.* Cambridge, MA: MIT Press.

Nakamura, Leonard, Jon Samuels, and Rachel Soloveichik. 2016. "Valuing 'Free Media' in GDP: An Experimental Approach. " Federal Reserve Board of Philadelphia Working Paper 16 – 24.

Nevo, Aviv, John L. Turner, and Jonathan W. Williams. 2016. "Usage Based Pricing and Demand for Residential Broadband. " *Econometrica* 84 (2): 411 – 43.

Norton, William B. 2014. *The Internet Peering Playbook: Connecting to the Core of the Internet.* Palo Alto, CA: DrPeering Press.

Nuechterlein, Jonathan, and Phillip Weiser. 2005. *Digital Crossroads: Telecommunications Law and Economics in the Internet Age.* Cambridge, MA MIT Press.

Perrin, Andrew. 2019. "Digital Gap Between Rural and Non-rural Persists. " Pew Research Center, May 31. https://www.pewresearch.org/fact-tank/2019/05/31/digital-gap-between-rural-and-nonrural-america-persists/.

Pew Research Center. 2019. *Internet/Broadband Fact Sheet.* Washington, DC: Pew Research Center. https://www.pewresearch.org/internet/fact-sheet/internet-broadband/.

Pew Research Center. 2019. *Mobile Fact Sheet.* Washington, DC: Pew Research Center. https://www.pewresearch.org/internet/factsheet/mobile/.

Rogerson, William P. 2018. "Economic Theories of Harm Raised by the Proposed Comcast/TWC Transaction. " Chapter 18 in *The Antitrust Revolution*, 7th ed. , edited by John E. Kwoka, Jr. and Lawrence J. White. Oxford, UK: Oxford University Press.

Rosston, Gregory L. , and Scott J. Wallsten. 2019. "Increasing Low-Income Broadband Adoption through Private Incentives. " Unpublished. https://papers.ssrn.com/sol3/papers.cfm? abstra ct_id = 3431346.

Russell, Andrew. 2014. *Open Standards and the Digital Age: History, Ideology, and Networks.* Cambridge, UK: Cambridge University Press.

Ryan, Camille, and Jamie M. Lewis. 2017. *Computer and Internet Use in the United States: 2015.* Washington, DC: US Census Bureau.

Seamans, Robert C. 2012. "Fighting City Hall: Entry Deterrence and Technology Deployment in the Cable TV Industry." *Management Science* 58 (3): 461 – 75.

Simcoe, Timothy. 2012. "Standard Setting Committees: Consensus Governance for Shared Technology Platforms." *American Economic Review* 102 (1): 305 – 36.

Simcoe, Timothy, and Jeremy Watson. 2019. "Forking, Fragmentation, and Splintering." *Strategy Science* 4 (4): 283 – 97.

Syverson, Chad. 2017. "Challenges to Mismeasurement Explanations for the US Productivity Slowdown." *Journal of Economic Perspectives* 31 (2): 165 – 86.

US Bureau of Labor Statistics. 2020. Consumer Price Index for All Urban Consumers. US City Average. Internet Services and Electronic Information Providers. https//data. bls. gov/PDQWeb/cu.

Wallsten, Scott, and Colleen Mallahan. 2013. "Residential Broadband Competition in the United States." In *The Economics of Digitization*, edited by Avi Goldfarb, Shane Greenstein, and Catherine Tucker, 131 – 56. Cheltenham, UK: Edward Elgar Publishing.

Wang, Jin, and Kristina Steffenson McElheran. 2017. "Economies before Scale: Survival and Performance of Young Plants in the Age of Cloud Computing." Rotman School of Management Working Paper 3112901.

Zhuo, Ran, Bradley Huffaker, KC Claffy, and Shane Greenstein. 2019. "The Impact of the General Data Protection Regulation on Internet Interconnection." NBER Working Paper 26481.

Zittrain, Jonathan. 2008. *The Future of the Internet and How to Stop it.* New Haven, CT: Yale University Press.

# 法和经济学

Law and Economics

Comparative

# 有效竞争标准

## 反垄断新准则

马歇尔·斯坦鲍姆　莫里斯·斯图克

美国反垄断制度的失败，很大程度上要归咎于当今的市场势力（market power）问题。宽松的反垄断法及其执法使企业合并等令人担忧的趋势不受质疑，进一步固化了扭曲的美国经济。在高度集中的市场里，个人的选择有限，几乎无权为自己需要的商品和服务选择价格、质量或供应商；工人面对强势的雇主，很少有机构能帮助他们货比三家、讨价还价，以获得有竞争力的工资和福利；而供应商只有向强大的中介机构付费或屈从于收购，才能进入市场。

我们的文章为法院提供了一个替代消费者福利标准的方案。消费者福利标准含糊不清且乏善可陈，只根据消费者面临的潜在后果来识别竞争受到的威胁，忽略了对工人、供应商、产品质量和创新的不利影响。

我们的有效竞争标准将恢复反垄断法的主要目标，即恢复经济中受到损害的竞争，包括整个供应链和劳动力市场的竞争。这些改变可以分散私人权力，对保护美国的竞争性市场乃至个人和整体经济至关重要。

---

* Marshall Steinbaum，美国犹他大学经济学副教授；Maurice E. Stucke，美国田纳西大学法学院 Douglas A. Blaze 杰出法学教授。原文“The Effective Competition Standard: A New Standard for Antitrust”发表于 *The University of Chicago Law Review*，第 89 期，第 595—623 页。

** 作者感谢 Peter Carstensen、Bert Foer、Gene Kimmelman、Jack Kirkwood、Ganesh Sitaraman、Sandeep Vaheesan、Spencer Weber Waller，以及 2018 年 4 月罗斯福研究所（Roosevelt Institute）“21 世纪反垄断会议”与会者的有益意见。

## 引言

正如法学者和经济学者日益注意到的，美国存在市场势力问题。新的证据表明，美国已经发生竞争减少、加价幅度提高、集中度增大、财富和收入不平等加剧等现象。现行的竞争法以几乎其他所有人的利益为代价而使少数人受益。

反垄断法应该处理经济权力集中的问题。但这套法律在两个方面遭到了挟持。首先，理论家们将反垄断的实质从应对多个目标，缩小到了只关注消费者福利的概念，即反垄断法意义上的竞争损害仅包括对消费者及其福利的损害，而这几乎完全由产出市场的价格和数量效应衡量。其次，一些法院和执法者甚至更进一步，拒绝认定损害消费者利益的行为应负有反垄断责任，理由是这种行为会带来其他好处，比如长期经济增长。最近美国最高法院的判决，包括俄亥俄诉美国运通公司案①和美国地方法院允许美国电话电报公司（AT&T）和时代华纳合并案②的判决，无不演绎了在现行消费者福利标准下，反垄断法如何被削弱和扭曲至完全超越了所有人的认知。法院大大提高了政府和其他反垄断原告的举证责任，以至于《谢尔曼法案》③ 和《克莱顿法案》④ 对卡特尔以外的诸多反竞争行为都变成了不可执行。

如果美国继续对合并案进行“浅尝辄止”的反垄断审查，对主导企业滥用市场势力的行为视而不见，资本集中和裙带资本主义就有可能加剧，竞争和人们的福祉将进一步减少，权力和利润将继续落入更少数人手中。初创企业、中小企业以及作为工人、消费者和民主公民的更广泛的美国人，将任由少数强大而专横的公司摆布。

倘若我们恢复反垄断法保障有效竞争的作用，上述趋势便可逆转。为了解决当今的市场势力问题，我们提出了一种“有效竞争”的反垄断标准，以取代现行的消费者福利标准，对于后者，法院和学者总是做出各不相同（有时甚至毫不一致）的解释。有效竞争标准将恢复反垄断法的主要目标，将尾大不掉的私人权力分散至经济中任何可能的领域，包括整个供应链和劳动力市场。

---

① 138 S Ct 2274（2018）.

② United States v AT&T Inc，310 F Supp 3d 161，253 – 54（DDC 2018），affd 916 F3d 1029（DC Cir 2019）.

③ 26 Stat 209（1890），经《美国法典》第 15 编 §§ 1 – 7 修订。

④ 38 Stat 730（1914），在第 15 编和第 29 编各节中做了修订。

反垄断并非可有可无。事实上，无论是赞成还是反对经济权力的集中，无论是过去还是现在，反垄断对经济结构都极其重要。虽然本文阐明反垄断政策旨在分散权力，但我们也认识到，单靠反垄断是无法实现这一紧迫目标的。累进税收、劳工改革、有效的（不被俘获的）特定部门监管、公司治理以及社会福利政策都是必要的政策工具。因此，尽管强有力的反垄断执法通常是保持竞争性市场结构的重要条件，但政策制定者不应局限于这类工具。

为理解制定有效竞争标准的必要性，首先从历史角度切入是有助益的。本文第 1 节描述自 20 世纪 70 年代末以来消费者福利标准的兴起，以及法院和机构在适用这一标准时遇到的操作困难。悖论的是，最近的实证研究表明，消费者福利标准既无助于消费者，也无助于消费者的福利。相反，美国经济存在市场势力问题，在许多行业，少数企业收获了巨大的超竞争利润（supracompetitive profits）。

为了促进竞争和更具包容性的经济，第 2 节概述有效竞争标准；第 3 节阐明有效竞争标准下可能发生的反垄断解释、法律和执法方面的变化；第 4 节探讨可以实现这些变化的其他法律和政治手段。

## 1. 20 世纪 70 年代末消费者福利标准的兴起及其在应用中的操作困难

1987 年，有一位学者指出，术语“效率”和“消费者福利”已经“成为反垄断话语中的主导词汇，但人们对它们的确切含义并没有达成明确的共识”，而且消费者福利是“现代反垄断分析中最被滥用的术语”。① 今天，情况依然如此。

1975 年以前，美国最高法院从未在反垄断案件中提及“消费者福利”一词。② 随着 20 世纪 70 年代末芝加哥经济学派的崛起，情况有了变化，当时的罗伯特·博克教授更是于 1978 年出版了《反托拉斯悖论》一书。③ 在过去 40 年里，受芝加哥学派影响的执法者认为反垄断的政治和道德理由不够严谨，并在

---

① Joseph F. Brodley, The Economic Goals of Antitrust: Efficiency, Consumer Welfare, and Technological Progress, 62 NYU L Rev 1020, 1020, 1032 (1987). Also See Walter Adams and James W. Brock, The Antitrust Vision and Its Revisionist Critics, 35 NY L Sch L Rev 939, 943 – 946 (1990).

② 参见 United States v Citizens & Southern National Bank, 422 US 86, 131 n 1 (1975)（美国最高法院法官 Brennan 持异议）。

③ 参见 Robert Bork, *The Antitrust Paradox: A Policy at War with Itself* (Basic Books 1978)。

某种程度上削弱了反垄断政策的真正目的，即提高经济效率；而芝加哥学派经常把经济效率和消费者福利混为一谈。① 在他们看来，反垄断依赖的是一个不完整且扭曲的竞争概念。②

芝加哥学派认为，市场会自我修正，自由进入是侵蚀现存市场势力的“自然”条件。③ 这些重要的经济假设从未在反垄断经济学之内或之外占据上风，但它们仍然严重影响了非芝加哥学派的学者和司法机构。这是因为哈佛学派有自己（多少沿袭前人）的理由质疑反垄断强力执法的有效性，即反垄断执法没有适当地针对道德或政治目标，而且反垄断干预对经济的有效运行可能弊大于利。④

因此，前人认为，不需要靠强有力的反垄断执法来创造或维持使竞争有效的必要条件。当代反垄断共识源于如下观点：市场力量可以自然地纠正市场势力的偶发案例，甚至可以比政府干预做得更好、更快。此外，干预性反垄断执法更有可能生成持久的市场势力，而不是削弱市场势力。⑤ 考虑到未来的效率和创新前景，反垄断当局认为，电信⑥、金融⑦以及相关行业的集中化加剧了风险，但认为这对竞争的潜在损害可以受到控制，因为有利于竞争的“技术变革”会促成无处不在的自由进入的威胁。

---

① 参见 Mark Glick, The Unsound Theory Behind the Consumer (and Total) Welfare Goal in Antitrust, 63 Antitrust Bull 455, 485 –92 (2018); Maurice E. Stucke, Reconsidering Antitrust's Goals, 53 BC L Rev 551, 563 –66 (2012)。

② 关于芝加哥学派竞争概念的描述，详见 Richard A. Posner, The Chicago School of Antitrust Analysis, 127 U Pa L Rev 925, 931 –33 (1979)。关于某些批评，参见 Amanda P. Reeves and Maurice E. Stucke, Behavioral Antitrust, 86 Ind L J 1527, 1548, 1554 – 70 (2011); Maurice E. Stucke, Better Competition Advocacy, 82 St John's L Rev 951, 957, 979 –87 (2008)。

③ 参见 Stucke, 82 St John's L Rev at 957（引自注释 9）。

④ 参见 William E. Kovacic, The Intellectual DNA of Modern U. S. Competition Law for Dominant Firm Conduct: The Chicago/Harvard Double Helix, 2007 Colum Bus L Rev 1, 17 –33; William E. Kovacic, The Chicago Obsession in the Interpretation of U. S. Antitrust History, 87 U Chi L Rev 459, 464 –66, 478 – 82 (2020)。

⑤ 参见 Frank H. Easterbrook, The Limits of Antitrust, 63 Tex L Rev 1, 17 – 40 (1984)。另见 Bork, *Antitrust Paradox* at 406 – 07（引自注释 7）。

⑥ 参见 Tim Wu, *The Master Switch: The Rise and Fall of Information Empires*, 244 –45 (Knopf 2010)。

⑦ 参见 Simon Johnson and James Kwak, Thirteen Bankers: The Wall Street Takeoverand the Next Financial Meltdown 12, 203 (Pantheon 2010); Jesse W. Markham Jr, Lessons for Competition Law from the Economic Crisis: The Prospect for Antitrust Responses to the “Too-Big-to-Fail” Phenomenon, 16 Fordham J Corp & Fin L 261, 291 (2011)。

在消费者福利标准下，卡特尔诉讼之外的反垄断执法活动有所减少。到特朗普政府执政之初，美国既没有大众化的反垄断运动，也没有多少引人注目的反垄断诉讼。① 例如，在过去 20 年，美国司法部仅根据《谢尔曼法案》第 2 条对微软提起过一次重大的垄断诉讼。② 另外，尽管政府在一些指控上胜诉，但上诉法院还是趁机削弱了该法案的某些方面，加重了原告的程序负担。③ 微软的上诉判决，甚至美国司法部的裁决，都反映了一种深刻的矛盾心理，即反垄断到底能不能有效地构建市场，造福公众。④ 与过去 20 年的萧索形成鲜明对比的是，1970—1972 年间司法部对卖方寡头垄断提起了 39 起民事诉讼和 3 起刑事诉讼。⑤

正如我们在其他文章中阐述的⑥，消费者福利标准存在不少缺陷，包括：

- 在消费者福利标准下，竞争日益减少，这损害了消费者、工人和创新：倘若消费者福利在过去 40 年里确实增加了，消费者福利标准的缺陷就不会那么令人担忧。即使消费者福利增加了，也有人可能会反驳说，在更好的反垄断标准下，他们的福利本可以增加更多一点，但这无非是程度的问题。遗憾的是，在消费者福利标准下，许多市场的竞争显著减弱。事实证明，消费者福利标准既无益于消费者，也无益于他们的福利。
- 消费者福利标准与上游滥用行为难以调和：该标准很难与明显的反竞争限制相协调，因为这些限制不影响消费者，却影响上游销售商和工人，比如禁止挖人协议（non-poaching agreement）。

---

① Kovacic，87 U Chi L Rev at 479 – 80（引自注释 11）。

② 参见 United States v Microsoft Corp，87 F Supp 2d 30，35（DDC 2000），部分同意，部分修订，253 F3d 34，118 – 19（DC Cir 2001）。另见 Department of Justice，Antitrust Division Workload Statistics FY 2009 – 2018（July 1，2019），存档于 https：//perma. cc/F7DC-JDUE；Department of Justice，Antitrust Division Workload Statistics FY 2000 – 2009（Apr 4，2012），存档于 https：//perma. cc/2MTB-J8LU。

③ 参见 Microsoft，253F3d at 80 – 81，107。

④ 参见 Andrew I. Gavil and Harry First，*The Microsoft Antitrust Cases*：*Competition Policy for the Twenty-First Century*，116 – 31（MIT 2014）。

⑤ Department of Justice，Antitrust Division Workload Statistics FY 1970 – 1979，存档于 https：//perma. cc/35CW-G5N9。

⑥ 参见 Marshall I. Steinbaum and Maurice E. Stucke，The Effective Competition Standard：A New Standard for Antitrust *11 – 21（Roosevelt Institute，Sept 2018），存档于 https：//perma. cc/AR68 – 6XKN。

● 没有公认的定义：消费者福利标准没有促进全球趋同。对全世界不同的竞争监管机构而言，这个标准并不相同。

● 法治问题：鉴于现有的消费者福利定义五花八门，法院根据自己的消费者福利概念得出不一致的裁决也就不足为奇了。消费者福利标准不是客观标准，而是有相当大的主观性，更确切地说，是对反竞争行为有相当大的容忍度。

因此，消费者福利标准作为一个反垄断目标几乎没有指导意义。对于这个术语的实际含义以及谁是消费者，人们尚未达成共识。根据目前的任何定义，始终“没有简单且无可争议的方法能量化消费者福利受到的损害，并适用于所有情况”。① 更有甚者，在这个标准下，反垄断不是阻止而是助长了美国当前的市场势力问题。

反垄断应该在促进开放的竞争性市场方面发挥关键作用。今天的市场势力问题之所以重要，是因为整个社会为此付出了沉重的代价。我们最终会迎来更不稳定、效率更低的经济，面临增长、公共投资和机会日渐减少的逆境。② 随着99%的人口被剥夺权力，选民对政府将更加失望和更不信任，进而削弱美国的民主。给社会造成的最大代价是“我们的认同感受到侵蚀，而在这种认同感中，公平竞争、机会平等和社会责任感何其重要”。③

经济政策需要选择，所有的经济政策都具有分配后果。美国大部分的经济不平等是有意而为之的法律和执法决策所致，而在过去40年里，政府没能保护99%的人。相反，有经济实力的人以牺牲社会为代价，利用政府发家致富。既然反垄断政策是解决市场势力问题的必要（但不充分）工具，那么现在是时候制定新的反垄断标准了。

## 2. 有效竞争标准

从历史上看，反垄断从来不是为了提高分配效率或消费者福利。相反，反

---

① Competition Enforcement and Consumer Welfare：Setting the Agenda 47（International Competition Network，2011），存档于 https：//perma. cc/GH9U – CJQK。

② 参见 Jonathan B. Baker，*The Antitrust Paradigm*：*Restoring a Competitive Economy*（Harvard 2019）。

③ Joseph E. Stiglitz，The Price of Inequality：How Today's Divided Society Endangers Our Future 117（Norton 2012）.

垄断旨在通过保护竞争过程分散私人权力。①

毋庸置疑，促进有效竞争过程的目标有其自身的瑕疵。它只是将辩论转移到一个尚待解决的更大问题上，即定义有效的竞争过程。缺失这样的定义，反垄断将沦为同义反复：竞争法的目标是“通过阻止反竞争行为促进竞争”。②

因此，为了给法院和反垄断机构提供更好的指导，我们首先提出以下有效竞争标准：

> 反垄断机构和法院应当以维护竞争性市场结构作为联邦反垄断法的主要目标，从而保护个人、购买者、消费者和生产者；给竞争者保留机会；促进个人自治（individual autonomy），提升个人福祉；以及分散私人权力。

让我们逐一解析各个要素：

- **维护竞争性市场结构**：这就是承认竞争既非一种自然状态，也无法通过关注消费者剩余确保竞争。鉴于当前反垄断制度的失败在于太过轻信横向和纵向合并的表面好处，所以对这些合并应持怀疑态度。
- **保护个人、购买者、消费者和生产者**：反垄断法既保护供应链本身的弹性，也保护整个供应链的市场参与者，包括个人、消费者、工人和上游供应商。
- **给竞争者保留机会**：一个基本的价值观是，在供应链的各个层面都要有竞争，使上游企业能够进入市场而不受具有纵向合并潜力的强大中间商的强迫、干扰、排斥或歧视。
- **促进个人自治，提升个人福祉**：历史上，法院一直把反垄断法奉为“自由企业的大宪章”，并认为它“对维护经济自由和我们的自由企业制度很重要，正如《权利法案》对保护我们的基本个人自由很重要”。③ 竞争政策可以促进包容性经济，从而推动自主性和整体福祉等重要的价值观。④

---

① 例如参见 Barak Orbach，How Antitrust Lost Its Goal，81 Fordham L Rev2253，2256（2013）。

② Consumer Unity & Trust Society Centre for Competition，Investment and Economic Regulation，*Towards a Healthy Competition Culture*（2003），存档于 https：//perma. cc/W89G－5RWK。

③ United States v Topco Associates，Inc，405 US 596，610（1972）.

④ 参见 Maurice E. Stucke，Should Competition Policy Promote Happiness？81 Fordham L Rev 2575（2013）。

这对于买方权力尤其重要，特别是当这种权力在劳动力市场上行使时。路易斯·布兰代斯（Louis Brandeis）大法官曾经写道："如果人们在产业上依赖他人的武断意志，那就没有自由。"①《克莱顿法案》说"劳动不是商品"，正反映了这种智慧。② 大多数人依靠自身的劳动谋生。用经济学的术语说，单个工人的供给是高度缺乏弹性的。因此，工人往往会受到强大雇主的胁迫。防止这种胁迫本身就是目的。

- **分散私人权力**：经济权力常常转化为政治权力，这不仅体现在正式的政治制度中，也体现在雇主和工人之间、集中化的买方和分散化的供应商之间的日常关系中，还体现在通过社交媒体平台传输和引导的信息流动中。反垄断的基本目的是防止经济权力的集中产生反竞争、反民主的压力，并确保在整个经济体系中，包括在整个供应链和企业内部，实现包容、公平的权力分配。③ 由于自由市场在我们的法律、伦理、道德、政治和社会框架内（而非外部）运行，所以，如果设计和维护得当，竞争过程将既限制股东和管理者剥削其他利益相关者的能力，又防止既有弱势群体被排除在经济之外或被边缘化。

## 3. 有效竞争标准如何改变现状

有效竞争标准不同于消费者福利标准和总体福利标准④，它明确地脱离了作为反垄断分析基础的单一市场的局部均衡分析。有效竞争标准在四个重要方面与消费者福利标准有进一步的区别：

第一，只要大幅度减少竞争就足以承担法律责任。执法者和法院不必

① Tim Wu, *The Curse of Bigness: Antitrust in the New Gilded Age* 40（Columbia Global Reports 2018）.

② 参见 Clayton Act § 6, 38 Stat at 731, 编入 15 USC § 17（"人的劳动不是商品"）。

③ 例如参见 Tim Wu, *The Curse of Bigness*, 54 – 58（引自注 28）（讨论了行业越集中，可以预期政治进程越腐败）；Robert Pitofsky, The Political Content of Antitrust, 127 U Pa L Rev 1051, 1051 – 52（1979）（"在解释反垄断法时排除某些政治价值观，这是糟糕的历史、糟糕的政策和糟糕的法律"，任何排除这些政治价值观的反垄断政策"都将对国会的意愿无动于衷"）；Louis B. Schwartz, "Justice" and Other Non-Economic Goals of Antitrust, 127 U Pa L Rev 1076, 1076（1979）（"假定的经济利益不应成为解决反垄断争议的唯一因素或决定性因素"）。

④ 现在，总体福利标准基本上已被弃用，该标准只关心经济效率，对消费者和销售者之间如何分配剩余没有任何立场。更具体地说，它只把反垄断对竞争的损害归结为负产出效应，并不把价格上涨视为竞争受到损害的证据。

证明竞争减少如何损害消费者，也不必平衡一组利益相关者受到的伤害与另一组利益相关者的假定收益。① 就此而言，有效竞争标准使反垄断更可执行。

第二，它认识到竞争需要竞争者。所以，它对垄断性、掠夺性和排他性的做法采取更强硬的立场，这些做法往往会减少进入者和竞争者的竞争机会。

第三，不同于消费者福利标准只考虑对消费者的影响，有效竞争标准保护整个供应链中的市场参与者，包括工人和销售商。

最后，有效竞争标准取消了竞争减少将如何损害消费者福利这一不可靠的判断依据，从而恢复了《克莱顿法案》的宗旨，即"在贸易限制开始并发展成违反《谢尔曼法案》的全面限制之前制止贸易限制"。正如国会指出的："与竞争损害的确定性和真实性相关的要求，与任何通过达成初期限制来补充《谢尔曼法案》的努力毫不相符。"②

为了在高度集中的市场中促进竞争和创新，有效竞争标准将在以下几个方面背离当今宽松的反垄断政策。

## 3.1 建立一套更清晰的新指标衡量企业是否具有市场势力

这一标准将首先推翻最高法院在美国运通案中对间接证据的不合理要求。③

---

① 在销售方面，证明消费者受到损害往往很困难，特别是对中间商品而言。证明买方权力对最终消费者有负面影响，则问题更大、难度更高。在实际应用时，消费者福利审查给出的是残缺且失真的消费者损害衡量标准。反垄断执法者通常会考虑涉嫌垄断行为对价格的直接影响。如果零售价格保持不变（或下降），那么竞争监管部门可能会根据消费者损害审查得出结论，认为涉嫌垄断的做法是竞争中性的或有利于竞争的。他们既不会深入调查关于买方权力的投诉，还可能认为任何非价格问题微不足道或者是推测性的。这暴露了测量消费者福利时的一个根本困难。买方权力会间接损害消费者。上游卖方也是消费者，比如没有多少钱购买商品的农民。当负外部性增加时，例如利润更低的农民通过增加污染、从事可持续性较差的农业、容忍更危险的工作场所或雇用未成年工人等方式投机取巧，我们的福利就会进一步减少。竞争监管部门一般不会考虑这些更难以量化的损害，但这些损害可能会超过价格下降带来的短期收益。监管部门缺乏工具评估买方权力造成的短期和长期损害（例如，多样性和创新减少）。因此，如果垄断压低了当地社区的工资，反过来又增加了纳税人的成本，这会不会被纳入竞争监管部门的消费者福利审查项目？几乎不会。

② Brown Shoe Co v United States, 370 US 294, 323 n 39 (1962), quoting S Rep No 1775, 81st Cong, 2d Sess 6 (1950)，再版于 1950 年，USCCAN 4293, 4298。

③ 参见 American Express, 138 S Ct at 2284, 2290。

政府原告辩称，他们无须界定相关市场，因为他们有实际证据证明竞争受到了不利影响，即商户费用大增。最高法院表示反对，认定原告引用的案例涉及横向限制。最高法院认为，“纵向限制通常不会对竞争构成风险，除非施加这些限制的实体具有市场势力，而除非法院首先界定相关市场，否则无法对市场势力进行评估”。①

不言而喻的是，可以通过直接或间接证据证明市场势力。因此，要求握有市场势力直接证据的原告用间接证据证明市场势力，这实在毫无意义。试想，要求掌握连环杀手犯罪直接证据的检察官提供间接证据，这不荒唐吗?

由于最高法院最近在涉及纵向限制的案件中提出了令人费解的要求，原告将不得不界定相关市场（这通常是一项费钱又耗时的工作，要使用以价格为中心的反垄断工具），计算被告在相关市场的市场份额，然后证明该市场份额高到足以推断被告拥有市场势力，哪怕原告有确凿证据证明该限制具有反竞争效应。

法院不是为衡量市场势力建立标准（即反垄断市场的高市场份额），而是允许提供有关市场势力的直接和间接证据。正如众多学者论证的，高市场份额并非支持或反对市场势力的决定性因素，因此有必要建立更广泛的指标。实际上，经济证据表明，即使市场份额较低的公司，有时也可以在上游对供应商和工人动用其显著的市场势力。② 这些市场势力指标包括：

- 是否有能力单方面设定价格或工资，收取超出竞争水平的价格或支付低于工人边际生产率的工资；
- 是否有能力将不利的非价格合同条款强加给交易对手或根据自己的利益修改合同条款，包括将质量、隐私、创新或品种降低到竞争水平以下；
- 是否有能力排挤竞争者或进入者；
- 是否有能力单方面限制产出或就业；

---

① 同上，2285 n 7。

② 例如参见 Peter C. Carstensen, *Competition Policy and the Control of Buyer Power*: *A Global Issue*, 65－78（Edward Elgar 2017）；Maurice E. Stucke, Looking at the Monopsony in the Mirror, 62 Emory L J 1509, 1533－40（2013）。

- 是否有能力实施价格歧视或工资歧视;①
- 是否有能力长时间内赚取利润或向股东支付超过公司资本成本的款项。

在有效竞争标准下，原告可以使用以上任何一项来确定市场势力。

### 3.2　更新卖方或买方垄断政策，加强《谢尔曼法案》第2条的执法力度

在最高法院现行的消费者福利标准下，垄断企业大可不必战战兢兢，因为最高法院已经显著减轻了它们对反竞争行为的潜在责任。掠夺性定价案件几乎销声匿迹。② 现在，法院认为垄断者没有必须交易的义务。对于所有这些反竞争行为，法院务必接受“效率”辩护，就好像其他非法行为，譬如欺诈，可以通过某种更大的社会利益得到纠正一样，而这种标准在其他法律领域根本是不存在的。③

有效竞争标准将纠正最高法院根据《谢尔曼法案》第2条制定的经济决策的若干缺陷，如果要扭转而不仅仅是缓解经济中日益加剧的市场势力问题，这一点就势在必行。在有效竞争标准下，卖方垄断和买方垄断政策的主要目的是对拥有强大市场势力的企业实施比默认情况下更严格的竞争政策。

根据有效竞争标准，在下列情况下，被告的单方面反竞争行为将违反《谢尔曼法案》:

- 首先，根据之前列出的一项或多项指标，被告拥有并动用强大的市场势力;

---

① 在 Illinois Tool Works Inc 诉 Independent Ink，Inc，547 US 28（2006）中，最高法院指出，价格歧视“可以提供市场势力的证据”，但“人们普遍认为，价格歧视也发生在完全竞争的市场中”。同上，第44—45页。虽然法院特别援引了 William J. Baumol and Daniel G. Swanson，The New Economy and Ubiquitous Competitive Price Discrimination：Identifying Defensible Criteria of Market Power，70 Antitrust L J 661，666（2003），但事实上，这两位作者是通过市场分割（即消费者之间无法交易）假设市场势力的。同上，见681 n 38。法院还援引了 William M. Landes and Richard A. Posner，The Economic Structure of Intellectual Property Law 374 - 75（Belknap，2003），但 Posner 在其他文章中指出，“持续的价格歧视可能是垄断的证据，因为这与竞争性市场相悖”，Richard A. Posner，Antitrust Law 80（Chicago 2d ed 2001）。我们的观点很简单，即价格歧视就是市场势力的证据，虽然它本身可能是剥削性的，也可能是良性的。

② 例如，美国司法部1999年提起了最后一宗掠夺案，但最终败诉。参见 United States 诉 AMR Corp，335 F3d 1109，1121（10th Cir 2003）。

③ 参见 Microsoft，253 F3d at 59，77；Department of Justice and Federal Trade Commission，Horizontal Merger Guidelines § 10（Aug 19，2010），存档于 https：//perma. cc/B3RM-WGMN。

- 其次，这种市场势力排除了某些潜在的竞争和（或）限制，或者限制了一些实际的竞争；
- 最后，这种市场势力并非完全归因于被告的能力、规模经济、研发或自然优势。

接下来，作为简化对单方面行为执法的一部分，有效竞争标准要求将某些行为推定为违反《谢尔曼法案》第2条规定，包括：

- 有助于企业取得或维持卖方垄断或买方垄断势力的其他非法行为；
- 长期低于边际成本的掠夺性定价，目的是排挤竞争对手并保护市场势力，无须原告证明“损失补偿”；①
- 用更简单的标准评估拒绝交易②和排他性交易③何时违法，包括侵犯供应商的市场准入权；
- “低成本排挤”（cheap exclusion），即主导企业采取低成本的行为

① 这一标准或将促进国际间更大程度的趋同。例如参见 AKZO Chemie BV 诉 Commission of the European Communities，ECR I-3359，3454-56（EU Just 1991）（如果主导企业以低于平均可变成本的价格淘汰竞争对手，则推定为违法；如果主导企业的定价介于总成本和平均可变成本之间，则可能是滥用，有证据表明存在反竞争意图）。

② 决定拒绝交易何时属于反竞争行为的标准可包括：

- 主导企业控制着开展特定业务必需的产品、服务、资源或设施；
- 拒绝交易可能会严重排斥竞争；
- 拒绝交易会阻止有潜在消费者需求的新产品出现，或者会阻止在相关市场改进现有产品；
- 主导企业无法以特定事实客观地证明其拒绝交易的正当性。

我们的建议将在主导企业何时有义务进行交易的问题上促进与欧盟法律更大的趋同。可参见 Communication from the Commission—Guidance on the Commission's Enforcement Priorities in Applying Article 82 of the EC Treaty to Abusive Exclusionary Conduct by Dominant Undertakings（Official Journal of the European Union，Feb 2009），存档于 https：//perma. cc/E27M-CGM8。这已经成为数字经济中一个特别重要的问题。例如参见 Mark R. Warner，Potential Policy Proposals for Regulation of Social Media and Technology Firms* 21-23（白皮书草案），存档于 https：//perma. cc/S4EA-A67K［讨论互用性（interoperability）的必要以及基础设施的公平、合理和非歧视性（FRAND）条款］。

③ 主导企业对其他公司自由竞争的任何重大限制通常都需要有合法的理由。这种方法将允许订立促进竞争的合同和其他限制。这项新标准与美国以外竞争法的发展相一致，将可阻止主导企业或技术平台从事排他行为，这种排他行为极可能会排斥竞争对手，削弱竞争。

以排斥、削弱或歧视其市场内的竞争对手，且这种行为并不提高效率。①

为了明确企业实施价格歧视时需要考虑的一系列损害，我们还建议修改《克莱顿法案》第2条，以禁止伤害消费者、工人或其他市场参与者的价格歧视，譬如当企业追踪个人的消费模式、收集个人数据，然后以他们愿意支付的最高价格（或愿意工作的最低工资）促使他们购买原本不想要的东西。② 或者，国会可以考虑从一开始就限制客户数据收集。

### 3.3 《克莱顿法案》第7条下的合并政策

通常，反垄断法的目的首先是防止形成有害的市场势力积聚。然而，根据当前的合并政策，执法者有责任证明企业合并可能会减少竞争（即通过提高价格），从而导致合并审查松懈，大规模收购不受挑战。为了纠正合并审查程序，我们建议对《克莱顿法案》第7条做以下修订③：

- 与其把责任加于原告，不如把责任转移给寻求的合并（1）显著提高产业集中度的发起方，或者（2）让已经拥有显著市场势力（见前述指标所示）的企业承担。合并各方必须证明其拟议的收购不会实质性削弱竞争，不会形成卖方垄断或买方垄断，也不会帮助维持其市场势力。④ 这将阻止卖方垄断者或买方垄断者收购新生的竞争对手，而这种收购既维护了垄断者的市场势力，还可能阻碍创新。

---

① 可参见 Susan A. Creighton, et al, Cheap Exclusion, 72 Antitrust L J 975, 980 – 82（2005）。

② 可参见 John B. Kirkwood, Reforming the Robinson-Patman Act to Serve Consumers and Control Powerful Buyers, 60 Antitrust Bull 358, 359 – 61, 374 – 75（2015）。见 15 USC § 13。

③ 参见 15 USC § 18。

④ 我们的建议并没有设定收购显著提高集中度的基准。一个原因是，在评估上游和下游效应时，阈值或标准可能会不同，毕竟买方垄断并非卖方垄断的镜像。另一个原因是，合适的阈值可能会低于2010年《合并指南》的赫芬达尔—赫希曼指数（HHI）阈值。John Kwoka 教授的数据基于对合并后评估的研究，表明应将 HHI 阈值从2010年《合并指南》的当前水平下调，并根据主要剩余竞争对手的数量创建单独的阈值。因此，完全可以将 HHI 阈值恢复到较早的水平（或不高于2000年的水平），而主要剩余竞争对手的数量不低于5个。但正如 Kwoka 承认的，他的数据集只涉及经过合并后评估的行业。鉴于最近的经济研究探讨了企业动用市场势力的程度，可能需要另外的 HHI 阈值或剩余竞争对手的阈值。John Kwoka, Reviving Merger Control: A Comprehensive Plan for Reforming Policy and Practice 33 – 37（Antitrust Institute Working Paper, Oct 2018），存档于 https://perma.cc/JC62 – WTAA。

- 法院应考虑合并的所有潜在竞争结果：不仅要考虑消费者面对的价格，还要考虑合并对质量、选择、创新和隐私的损害等非价格影响。反垄断机构和法院应审查合并对工人和供应商的上游效应，以及对可能受到损害的消费者和其他人的下游效应，并且不能假定上游动用市场势力会给下游带来“效率”或者其损害可以由这些效率抵消。①
- 当纵向合并有可能提高企业扭曲竞争的能力和动机时，国会应予以禁止。

## 3.4 《谢尔曼法案》第1条下的协议

国会应根据《谢尔曼法案》第1条修订相关法律，规范有关各方之间的协议，包括纵向限制，如转售价格维持、地域和其他非价格限制，以及非竞争条款和劳动合同中限制工人权利的其他规定。② 这应该包括：

- 明确联邦反垄断法涵盖并平等保护品牌之间和品牌内部的竞争，即供应商－经销商网络内部和之间的竞争，如特许经营权；③

---

① 可以说，竞争监管机构应该已经根据《克莱顿法案》和自己的《合并指南》做出了相关考虑。参见 Horizontal Merger Guidelines at § 1（特别指出，“市场势力的增强也可以表现为对消费者产生不利影响的非价格条款和条件，包括产品质量降低、产品种类减少、服务缩减或创新乏力”）；同上，参见 § 12（指出，反垄断机构如何考虑合并是否可能增强买方的市场势力，引自注释39）。尽管如此，这些机构通常会关注合并对下游价格的影响。因此，有学者建议，任何对合并的竞争分析都应包括上游效应。参见 Carstensen，Competition Policy at 94－96（引自注释36）。这包括确定受合并影响的各种劳动力市场，以及评估合并对这些劳动力市场集中度的影响。例如参见 Alan B. Krueger and Eric A. Posner，Policy Proposal：A Proposal for Protecting Low-Income Workers from Monopsony and Collusion 12（Hamilton Project，2018），存档于 https：//perma. cc/6XSL－43NL。这包括计算合并前后这些劳动力市场的 HHI 水平，并确认“如果合并后绝对集中度和（或）HHI 上升表明压低工资的风险太高，则推定反对合并。”同上。

② 见 15 USC § 1。

③ 例如，在 Leegin Creative Leather Products，Inc 诉 PSKS，Inc，551 US 877（2007）一案中，法院认为，反垄断法的主要目的是保护品牌间竞争，从而证明减少品牌内竞争是正当合理的。同上，第890页。但这一政策声明绝非出自《谢尔曼法案》或其立法史。它来自 Continental TV，Inc 诉 GTE Sylvania Inc，433 US 36（1977）案中的一个脚注，其中法院指出，“品牌间竞争是相同的非商标产品（generic product，在本案中为电视机）制造商之间的竞争，是反垄断法的主要关注点。”同上，第52页，注释19。虽然这对非商标产品是正确的，但对品牌差异化商品并非如此。尝试用奥迪或奔驰的价格为宝马争取更好的价格（品牌间竞争），不同于用其他经销商提供的同一款宝马的价格进行谈判（品牌内竞争）。Leegin 案之后，最新的经济调查结果“符合一种观点，即转售价格维持的反竞争解释往往压倒支持竞争的解释”。Baker，*Antitrust Paradigm*，第89页（引自注释22）。有效竞争标准可得出不利于价格和非价格纵向限制的有力推定。

● 规定价格和非价格纵向限制是非法的，包括在劳动力市场中的此类限制；除非在任何当事方都没有市场势力，且限制对促进创新和竞争是必要的情况下；①

● 进一步明确除了非法行为本身，企图从事非法行为（如串谋）的尝试也应被禁止。②

### 3.5 调整法院和执法者的方向，更多地关注上游

美国的反垄断法旨在保护卖方和工人。一个积极的信号是，司法部2016年宣布，打算对“雇主之间公然签署与更大的合法合作无关或不必要的禁止挖人协议和固定工资协议展开刑事调查”。③ 该机构与联邦贸易委员会（FTC）一致认定，工人和其他卖方一样，有权享受竞争性劳动力市场带来的好处。④遗憾的是，司法部最近在介入特许经营合同中的禁止挖人条款的私人诉讼时，明显偏离了这一立场。⑤

在关注上游时，执法者和法院不应假定买方垄断是卖方垄断的镜像。⑥ 在Weyerhaeuser Co 诉 Ross Simmons Hardwood Lumber Co 这一著名垄断案中，⑦ 法

① 例如参见 Leegin，551 US at 913（Breyer 持异议）（指出了法院确定转售价格维持的两个潜在好处：有利于进入和遏制搭便车）。因此，与本身违法的标准不同，我们建议的有效竞争标准将允许在不太可能破坏品牌内竞争的情况下进行纵向限制。另见 John B. Kirkwood，Rethinking Antitrust Policy Toward RPM，55 Antitrust Bull 423，459 – 70（2010）（提出将非法行为的推定与安全港相结合，替代合理原则）。这里的安全港是指法律解释和适用的一项规则。当法律规定的措辞过于宽泛时，当事人只需采用某种适当的方式遵守法律就应被视为已经履行了法律义务。例如，在税法中，只要当事人尽了自己的努力以遵守法律，而这种努力可以某种可识别的形式表现出来，就不会被认为违法。——编者注

② 联邦贸易委员会可以根据《联邦贸易委员会法案》第5条对串谋邀请提出质疑。参见15 USC §45。司法部起诉此类企图的主要机制是根据《谢尔曼法案》第2条提出的企图垄断主张，这一点更难证明。因此，司法部提起的串谋邀请案件较少。著名案例之一，见 United States 诉 American Airlines，Inc，743 F2d 1114（5th Cir 1984）案。

③ 美国司法部和联邦贸易委员会发布的 Guidance for Human Resource Professionals on How Antitrust Law Applies to Employee Hiring and Compensation（Oct 20，2016），存档于 https：//perma. cc/23YX-HRMA。

④ 同上。

⑤ 参见 Marshall Steinbaum，Antitrust，the Gig Economy，and Labor Market Power，82 L & Contemp Probs 45，第51—52页（2019）。

⑥ 参见 Stucke，62 Emory L J 1509（引自注释36）。

⑦ 549 US 312（2007）。

院一开始就假定卖方垄断势力和买方垄断势力在经济学上是相似的，并有着紧密的理论联系。① 鉴于“卖方垄断势力与买方垄断势力之间的亲缘关系”，最高法院建议“类似的法律标准应适用于”卖方垄断和买方垄断的诉讼请求。② 但是，对评估买方垄断的诉讼请求制定相关法律标准比简单地复制卖方垄断的标准要复杂得多。

卖方垄断和买方垄断之间的一个重要区别是推断其拥有显著市场势力所需的市场份额。在审查卖方垄断的诉讼请求时，法院通常要求被告占有的市场份额非常大，往往达到70%或以上。③ 某个地区法院曾根据《谢尔曼法案》第2条驳回了一次诉讼请求，理由是约40%的市场份额并未达到“证实卖方垄断或买方垄断势力所需的阈值”。④

另一方面，拥有20%市场份额的零售商可以享有明显大于销售商的买方市场势力。⑤ 联邦贸易委员会和司法部都认识到，“理论上，要为这类买方垄断问题设定市场份额阈值”十分困难。⑥ 这些机构并没有仅仅依靠市场份额阈

---

① 同上，第321—322页。另见 Todd 诉 Exxon Corp，275 F3d 191，202（2d Cir 2001）（指出“由于衡量买方市场势力的方程式是衡量卖方市场势力的方程式的镜像……所以替代买家的数量越大，相关买家的市场势力就越小”）；Growers 1 - 7 诉 Ocean Spray Cranberries，Inc，2015 WL 13649090，4（D Mass）；GMA Cover Corp 诉 Saab Barracuda LLC，2012 WL 642739，6（ED Mich），2012年由 WL 639528（ED Mich）通过；Sprint Nextel Corp 诉 AT&T Inc，821 F Supp 2d 308，324（DDC 2011）；In re Southeastern Milk Antitrust Litigation，801 F Supp 2d 705，724（ED Tenn 2011）；Addamax Corp 诉 Open Software Foundation Inc，888 F Supp 274，280 n 9（D Mass 1995）；Federal Trade Commission and Department of Justice，Improving Health Care：A Dose of Competition ch 6，13（2004）（Health Report），存档于 https：//perma. cc/7BK8 - XJZZ。

② Weyerhaeuser，549 US，第322页。

③ 参见 United States 诉 Aluminum Co of America，148 F2d 416，424（2d Cir 1945）（认为“值得怀疑60%或64%”是否足够，“而33%肯定是不够的”）；Southeastern Milk，801 F Supp 2d at 725［指出在 Byars 诉 Bluff City News Co，609 F2d 843，850（6th Cir 1979）一案中，裁定“75%—80%或更高比例是评估垄断势力的‘起点’”］；R. J. Reynolds Tobacco Co 诉 Philip Morris Inc，199 F Supp 2d 362，394（MD NC 2002）（“70%—75%通常被认为是支持垄断势力认定必需的最低市场份额”），affd RJ Reynolds Tobacco Co 诉 Philip Morris USA，Inc，67 F Appx 810（4th Cir 2003）。

④ Southeastern Milk，801 F Supp 2d at 727。另见 Lima LS PLC 诉 PHL Variable Insurance Co，2013 WL 12286066，*1 n1（D Conn）（“衡量买方市场势力的方程式是衡量卖方市场势力的方程式的镜像”）。

⑤ 参见 Carstensen，*Competition Policy* at 58（引自注释36）；Toys“R”Us，Inc 诉 Federal Trade Commission，221 F3d 928，937（7th Cir 2000）。21W2222332Q323 U122123。

⑥ Health Reportat ch 6，*17（引自注释57）。

值确定买方垄断的市场势力，而是正确地鼓励法院考虑以下几个相互关联的因素：

> (1) 买方占有的较大市场份额；(2) 投入品市场中向上倾斜或有些缺乏弹性的供给曲线；(3) 新买方无法或不愿进入市场，抑或当前买方无法或不愿扩大其市场份额。①

因此，在有效竞争标准下，法院和竞争监管机构可以突破上游市场份额阈值的框框，减少误报的风险。甚至在恰当界定的市场上，市场份额较低的买方有时也能动用其巨大的市场势力。在决定何时、是否、向谁购买易腐产品以及购买多少该产品的能力方面，买方或许比卖方拥有相对更大的市场势力；因此，这些行业的买方可以运用市场势力更有效地约束卖方，而不是卖方约束买方。某些行业的卖方也可能更依赖买方，而不是相反。根据边际买方的需求弹性和总供给量，市场份额相对较低的企业可以享受与市场份额较高的企业一样多（甚至更多）的买方势力。②

然而，误报的问题依然存在。买方垄断者的市场份额可能很低，但许多市场份额低的买家并不是买方垄断者。同样，从拥有较高市场份额的角度看，所有买方垄断者都具有买方势力，但并非所有具有买方势力的企业都是买方垄断者。③ 卖方产量减少绝不是买方垄断的标志；譬如，买方可以实施价格歧视。

因此，在评估上游滥用市场势力的行为时，反垄断机构和法院应根据情况做出相关调整。被指控的买方垄断者的市场份额越低，原告在以下方面的举证责任就越大：(1) 边际买方无法获得卖方更多的产出；(2) 卖方无法在其他地区或向其他买方轻松、廉价地生产和销售其他产品。当然，这有时只是一个程度问题。被告可以是“市场上精明的行动者”④，而未必是买方垄断者。

---

① 同前。

② 可以说，市场份额阈值对于买方垄断和卖方垄断的诉讼请求都是武断的。事实上，尽管市场份额相对较低，但显示买方垄断势力的因素同样可能显示卖方垄断势力。换言之，当边际卖方的供给弹性和消费者需求弹性都很低时，(譬如) 拥有43%市场份额的企业也可以运用其垄断势力。然而，原告很少质疑反垄断判例法的市场份额阈值本身。相反，诉讼人通常会争论应该更宽泛还是更狭窄地界定市场。

③ 参见 Health Report at ch 6, *18 (引自注释57) (指出“由于管理式医疗的目的之一是将价格降低至接近竞争水平，因此很难确定管理式医疗的买方何时行使其买方垄断势力”)。

④ Southeastern Milk, 801 F Supp 2d at 727.

如此一来，经验法则就是买方是否有胁迫行为。① 胁迫隐含了边际买方的需求弹性和总供给量；由于卖方的价格被压低，几乎没有其他买方或替代销售机会可以救助被剥削的卖方，使其摆脱买方的束缚。尽管市场势力“通常由卖方占有的主要市场份额推断得出”，② 但最高法院解释说，潜在的市场势力具有强制性，即“强迫买方做他在竞争市场中不会做的事情”。③ 有越多的证据表明企业胁迫卖方做他们在竞争市场中不会做的事情，企业就越有可能拥有买方势力，即使它的市场份额相对较低。买方胁迫的证据越充分，对买方垄断势力的推断就越有力。

此外，有确凿证据显示，主要的买方垄断者可以向上游投射2—3倍的买方垄断势力。最近一项研究发现，强大的零售业和制造业经销商可以从供应商那里获得实质性的价格优惠，反过来，供应商会降低其员工的工资，提供更差的工作条件。④

关注上游是至关重要的，毕竟最近的经济证据表明，劳动力市场集中对工资产生了向下的压力，促使雇主将培训成本转嫁给工人，并导致在劳动力市场招聘员工的企业之间出现更大的不平等。⑤ 为了使反垄断机构习惯于关注上游，有效竞争标准将要求这些机构和法院考虑合并是否可能大幅削弱竞争，或趋于对上游劳动力、供应商和产品市场形成买方垄断。⑥《谢尔曼法案》下的

---

① 关于根据外国法律考虑强制标准的问题，见 Albert A. Foer，Abuse of Superior Bargaining Position（ASBP）：What Can We Learn from Our Trading Partners?（American Antitrust Institute Working Paper No 16 – 02，Sept 29，2016），存档于 https：//perma. cc/37U7 – DNHW。

② Eastman Kodak Co 诉 Image Technical Services，Inc，504 US 451，464（1992）。

③ 同上，引用 Jefferson Parish Hospital District No 2 诉 Hyde，466 US 2，14（1984）。

④ 参见 Nathan Wilmers，Wage Stagnation and Buyer Power：How Buyer-Supplier Relations Affect U. S. Workers' Wages，1978 to 2014，83 Am Sociological Rev，第213页、第215—216页（2018）。

⑤ 参见 Jose Azar，Ioana Marinescu，and Marshall I. Steinbaum，Labor Market Concentration（National Bureau of Economic Research Working Paper No 24147，Feb 2017），存档于 https：//perma. cc/Y5CU-KSN5。另见 Baker，*Antitrust Paradigm*，第22页（引自注释22）。也可参见 Brad Hershbein and Claudia Macaluso，Labor Market Concentration and the Demand for Skills（Institute of Labor Economics Working Paper，July 2018），存档于 https：//perma. cc/TYY5-S8BG；David Berger，Kyle Herkenhoff，and Simon Mongey，Labor Market Power（Institute of Labor Economics Discussion Paper No 12276，Apr 2019），存档于 https：//perma. cc/NWA8-4LZH。

⑥ 有关早期方法的缺陷以及上游限制和合并造成的损害，参见 Carstensen，*Competition Policy*，第105—116页、第128—131页、第260—163页（引自注释36）；Krueger and Posner，Policy Proposal，第12页（引自注释47）（建议在各机构的合并指南中增加新的章节，指导政府根据合并对劳动力市场可能产生的影响筛查合并）。

改革也将适用于上游，包括买方垄断的诉讼请求和反竞争限制。效率诉由不能用于为被告在上游市场的反竞争行为辩护。

### 3.6 超越价格影响的框架

反垄断机构认识到，反竞争行为不仅会影响价格和产出，还会影响隐私保护、质量、品种、服务和创新。尽管如此，法院通常以“相关市场的产出减少和价格上涨”衡量竞争受到的损害。① 正如乔纳森·贝克教授（Jon Baker）所说：

> 如果竞争在价格以外的其他维度受到损害，例如质量或创新，那么价格（或质量调整后的价格）是否超过竞争水平也将无关紧要。反垄断的问题在于，竞争减弱是否使贸易条件相对于竞争没有减弱时更不利于买方，而不论企业竞争的维度或价格的绝对水平如何。②

有效竞争标准将要求法院和反垄断机构在合并、反竞争行为、卖方垄断和买方垄断案件中不仅仅关注价格受到的影响，还要关注其他重要的非价格竞争参数（如质量、选择、隐私等）受到的影响。在权衡这些影响时，法院不应像通常那样，在没有赔偿机制的情况下，用一组利益相关者获得的利益抵消另一组利益相关者受到的竞争损害。

有效竞争标准还将承认，企业在违反反垄断法的同时，还违反了旨在保护被排除在经济之外或被边缘化的既有弱势群体的其他法律（如民权法），其损害可能会加剧。这应该包括根据既有弱势群体的种族和身份进行的非法的市场配置。

### 3.7 补救措施

有效竞争标准将优先采取结构性补救措施。讽刺的是，新泽西州标准石油公司诉美国一案③引入的合理原则分析最终变得拙劣不堪，而最高法院也支持强有力的结构性救济措施，包括打破卖方垄断和买方垄断格局。④

---

① Sterling Merchandising，Inc 诉 Nestle，S. A.，656 F3d 112，121（1stCir 2011）（重点省略）。

② Baker，*Antitrust Paradigm*，第 180 页（引自注释 22）。中文版即将由中信出版集团出版。

③ 221 US 1（1911）.

④ 同上，第 77—82 页。

因此，执法者至少需要防止卖方垄断或买方垄断愈演愈烈。这意味着执行《克莱顿法案》和《谢尔曼法案》的宗旨：打击集中化趋势和反竞争行为，譬如谷歌把搜索引擎流量转移到自己的比对购物服务上，同时把竞争对手的服务放在搜索结果中不太显眼的位置。① 我们的目标是在这些反竞争风险出现之初就遏止它们。

这也意味着阻止合并，而不是允许在各种行为条件下合并（如康卡斯特合并 NBCU②、谷歌合并 ITA 软件③和 Ticketmaster 合并 Live Nation④）。

## 4. 如何将有效竞争标准落实到联邦反垄断政策中？

现行的消费者福利标准并不是法定的。它代表了芝加哥学派、后芝加哥学派和哈佛学派拥护者提倡的有利于整合和纵向一体化的产业政策。鉴于越来越多的证据表明，消费者福利标准无法保护竞争和消费者，并且存在操作困难，这一标准应予以废除。

这样，我们不妨通过五个不同的途径纠正市场势力问题：

- 第一，在没有任何立法行动的情况下，法院和反垄断机构可以按照国会的意图执行联邦反垄断法。没有什么能阻止他们这样做。有效竞争标准虽然是新的，但与《谢尔曼法案》和《克莱顿法案》的立法目的是一致的。
- 第二，联邦贸易委员会可以按照国会的意图，行使《联邦贸易委员会法案》赋予的权力，⑤ 通过制定规则来处理这些反竞争行为和合并。⑥

---

① 参见 European Commission，39740 Google Search（Shopping）* 103 – 08（2017），存档于 https：//perma. cc/CJU6-W7VA。

② 参见 Modified Final Judgment，United States 诉 Comcast Corp，No 1：11-cv-00106，* 9 – 14（DDC filed Aug 21，2013）。

③ 参见 Final Judgment，United States 诉 Google Inc，No 1：11-cv-00688，* 13 – 27（DDCfiled Oct 5，2011）。

④ 参见 Final Judgment，United States 诉 Ticketmaster Entertainment，Inc，No 1：10 – cv – 00139，* 8 – 14（DDC filed July 30，2010）。

⑤ 38 Stat 717（1914），根据《美国法典》第 15 编第 41 节做出修订。

⑥ 关于联邦贸易委员会制定规则的辩护，也可参见 Comment of Federal Trade Commissioner Rohit Chopra，Competition and Consumer Protection in the 21st Century，Hearing Before the Federal Trade Commission（2018），存档于 https：//perma. cc/Q4E9-U6LQ。

- 第三，国会可以修订《谢尔曼法案》和《克莱顿法案》，以明确规定有效竞争标准，并对常见的反竞争限制进行法律推定以实施这一标准。

- 第四，国会可以颁布新的民事反垄断法规，也可以授权联邦贸易委员会根据新标准对具体的本身违法原则和推定制定法规。

- 最后，国会可以选择不通过有效竞争的法律标准本身，而是通过其他具体措施实施这一标准（如前面第3节所述）。

前两个选项是可行的。《联邦贸易委员会法案》旨在将该机构的职权扩大到《克莱顿法案》和《谢尔曼法案》之外。但是，联邦司法机构的组成、为弥补最高法院偏离经济理论所致损害而花费的时间和金钱、阻碍反垄断机构改变现状的各种因素，以及在此期间对公众造成的持续伤害，所有这些都需要采取立法行动。鉴于更精英化的政府部门未能保护竞争，民主问责部门的介入是恰合时宜的。

这就引出了第三和第四个选项。在其他司法辖区，例如德国，最近更新了其针对数字经济的竞争法。① 虽然美国国会多年来一直在修订联邦反垄断法，但六十多年来都未曾显著改变反垄断法的实质。② 部分原因可能是《谢尔曼法案》和《克莱顿法案》被视为普通法。另一个原因是《谢尔曼法案》规定了刑事和民事责任。③ 毫无疑问，任何法律上的改变都必须考虑这些因素。

在修订美国竞争法时，国会可能面临一个问题：是否只需要更改标准（例如添加有效竞争标准的内容）和（或）具体的推定以及本身违法原则，就可以推广有效竞争标准。

在法治原则下，司法机构的作用应该是根据原法律以及遵循原法律的先例

① 例如2017年，德国修订了竞争法，规定在评估企业市场地位时应考虑直接和间接的网络效应。Act Against Restraints of Competition，§18（3（a））（Competition Act—GWB），2017年10月30日由该法案第10条第9款最后修订，存档于 https：//perma. cc/Y8XH-ZTMP。2019年，德国提出了补充修正案以保护数字平台经济中的竞争，包括要求企业在评估市场势力时获取与竞争相关的数据。参见 Draft Proposal for the 10th Amendment of the German Competition Act（D'Kart，Oct 7，2019），存档于 https：//perma. cc/5PA3 – 5543。

② 参见 Federal Trade Commission，The Antitrust Laws，存档于 https：//perma. cc/3SSF – YY5K。

③ 15 USC §§2，15（a）–（h）.

解释反垄断法。它不应根据其认为的有关竞争政策的最新经济思想解释行为。[①] 通过宣布具体的原则，国会将确保法院能在法治的前提下解释反垄断法以推进这些原则，同时限制法院任意达成违背这些原则的标准（或裁决）。

因此，我们主张纳入两个部分：第一，国会应该认识到，反垄断法不是单一地定义竞争损害，而始终是促进多重经济、政治和社会目标。每个国家的竞争法都可能包含多个目标，却不一定对目标排序。

问题不在于竞争政策是否应该纳入非经济价值观，而在于法院和执法者在分析、权衡多个目标和多个利益相关者时，应该拥有多大的自由度。

这里，我们可以发现，法院目前用于评估大多数反垄断诉讼请求的合理原则存在缺陷。通常，我们不可能既有符合法治的事实专用型衡量标准（fact-specific weighing standard），比如合理原则，又能实现多重目标。任由反垄断机构和法院在每一起反垄断案件中都掺杂各种目标，只会带来灾难。反垄断执法机构和法院能否在空洞的合理原则中系统地实现多个目标，是值得怀疑的，无论它们是应用消费者福利标准还是有效竞争标准。此外，允许它们掺杂各种目标，会给错误和政治俘获制造更多的机会。

因此，除了提出承认反垄断有多重目标的有效竞争标准外，我们倡导的第二个重要部分是，从最高法院笨拙的合理原则转向更明确的法律推定。国会可以促使最高法院从关注“案件记录中披露的特定事实”这种个案式合理原则分析，[②] 转向更简单的反垄断推定和“清晰到律师足以向客户解释”的规则。[③] 只要可行，我们建议的这一立法将从直接规范市场参与者的事后行为，转变为运用法律推定，寻求事前促进竞争结构并维护其中的自由。

这将使反垄断执法大大简化而不是复杂化。当前的合理原则审查“是数据密集型的，因此对诉讼人而言成本高昂；此外，它会消耗大量的法庭时间和

① 参见 Spencer Weber Waller, Microsoft and Trinko: A Tale of Two Courts, 2006 Utah L Rev 741, 749（“在 Trinko 一案中，法院在这一问题上的表态只是赤裸裸地主张一种政策偏好，而自反垄断法通过后，这种政策偏好就不被接纳”）。

② Eastman Kodak, 504 US at 467，引用 Maple Flooring Manufacturers Association 诉 United States, 268 US 563, 579（1925）。

③ Pacific Bell Telephone Co v linkLine Communications, Inc, 555 US 438, 453（2009），引用 Concord v Boston Edison Co, 915 F2d 17, 22（1st Cir 1990）。

其他资源”。① 难怪鲜有反垄断原告能够负担得起此类诉讼。

在理想情况下，国会应制定有效竞争标准，同时制定简单到律师可以向客户解释、反垄断机构可以执行、法院可以适用的法律推定。

此外，有效的竞争标准将扩展反垄断原告可使用的损害理论，进而使被告利用经济理论对消费者提价或减产的策略失去效力。因此，虽然反垄断执法的政策目标的确会随着有效竞争标准而扩张（相对于根据消费者福利标准提出的目标），但是我们建议的标准与法律推定相结合，将显著减轻单个执法行为的行政负担，最终使反垄断回归执法本位，而非高度程式化的理论推测。

## 结论

今天，美国经济和社会存在以下不协调现象：

> 第一，当前的反垄断政策宣称要促进消费者福利，但这并没有发生。②
>
> 第二，法院经常宣告反垄断法保护的是竞争，而不是单个竞争者。③可是由于法院和反垄断机构的基本不干预政策，竞争已经减弱。
>
> 第三，尽管最高法院最近一直抱怨反垄断诉讼的现状（无休止的诉

① California 诉 Safeway，Inc，651 F3d 1118，1146（9th Cir 2011）（Reinhardt 法官部分赞同，部分反对）。

② Steinbaum and Stucke，Effective Competition at 22－28（引自注释 20）。

③ 例如参见 Starlight Cinemas 诉 Regal Entertainment Group，691 F Appx 404，405（9th Cir 2017），引用 AT&T Mobility LLC 诉 AU Optronics Corp，707 F3d 1106，1112（9th Cir 2013）。这一说法来源于 Brown Shoe，370 US，第 344 页（“《法案》保护的是竞争，而不是竞争者”）。具有讽刺意味的是，现在的法院通常在做出这一陈述后立即无视最高法院的声明：

> 但我们不能不承认，国会希望通过保护有生存能力的地方小企业来促进竞争。国会意识到，维护分散的行业和市场可能会导致成本和价格偶尔上涨。它解决了这些竞争因素，以利于分散权力。我们必须执行这一裁决。

现在的法院也无视最高法院在 Brown Shoe 案中对 1950 年《克莱顿法案》修正案中的国会意图所做的深入探讨：“国会审议 1950 年修正案的首要主题，是担心美国经济集中度日益上升的趋势。”同上，第 315 页。1950 年立法的“其他支持因素”是“希望保留对行业的‘地方控制’和保护小企业。”同上，第 315—316 页。最近的一个例子，参见大法官 Neil Gorsuch 早期对美国运通公司口头辩论的干预。Transcript of Oral Argument，Ohio 诉 American Express Co，No 16－1454，*4（US filed Feb 26，2018）（可查阅 Westlaw at 2018 WL 1050562）（“我们在这里不是为了保护竞争者……甚至也不是为了保护商人”）。

讼、不可避免的高昂成本和拖拉的调查取证，以及下级法院裁决结果不一致的高风险)，然而，制造这种困境的正是最高法院本身。① 在过去40年中，最高法院越来越依赖其事实专用型衡量标准（合理原则）和模糊的经济目标（消费者福利)，而这两者都包含不同的个人价值观和解释，而且往往没有具体的行动方针。

第四，虽然政策制定者认识到动态竞争更重要，但反垄断机构和法院往往规避动态效率分析，而关注静态价格竞争和生产效率。② 并且，就反垄断将经济剩余分配给消费者（而非生产者）的立场而言，对价格影响的狭隘关注，也为以其他方式损害消费者（乃至整个社会）的商业模式开辟了巨大空间，譬如收集数据出售给第三方、在质量上区别对待、分割市场，以及阻碍消费者获得有创新精神的进入者和可替代的供应来源。③

第五是经济权力悖论。美国的宪法框架寻求分散权力，而不是促进权力集中。尽管历史上人们一直关注经济权力的集中，但在威瑞森通信公司诉柯蒂斯·多林克律师事务所（Verizon Communications Inc 诉 Law Offices of Curtis V. Trinko）一案中，④ 最高法院支持垄断价格是自由市场体系的一个重要组成部分。⑤

---

① 参见 Maurice E. Stucke，Does the Rule of Reason Violate the Rule of Law?，42 UC Davis L Rev 1375，1378（2009）。

② 参见 Brodley，62 NYU L Rev at 1026（引自注释5）。

③ 另见 Marshall Steinbaum、Eric Harris Bernstein and John Sturm，Powerless：How Lax Antitrust and Concentrated Market Power Rig the Economy Against American Workers、Consumers and Communities（Roosevelt Institute，2018 年 2 月），存档于 https：//perma. cc/8S9V-RVVA。

④ 540 US 398（2004）.

⑤ 同上，见第 407 页（“单纯拥有垄断势力，同时收取垄断价格，不仅不违法，它还是自由市场体系的重要组成部分”）。在回归《谢尔曼法案》的国会宗旨后，最高法院最近更多是在谴责而不是赞成垄断定价。Apple Inc 诉 Pepper，139 S Ct 1514，1525（2019）（“自 1890 年国会以压倒性多数通过，并由本杰明·哈里森总统签署《谢尔曼法案》以来，保护消费者免受垄断价格侵扰一直是反垄断的核心问题”）。尽管如此，多林克律师事务所的辩词在下级法院和反垄断机构中仍然产生了新的含义。例如参见 United States' Statement of Interest Concerning Qualcomm's Motion for Partial Stay of Injunction Pending Appeal，Federal Trade Commission 诉 Qualcomm Inc，No 5：17-cv-00220-LHK，*4（9th Cir filed July 16，2019）（可查阅 Westlaw，2019 WL 3306496）（司法部主张支持垄断，反对联邦贸易委员会的行动和下级法院的裁决，认为“收取高价并非反竞争”）。

面对买方垄断势力、止赎权、强大的经销商支配市场，以及反垄断法试图纠正的许多其他滥用行为，对消费者福利标准的解释和执行不仅背离了其本意，还带来了损害，这表明，我们必须推行实质性的改革。

越来越多的证据显示，当前的反垄断政策失败重重，促进竞争已是当务之急。为此，制定新的标准和新的法律推定以促进有效竞争不仅是必要的，而且不可避免。

（颜超凡 译）

# 特稿

Feature

Comparative

# 经济增长的“中国模式”

## 两个备择理论假说和一个系统性分析框架

陶然　苏福兵

**编者按**：本文作者一直质疑经济学界的“地方官员晋升锦标赛论”和“经济分权论”。对于中国四十多年前开始的改革开放带来的经济高速增长，国内外经济学者做出了大量研究，试图揭示背后的动力及机制。其中还在国际学术期刊上发表论文，有些获得引用及好评。但本文却认为某些研究存在数据处理问题、因果关系不明、把相关性误作因果关系、为了建模做不切实际的假设等。本文在质疑的基础上给出了作者的分析框架，试图重新诠释中国经济增长。经济学家丹尼·罗德里克说，经济学要“通过扩大模型的数量、提高模型与现实世界的拟合度而不断进步”。正是在这个意义上，我们愿意提供此文，引发争议，以便经济学家对中国的改革历程，中国的经济发展现象，做出更深入全面的探索与研究。

## 一、引言

20 世纪 90 年代中后期以来，尤其是 21 世纪初加入 WTO（世界贸易组织）并全面融入全球化之后，中国经济逐步走出增速减缓期，甚至在 2002—2008

* 陶然，中国人民大学经济学院教授。苏福兵，美国瓦萨学院政治系教授。作者感谢国家社科基金（17ZD075）和国家自然科学基金（71533007）的资助，文责自负。

年间收获了两位数的黄金增长。2008 年全球金融危机之后，虽然增速逐步下滑，但中国经济仍然维持了 6% 以上的年均增长。正是在过去 25 年中，中国迈入中等收入国家行列，并一举成为全球最大贸易国、第一大制造品生产国和第二大经济体。

在西方经济体因普遍遭受全球金融危机冲击而出现增长乏力时，解读中国经济的增长“奇迹”自然会带着理论光环，而如果中国能成功地跨越“中等收入陷阱”，其他发展中国家就有望紧随其后，显然是对经济发展理论和政策实践的重要贡献。

在经济学和政治经济学文献中，近年来两个理论，即本文将考察的“经济体制持续分权理论”和“地方官员晋升锦标赛理论”占据着主导地位。两个理论的共同点是强调地方政府在中国经济增长中发挥的重要作用，但对中国出现的“地方发展主义”提出了不同的解释。

“经济体制持续分权理论”起源于解释 20 世纪 80 年代经济增长的“中国式财政联邦主义理论”，即“财政承包制”下地方政府为最大化财政收入大力发展本地的国有企业和乡镇企业。“经济体制持续分权理论”进一步将“中国式财政联邦主义理论”的适用性延伸到分税制之后：虽然 1994 年的分税制改革降低了地方一般公共预算收入的法定分成比例，但地方掌握了土地出让金，从而在基金预算收入上占有绝大部分，中国的财政体制乃至经济管理体制仍然保持了分权，并带来了持续 40 年的高增长。

“地方官员晋升锦标赛理论”兴起于 21 世纪初，作为对“财政分权理论”的补充而出现：既然分税制后地方政府仍然大规模推动本地发展，就说明地方推动经济增长不仅仅出于财政激励，还有地方主要官员的政治激励。该理论认为中国存在一个层层向下、以增长率为主要指标的“地方主官考核和提拔体制”。这个体制缓解了分税制后财权上收对地方发展的负向激励，并解释了其后的快速增长。

近年来以上两个理论开始合流，不仅两组学者经常彼此引用，而且都毫不犹豫地将自己理论的适用范围扩展到整个改革时期。在中国转型发展文献中，“政治集权 - 经济分权”开始被认为是改革以来支撑高速增长的特有制度组合。

本文提出，在研究中国的转型发展路径及其绩效时，关注地方官员甚至地方主官个人的作用虽有一定意义，但对中国这样一个超大规模经济体的转型发展而言，以地方政府乃至地方主官个人的激励作为主要研究对象其实是“捡了芝麻，丢了西瓜”。过度强调地方官员的激励不仅容易忽略中央政府的重要角色，更容易忽视一些更根本的国际、国内结构性因素对各级政府、国有企业、国有金融机构、民营企业乃至其他社会群体激励的塑造。

进一步看，以上两个理论本质上都是某种形式的“制度决定论”，似乎和“制度决定经济发展”的经济学理论相当契合，但“制度决定经济发展”这个主流理论并没有否认、反而完全承认如下可能性：当一些先发国家通过建立包容性的政治经济制度首先实现了创新驱动的繁荣之后，欠发达国家完全可以利用后发优势，在只学习先发国家技术和/或部分（市场）经济制度后取得短期乃至中期的经济增长。

我们提出，研究中国当前只达到了中等收入经济体的转型发展时，如果机械地套用“制度决定论”来提出研究问题，而且非要通过寻找那些本身就内生于转型路径，因而并不稳定甚至根本不存在的特定制度安排去解释转型增长业绩，往往会问错研究问题，很容易陷入研究的误区。

本文的分析表明，以上两个主要理论假说都是对过去二十多年，乃至整个改革开放 40 年中国不同层级政府间政治和经济权力安排的误读，不仅无助于找到过去 40 年转型中国实现较快经济增长的根本原因，还难以解释过去 25 年逐步出现的、由地方政府推动的工业园区和新城区基础设施的超常规建设，更无法解释很多其他的典型化事实，包括最近十年来城市房地产价格的过快上涨、以地方和国有企业等为主体的公共部门债务宏观杠杆率激增、收入和财富差距的持续扩大、农民工市民化的严重滞后等。

我们提出，解释中国转型发展业绩必须基于一个系统性的理论分析框架，同时加入国际比较分析的视角，才能找到在中国转型的不同阶段驱动经济增长的主要结构性因素。唯有如此，才能厘清学术界关于地方政府发展激励的争论，也才能理解 20 世纪 90 年代中期以来逐步发展出的，以投资驱动、出口导向为主要特点的中国增长模式。虽然这个增长模式在很多方面类似于日本、韩国的“东亚发展型国家”模式，还取得了与日韩快速成长期相当的增长率，但在宏观杠杆率、收入与财富分配、社会与环境治理、人口城市化和城乡土地利用上的表现明显落后。

本文其余部分安排如下：第二节介绍了当前中国增长模式形成的两个背景，首先是 1992 年邓小平“南方谈话”掀起的投资热潮加剧了经济中原来就存在的产能过剩，推动了20世纪90年代中期之后制造业尤其是消费品制造业的逐步民营化；其次是1994年启动的集权型分税制和同一时期及稍后中央政府在土地管理领域（及之后环境保护、安全生产等多领域）的逐步集权。

第三节深入分析了目前国内外学术界两种流行的理论假说，即“经济体制持续分权理论”和“地方官员晋升锦标赛理论”，评估了两个理论对我国财政和土地管理体制集权后地方仍有超强发展激励这个看似“反常”现象的解释力。

第四节给出了理解中国当前增长模式的一个系统性分析框架。第4.1节提出分税制改革后地方政府推动经济发展的积极性一开始确实有所下降，但20世纪90年代后期沿海地区又启动了招商引资和工业开发区的建设热潮。我们提出，仅仅用“财政压力”解释地方开发区建设的“大跃进”并不符合基本的经济学逻辑，“大干快上”是因为其他一些影响制造业发展的结构性条件发生了重大变化。

第4.2节考察了驱动过去25年中国经济增长及工业化和城市化的两个主要结构性效应：首先中央政府以压低汇率和出口退税，地方政府以压低工业地价、降低劳工和环保成本为工具进行的“国际和国内两层逐底式竞争”；其次，在“国际和国内两层逐底式竞争”逐步展开的同时，21世纪初以来又依次出现了2008年全球金融危机之前在“土地财政”模式下二产带动三产发展，而全球金融危机之后地方政府以“土地金融”加杠杆促进三产发展并反向带动本地工业园区建设的“二三产业交互强化型溢出”。上述两个结构效应的共振可以部分解释过去25年中国经济出现的丰富动态。

第4.3节首先比较了中国当前经济增长模式和“东亚发展型政府”模式之间的异同。我们指出，在过去25年中逐步发展出了一个与传统“东亚发展型政府”模式有一定相似性，但在几个关键维度仍有显著差别的“中国增长模式”。这个比较分析引出如下问题：如果中国，尤其是沿海地区的劳动力、土地资源禀赋及产业发展基础等初始条件和上述东亚发展型经济体的起步期非常相似，为什么还会出现收入与财富分配、社会与环境治理、人口城市化和城乡土地利用等方面的明显差距？本节提供了一个理解当前中国增长模式的系统性分析框架并以此为基础给出了初步的阐释。我们提出，在中国当前的增长模式下，国有银行、国有企业、地方政府分别保持了金融部门、制造业上游与非金融高端服务业、城市商住用地领域的“三领域行政性垄断”；

与此同时，中央和地方政府共同推动的“国际和国内两层逐底式竞争”有力支持了“一类市场化竞争”中民营企业的发展壮大，并最终为各级政府获得税收收入，为上游国有企业、国有银行和地方土地储备部门抽取高额垄断租金创造了条件。

本文的结论部分提出，未来中国必须深化改革才能应对转型发展的整体性挑战，不仅要逐步打破“三领域行政性垄断”，还应采取有效措施扭转“两层逐底式竞争”及其引发的多重扭曲，最终建立一个更全面、更平衡的良性市场经济体制，才能防止中国在经济发展中落入“中等收入陷阱”。

## 二、当前中国增长模式形成的两个背景

自20世纪90年代中后期以来，中国地方政府为争夺制造业投资展开了日益激烈的区域间竞争。首先从东部沿海，尤其是长三角的苏南地区开始，地方政府通过大规模征地建设工业园区竞相为制造业投资者提供低成本土地和补贴性的基础设施。

虽然为争夺工业投资大幅压低土地价格，但地方政府出让商住用地的策略非常不同：大部分市、县政府都成立了土地储备中心，在城市商住用地一级市场上进行垄断限量供应来最大化土地出让金收入。不同于工业用地大都通过一对一的协议或挂牌低价出让，地方政府主要通过招标、拍卖等更具竞争性的方式出让商住用地。21世纪早期商住用地的平均出让价格只有工业用地价格的2—3倍，但随着时间的推移，商住用地价格超过工业用地价格的10倍，甚至几十倍。①

上述工业化和城市化模式的出现有以下两个重要背景：首先是1992年“南方谈话”后的产能过剩和之后地方公有制企业的民营化改制；其次是90年代中期以来的中央财政和土地管理集权。

---

① 对各年《中国国土资源统计年鉴》数据的测算表明，2003—2017年全国工业用地的平均价格只上涨了115%，而同一时期商业服务业用地的平均价格上涨幅度达到了793%，居住用地的平均价格上涨幅度更高达808%，其中普通住宅用地的平均价格上涨了686%。2003年，全国商业服务业用地与工业用地的比价只有2.84，到2017年就上升为11.79。2003年住宅用地和工业用地的比价只有4.78，到2017年上升到20.19。以上比价还没有考虑很多城市工业用地出让后又根据投资到位情况返还部分乃至全部出让金的情况，否则我国商住用地和工业用地的净价格之比还会大幅度增加。

## 2.1 “南方谈话”后的产能过剩和地方企业的民营化改制

20世纪80年代到90年代中期的转型第一阶段，地方政府大力新建、扩建了很多乡镇企业和国有企业，逐步实现了从“重工、军工优先”的传统计划经济模式向“民生、消费优先”的市场经济转型。

但20世纪80年代这种以地方公有制企业为主体的发展模式，虽然通过提高资源配置效率和劳动激励效率带来了一段时期的高增长，却也很容易引发重复建设、经济周期性过热、区域间贸易保护主义等多方面的问题。因此，当中国在20世纪80年代末和90年代初被迫进行以压缩投资、抑制消费为主要目标的宏观经济调整时，产能过剩的矛盾就开始显现了。此时，各个地区都逐步面临一种难以突破的“两难困境”：本地企业既要在区外寻找市场，又需本地政府保护来减少外地企业的竞争。

以1992年“南方谈话”为起点的新一轮市场化启动之后，各地很快又兴起了一波国有企业和乡镇企业的新建、扩建高潮，同一时期国外直接投资和民营企业的投资也实现了较快增长。产品市场的激烈竞争进一步压缩了地方国有企业和乡镇企业的盈利空间，地方公有制企业难以再像20世纪80年代产能不足时那样通过利润分成的“企业承包制”激励企业经理人和员工。此时，产能不足、容易盈利时期表现尚不明显的公有制企业的预算软约束问题开始凸显。①

1993年之后，中央政府推动了金融集权。央行对信贷更严厉的控制、利率工具的更多使用以及国有银行的商业化等措施，都大幅压缩了地方政府施压国有银行分支机构扶持本地公有制企业的空间。在整体产能过剩的背景下，地方兴办的公有制企业开始大面积亏损，商业化改革后的银行对地方公有制企业坏账的容忍度大幅降低，后者逐步变为地方政府的“负资产”。此后，大规模的地方国有企业和乡镇企业破产、重组、改制浪潮不得不开始（Qian，2017）。②

---

① 20世纪90年代中前期，在市场形势转变、乡镇企业技术水平和产权等缺陷以及国家压缩信贷整顿金融秩序的作用下，不少地区的乡镇企业发展出现了问题。以苏州为例，该市乡镇企业工业总产值在经历1991年、1992年的快速攀升之后，增长率在1993年之后连续下降，1996年甚至出现了大幅度的负增长；乡镇企业吸纳职工人数在1988年达到历史最高的124.19万人以后，出现了一定的起伏，从1993年起连续数年下降。参见张清勇，《中国农地转用开发问题研究》，商务印书馆，2013年3月。

② 参见Qian Yingyi，*How Reform Worked in China：the Transition from Plan to Market*，2017. The MIT Press。

从20世纪末到21世纪初，绝大多数地方国有及乡镇企业完成改制，同一时期包括外资企业在内的民营企业逐步壮大。

本地公有制企业大规模改制后，地方财政难以再依靠本地公有制企业获得利税收入，地方政府逐渐转向吸引包括外资在内的民营制造业投资。① 20世纪90年代中期以后，地方政府在经济发展中扮演的角色逐渐从地方企业的“所有者”转换为向集中于下游消费品生产的民营企业提供优惠土地、补贴性基础设施等多种便利条件，引导这些企业在本地生产和纳税的“征税者”。

相比于原先那种必须在本地生产，并为本地产生利税的地方国有企业和乡镇企业，这一阶段逐步发展并在消费品生产领域占据主导地位的民营企业具有更大的流动性，也有更大的主动权依据地方优惠条件选择生产区位，地方政府因此展开了以民营制造业企业为主要对象的招商引资竞争。

企业所有制从公有向民营的转换有助于我们理解如下现象：虽然从20世纪80年代中后期到90年代前半期中国区域间贸易壁垒日益严重，但之后逐步降低，中国主要制造业，尤其是消费品制造业逐步实现了全国市场的整合。②

20世纪90年代早期中国经济增速因宏观紧缩而减缓时，地方政府为保护本地公有制企业开始采用各种行政手段限制外地产品的市场准入，但在90年代中后期大规模改制完成后，地方政府就不得不积极寻求流动性更大的民营企业投资。此时，任何想要成功招商引资的城市都不太敢实施过度的地方保护主义措施，因为整体产能过剩时，本地政府既要提供各种优惠条件招商引资，还要确保本地企业产品不会在其他区域受到准入限制。此时，如果某地区对其他地区的企业实施市场准入限制，就很容易引致相应的报复措施，此时本地区的招商引资就会变成无用功。因此，在整体产能充分甚至过剩、投资日益具有流动性的背景

---

① 以苏州为例，到20世纪90年代中期，苏州地方政府的经济职能便表现为在大力开展开发区建设、招商引资活动的同时，主导乡镇企业改制。到1997年底，全市1.2万家镇、村企业中，通过多种形式改制、转制的占92%；到2000年，改制转制面达99%，参见张建英，《中国地方政府经济职能的转型研究》，苏州大学博士学位论文，2009年。需要指出的是，20世纪90年代国有企业的“抓大放小”改革让制造业上游和高端服务业的大型国有企业经过股份化改制后变得更加强大，而这些企业主要集中在中央政府手中，具有一定的行政性垄断地位。参见本文第4.3节对中国经济模式中“三领域行政性垄断”的分析。

② 参见 Carsten A. Holz，“No Razor's Edge：Reexamining Alwyn Young's Evidence for Increasing Inter-Provincial Trade Barriers in China.” *The Review of Economics and Statistics* 91，no. 3（Aug. 2009），第599—616页。

下，区域保护主义和市场分割不再是地方发展经济和稳固税基的占优策略。

从这个角度看，很多文献认为20世纪末和21世纪初中国主要消费品市场仍然存在严重的地方保护主义，甚至很大程度上一直是“以邻为壑”的发展，这是对这一阶段我国制造业产品市场整合程度的误判。①

## 2.2 20世纪90年代中期以来的中央财政和土地管理集权

地方公有制企业改制引发的区域竞争格局变化只是各地大规模建设工业开发区并卷入激烈招商引资竞争的第一个背景。第二个值得深入考察而且更容易引起误解的背景是1994年开始的以“收入权力逐步集权、支出责任维持下放”为基本特征的分税制改革，② 以及中央政府在土地管理、环境保护乃至食品药品质量监督、安全生产等领域的逐步集权，尤其是在土地管理领域的“建设用地指标集权”。

1994年分税制及其后的一系列央地财税收入分成调整保持了政府间支出责任划分大体不变，同时显著增加了中央财政的法定分成比例。③ 分税制确定

---

① 在地方政府仍保留较多国有股权的一些行业，比如烟酒行业，仍然存在较强的地方保护主义；或者在一些地方政府可以通过发牌收租的行业，如出租车行业，出租车采购等也存在一定程度的地方保护主义，比如，限制采购外地生产的汽车。但这些保护主义行为恰恰是地方政府持续保有这些特定行业生产厂商的股权所致。在大部分消费品乃至资本品生产部门，只要制造业投资是民营投资为主，就必然有越来越多的流动性，那么这些制造业产品的地方保护主义就难以为继。

② 我国制造业产能在20世纪80年代末就开始出现过剩，加上1992年市场化改革带来的激烈竞争，地方国有企业与乡镇企业利润迅速下降。在中央不断调整财政承包合同的压力之下，地方自然倾向于将更多收入藏匿到预算外。与此同时，地方所有的下游制造业增长缓慢必然带来上游重化工业增长的失速，并让中央财政受到“双重诅咒”：无论是在财政承包制下以地方上缴获得的财税收入，还是中央从直属企业获得的财税收入都增长缓慢，中央收入占总预算收入比重从80年代中期的一半以上急剧下降到略高于两成，这就解释了“分税制”的出现。参见陶然和苏福兵，《关键历史转折点与初始制度微小差异互动：对中苏计划经济转型的一个解释框架》，《二十一世纪评论》，2019年2月号，总第171期，第4—20页。

③ 之所以说1994年以来中央政府在财政乃至整体经济管理体制上开始“逐步集权”，是因为1994年的分税制并非一次性的政府间财政关系调整，而是一个逐步集中财权的过程。1994年只是分税制的开始。在此之后的2002年和2003年，中央又通过分享50%和60%原来由地方独享的所得税进一步集中了财力。2013年开始在部分行业、部分地区试点并在2016年向全国推行的“营改增”，虽然将地方原来独享的营业税改为增值税并由中央分享了50%，但也通过降低中央在制造业增值税上的分享比例（从75%降到50%）对地方进行了部分补偿，保持了2016年后央地一般公共预算财政收入比例的基本稳定。

消费税、关税作为中央独享税，营业税、所得税等作为地方独享税，以及增值税作为央地共享税种，其中增值税成为我国新税制下的主体税种（楼继伟，2013）。①分税制还建立了独立的国税系统，进一步强化了中央政府的税收征管能力。②

上述税收分享和征税方式的重大调整，与同一时期逐渐展开的地方公有制企业改制一起，让地方政府难以沿用之前将本地公有制企业收入转移到“预算外”乃至“体制外”以避免上级收入集中的做法。③ 此时，地方能用于竞争制造业投资的税收手段只限于企业所得税，而企业所得税在2002年和2003年的央地分享后更只限于所得税的地方分享部分。

分税制还显著加大了不同级别政府之间的财政纵向不平衡，结果是地方一般公共预算支出日益依赖中央的转移支付，尤其是有利于中央部委加强控制的专项转移支付。④ 相当一段时期内，地方40%以上的一般预算支出依赖中央转

---

① 楼继伟主编，《财税改革纵论》，北京：经济科学出版社，2013年。

② 分税制建立了相互独立的国税和地税系统，前者负责征收中央独享税和央地共享税，后者只负责征收地方独享税。而2002年和2003年进行了两次收入所得税集权后，国税系统又增加了部分所得税的征税职能。2016年全面推动“营改增”后又出现了国税、地税系统合一的趋势，2018年国税和地税合并。

③ 改革早期乡镇企业繁荣了经济，促进了农民就业，且大部分收益归地方所有。财政部1985年颁布的《乡（镇）财政管理试行办法》将上级政府划归乡（镇）财政的乡镇企业所得税纳入乡（镇）财政收入的国家预算内资金。1991年的《乡（镇）财政管理办法》规定：“乡财政的收支范围包括国家预算内资金收支、预算外资金收支和自筹资金收支”，乡镇企业上缴乡财政的利润属于乡财政的自筹资金，这很大程度上刺激了地方政府发展乡镇企业的积极性。同时，由于乡镇企业受地方政府管辖，其税收大部分落入地方政府之手，而且地方更倾向于让税收“缩水”，要求企业向地方政府缴纳可以更自由支配且全归地方所有的“预算外收入”。1994年分税制之后，增值税必须和中央分享，而且征收系统独立于地方政府，其结果是地方从企业所得的收入减少，开办集体企业的热情迅速下降。参见周飞舟，《分税制十年：制度及其影响》，《中国社会科学》，2006年第6期，第100—115页。

④ 专项转移支付过多的另一后果是加大地方预算软约束。中央部委在设定专项转移支付的政策目标时一般难以准确估算不同地区实现目标的成本。地方自然有激励人为夸大政策执行成本，并以执行中央部委政策为由扩大支出规模。过多专项资金还会削弱各部委控制地方预算的政治激励：为强化对地方对口部门的控制力，中央各部委必然会尽量争取本部委的专项转移支付，结果是中央部委联合地方对口行政部门一起向中央财政施加压力，地方因此借机联合中央部委倒逼中央给地方财政补缺。这个过程不可避免地带来中央部委与地方的“共谋”：专项资金规模越庞大，部委压缩地方投资规模的动力越弱，地方预算软约束就越严重。参见陶然和刘明兴，《吃饭、建设，还是公共服务？》，中国经济改革的回顾与反思系列文章之六，2015年1月12日，FT中文网，http://www.ftchinese.com/story/001060067?full=y&full=y&archive。

移支付，而通过转移支付控制地方本身就是强化中央财政集权的一个主要目的。这就解释了分税制之后出现的如下情况：虽然原则上讲具有较强规则性和透明度的一般转移支付更有利于公共服务均等化，但我国转移支付体系中各种不按公式分配、部委自由裁量权更高的专项转移支付一直保持了较高比例。①

再来看土地管理领域中央和地方的权力配置。从 20 世纪 90 年代中后期起，中国的土地管理体制开始了以土地指标为主要手段的中央集权。1998 年修订的《土地管理法》强化了中央政府在以下三个方面的法律和政策权力：一是强化了对建设用地总量和城市建设用地规模的控制，规定下级土地利用总体规划中的建设用地总量不得超过上级土地利用总体规划确定的控制指标，城市建设用地年度规模应当符合年度计划指标；二是耕地总量动态平衡，即所谓“耕地占补平衡”制度，明确了省级政府的耕地保护责任，并规定非农业建设经批准占用耕地的，按照“占多少，垦多少”的原则，由占用耕地的单位负责开垦与所占用耕地数量和质量相当的耕地，没有条件开垦或者开垦的耕地不符合要求的，应当缴纳耕地开垦费，专款用于开垦新的耕地；三是“基本农田保护制度”，要求“各省、自治区、直辖市划定的基本农田应当占本行政区域内耕地的百分之八十以上”。②

相比于之前的土地管理体制，③ 以 1998 年《土地管理法》为依据实施

① 吕冰洋等根据历年的《全国地市县财政统计资料》和财政部网站发布的全国财政决算数据指出，从 1997 年到 2014 年，专项转移支付（不含民族地区转移支付等分类拨款）占转移支付总额（不包括税收返还）的比重由 22% 上升到 40.7%。参见吕冰洋、毛捷和马光荣，《分税与转移支付结构：专项转移支付为什么越来越多?》，《管理世界》，2018 年第 4 期，第 25—39 页。近年来，专项转移支付比例有明显下降，但这个下降相当程度上来自定义的变化。

② 2019 年《土地管理法》第四次修正将“基本农田”上升为“永久基本农田”，进一步提升了最严格耕地保护制度的理念。参见魏莉华，《〈土地管理法〉的变与不变》，《中国自然资源报》，2020 年 6 月 29 日。

③ 1986 年的《土地管理法》将土地管理的审批权主要交由市、县级政府行使。但 20 世纪 80 年代中后期到 21 世纪 10 年代中期以前的土地利用情况表明，中央耕地保护的目标并没有得到有效实现。当中央政府发现耕地保护失控之后，1998 年修订的《土地管理法》依据宪法关于合理划分中央与地方政府机构职权的原则，按照市场经济和用途管制的要求及管理职权的性质，更明确地划分了各级人民政府的土地管理职权。特别是将涉及土地管理宏观决策的权力，包括土地利用总体规划的审批权、农地转用和土地征用的审批权、耕地开垦的监督权、土地供应总量的控制权集中到中央和省两级政府，同时把土地管理的执行权仍然保留给市、县政府，包括土地登记权、规划和计划的执行权、在已批准建设用地区域内具体项目用地的审批权、土地违法案件的查处权等。

的政府间法定职权划分意在加强中央实施以建设用地指标为主要工具的土地管理权，引导地方更多利用城市存量土地，减少对耕地的过度占用。① 通过中长期土地总体规划和短期的年度土地利用计划，中央确定了一定时期内每个地区可新增的建设用地总量指标，并在空间上落实到具体地块。②

综上，至少就中国政府财政体制和土地管理体制而言，以20世纪90年代中期为界划分为前后两个阶段，都从相对分权走向了日益集权。相较于世界上其他可比的大型经济体，中国财政的中央集权程度和专项转移支付占总转移支付的比例相当之高，③ 而通过规划指标和年度计划指标实施跨年度总量限定和年度计划管理的土地管理体制，中央集权的程度更高。④

若其他条件不变，中央持续提高其法定财政分成比例将压制地方发展的积极性。尤其是1994年分税制后中央分享了当时占预算内财政收入45%的制造业增值税的3/4，地方发展的积极性肯定会下降。

而实际观察到的情况是，地方政府的积极性确实出现了明显下降：90年代中期以来，在财政和金融体制集权化、国有银行商业化的同时，各地普遍加

---

① 为切实强化耕地保护，国土资源部1999年2月第4次部务会议通过的《土地利用年度计划管理办法》，以及1999年4月国务院批准的《全国土地利用总体规划纲要（1997—2010年）》，都进一步强化了通过实施土地利用总体规划（10—15年）和年度土地利用计划来实现耕地保护目标，并给出了“农地转用”的年度建设用地指标。

② 换言之，1998年之后，只有同时获得“规划指标”和“计划指标”，农用地，尤其是耕地，才可以合法转换为建设用地。《全国土地利用总体规划纲要（1997—2010年）》设定的基调是“保护耕地、严格控制非农建设用地”“以供给引导和制约需求”；同时，这次规划编制对各省首次提出了耕地总量动态平衡的要求。显然，这种基于指标约束的土地规划和日益严格的年度土地计划，就是要从空间和总量上、从用地时序上严格控制各地新增建设用地。参见汪晖和陶然，《论土地发展权转移与交易的“浙江模式”：制度起源、操作模式及其重要含义》，《管理世界》，2009年第8期，第39—52页。

③ 参见袁飞、陶然、徐志刚、刘明兴，《财政集权过程中的转移支付和财政供养人口规模膨胀》，《经济研究》，2008年5月，第5期，第70—81页。

④ 自1998年以“土地指标”为抓手的土地指标管理体制执行以来，地方对建设用地审批层级高、时限长、程序复杂等问题反映非常强烈，2019年修正的《土地管理法》适应“放管服”改革的要求，对中央和地方的土地审批权限进行了一些调整，按是否占用永久基本农田划分国务院和省级政府的审批权限。今后，国务院只审批涉及永久基本农田的农用地转用，其他的由国务院授权省、自治区、直辖市人民政府审批。同时，按照“谁审批谁负责”的原则，取消省级征地批准报国务院备案的规定。参见魏莉华，《〈土地管理法〉的变与不变》，《中国自然资源报》，2020年6月9日。

速了对本地政府兴办的国有企业、乡镇企业的破产、清算和民营化改制。

但到了20世纪90年代后期和21世纪初，地方政府，尤其是因分税制受损最大的沿海城市政府，在经历一段调整期后又逐步开始建设各类工业开发区和招商引资。需要了解的一点是，继1994年抽取增值税的75%后，2002年之后，中央政府又将所得税变为央地共享税。可正是2002年之后，中国经济开始步入了“黄金增长期”。随着越来越多的城市卷入招商引资竞争，各地开发区建设的规模和招商引资的力度不断加大。

如果吸引制造业投资获得的直接财税收入大部分由中央分享，为什么地方还要“大干快上”新建、扩建各类工业开发区？为什么地方政府会在这一阶段逐步发展出一个以“土地财政”为支撑、具有中国特色的工业化和城市化模式？更有意思的是，为什么1994年财政集权后，地方一般公共预算收入占比和地方财政总收入（一般公共预算加基金预算收入）占比都在早期有所下降之后，又出现了较快回升？

对上述看似“反常”的现象给出准确的解释非常重要，因为它不仅涉及对我国各级政府间政治、经济关系的准确认知，还关系到对过去二十多年我国逐步形成的增长模式及其驱动因素的理论阐释。

## 三、解释地方政府发展激励的两个备择理论假说

就20世纪90年代后期以来中国“地方发展主义”引致的经济增长，学术界目前有两种较为流行的理论解释，即“经济体制持续分权理论”和“地方官员晋升锦标赛理论”。

### 3.1 经济体制持续分权理论

为解释中国改革时期的高增长，包括以20世纪90年代中期为界的转型第一阶段和第二阶段的持续增长，一些学者提出，中国的经济体制，尤其是财政体制，在过去40年中一直是“分权体制”。① 我们称这个解释中国转型期高增长的理论为“经济体制持续分权理论”。

如第2.1节所述，改革时期中国财政体制从1994年前相对分权的“财政

① 参见许成钢的论述与相关文献综述，Xu，Chenggang. 2011. “The Fundamental Institutions of China's Reforms and Development.” *Journal of Economic Literature* 49：第1076—1151页。

承包制”走向了之后更集权的分税制，而土地管理从90年代中期之前不严格控制各类土地指标的分权体制逐步走向之后严格控制土地指标的集权体制。因此，“经济体制持续分权理论”显然忽略了政府间经济管理权力在90年代中期前后的转型第一阶段和第二阶段出现的重大变化。实际上，支持“经济体制持续分权理论”的学者不仅没有厘清“集权－分权”的基本概念，还混淆了“财权”和“财力”之间的差别。

严格说来，中国现有的政府间财政体制，至少就一般公共预算而言，是一个财政责任（即所谓“事权”）下放程度很高，但收入权力（即财权）相当集中的体制。经过1994年的分税制改革及其后一系列央地收入分享规则的调整，中国的财政体制变得日益集权化。

那些支持“经济体制持续分权理论”的论者会争辩说，虽然分税制后中央不断集中了以正式税收为主体的一般公共预算收入，但过去二十多年来以土地出让金收入为主体的地方基金预算收入却实现了超高速增长。比如，2020年国有土地使用权出让收入达到8.41万亿元，而同年全国一般公共预算收入为18.29万亿元，包括中央的8.28万亿元和地方的10.01万亿元。

从这个数据看，地方财政总收入（18.42万亿）是中央财政总收入的2.13倍（中央一般预算收入8.28万亿元和中央基金预算收入0.36万亿元，总计8.64万亿元），中央财政总收入仅占全国财政总收入的31.9%。因此，虽然1994年后一般公共预算收入开始集权，但地方政府仍通过土地出让金收入保持了相当高的实际财政权力。和1994年刚推动分税制的那个时点相比，中国财政分权的程度甚至显著提升。

但无论是只考虑一般公共预算收入，还是加上基金预算收入后的总财政收入，简单依据中央和地方实际收入比例判断财政分权程度，不仅存在概念混淆的问题，还有因果推断的学理问题。

对我国财政体制到底是“集权”还是“分权”的问题，大量文献存在非常严重的误解。在英文文献中，中国的财政体制一般被称为“highly decentralized”的体制。但是，对“decentralization”的更准确理解是下放或非中心化。以政府间财政关系为例，严格说只有政府收入（税收）才是一种权力，而与收入权相反，政府支出构成了一种责任。因此，英文的“fiscal decentralization”既可能是收入权力的下放（revenue decentralization），或者叫分权，也可能是支出责任的下放（expenditure decentralization）。不加区分地把decentralization 都称为分权，或将中国现有财政体制称为分权的体制，显然具有误导性。中国的财政体制，至少就一般公共预算部分而言，是收入权力集中而支出责任下放的集权体制。

此外，依据 1994 年后地方财政收入实际比例的上升就认为中国存在“事实上的财政分权”（de facto decentralization），则更是混淆了以法定分成比例度量的财权和作为事后结果的财力。不少学者用反映事后结果的地方财力比例论证地方政府发展本地经济的积极性，并论证地方在财权（即 de jure rules）下降的同时，却因事实上的财政分权保持了发展经济的积极性，所以中国取得了持续的高增长，则更是倒果为因。①

此类论证的逻辑谬误是把一些更根本因素驱动的经济增长归因于这些因素同时驱动的另一个结果，即地方财力的不断上升。从因果识别看，实际上是把相关关系当成了因果关系，“以果释果”甚至“倒果为因”。

由于这个问题实在重要，一旦辨析不清很容易导致理论分析的混乱及实证设定的不当，因此有必要进一步加以说明。

首先来看一般公共预算收入。不妨对比一下 1994 年后央地财权变化和央地财力变化之间的差别。如表 1 所示，1994 年分税制后，中央通过分享增值税的 75% 显著集中了财力，而只给地方保留了当时总量相当有限的所得税、营业税以及其他十几个小税种。1994 年改革的即时效果是中央一般公共预算收入比重从 1993 年的 22.0% 迅速增加到 1994 年的 55.7%。

**表 1　1993—2020 年中央与地方政府一般公共预算收入**

| 年份 | 一般公共预算收入（亿元） | | | 地方占比（%） |
|---|---|---|---|---|
| | 全国 | 中央 | 地方 | |
| 1993 | 4349 | 958 | 3391 | 78.0 |
| 1994 | 5218 | 2907 | 2312 | 44.3 |
| 1995 | 6242 | 3257 | 2986 | 47.8 |
| 1996 | 7408 | 3661 | 3747 | 50.6 |

① 现有中英文文献中有不少研究用地方财力占全国总财力比例或地方收入占地方支出比例度量分权程度。由于这些变量本身就是结果，作为解释变量有严重内生性，所以此类分析的结果基本不可信。

（续表）

| 年份 | 一般公共预算收入（亿元） | | | 地方占比（%） |
|---|---|---|---|---|
| | 全国 | 中央 | 地方 | |
| 1997 | 8651 | 4227 | 4424 | 51. 1 |
| 1998 | 9876 | 4892 | 4984 | 50. 5 |
| 1999 | 11444 | 5849 | 5595 | 48. 9 |
| 2000 | 13395 | 6989 | 6406 | 47. 8 |
| 2001 | 16386 | 8583 | 7803 | 47. 6 |
| 2002 | 18904 | 10389 | 8515 | 45. 0 |
| 2003 | 21715 | 11865 | 9850 | 45. 4 |
| 2004 | 26396 | 14503 | 11893 | 45. 1 |
| 2005 | 31649 | 16549 | 15101 | 47. 7 |
| 2006 | 38760 | 20457 | 18304 | 47. 2 |
| 2007 | 51322 | 27749 | 23573 | 45. 9 |
| 2008 | 61330 | 32681 | 28650 | 46. 7 |
| 2009 | 68518 | 35916 | 32603 | 47. 6 |
| 2010 | 83102 | 42488 | 40613 | 48. 9 |
| 2011 | 103874 | 51327 | 52547 | 50. 6 |
| 2012 | 117254 | 56175 | 61078 | 52. 1 |
| 2013 | 129210 | 60198 | 69011 | 53. 4 |
| 2014 | 140370 | 64493 | 75877 | 54. 1 |
| 2015 | 152269 | 69267 | 83002 | 54. 5 |
| 2016 | 159605 | 72366 | 87239 | 54. 7 |
| 2017 | 172593 | 81123 | 91469 | 53. 0 |
| 2018 | 183360 | 85456 | 97903 | 53. 4 |
| 2019 | 190390 | 89309 | 101081 | 53. 1 |
| 2020 | 182895 | 82771 | 100124 | 54. 7 |

资料来源：历年《中国统计年鉴》。

但如果观察地方实际财力占比随时间的变化，我们又可以看到如下情况：1994—2001 年，在央地税收分成法定规则基本没有发生变化的情况下，[①] 地方一般公共预算收入占比从 1994 年的 44.3% 提高到 2001 年的 47.6%。

如同 1994 年分税制短暂降低了地方财力一样，2002 年和 2003 年的所得税集权也小幅且短暂地降低了地方的一般公共预算收入占比，从 2001 年的 47.6% 降为 2002 年的 45.0% 和 2003 年的 45.4%。此后 8 年中，在央地法定分成比例没有任何变化的情况下，2010 年地方一般公共预算收入（即财力）占比上升为 48.9%，2011 年和 2012 年分别进一步上升为 50.6% 和 52.1%，2016 年更达到 54.7%，到 2020 年依旧保持在 54.7% 的高位。[②]

换句话说，从 2003 年到 2020 年的 18 年间，一般公共预算的地方财权没有发生变化，但财力占比提高了 9.3 个百分点。即使 2002 年和 2003 年中央分别分享了所得税的 50% 和 60%，2020 年的地方一般公共预算收入（即财力）占比还是比分税制刚启动的 1994 年提高了 10.4 个百分点之多。

那么是否可以说，从分税制改革之前的 1993 年到目前为止，中国仍然保持了相当程度的一般公共预算财政收入分权吗？或者说，从分税制刚刚实施后的 1994 年到现在，中国的财政体制变得更分权了吗？

答案显然是否定的。从分税制改革前到现在，中国经历了一般公共预算收入的两次财权集中。1994 年改革实施后到 2001 年比改革前更集权，而 2002—2003 年之后又比 1994—2001 年更集权。

为什么在地方财权基本没有变化的 1994—2001 年和 2003—2020 年，地方实际财力占比却不断上升？为什么即使 2002 年和 2003 年中央分别集中了 50%

---

① 这段时期只有一个相对较小的财税分配变化，即证券交易印花税的央地分享变化，但印花税占比较低。1994 年我国国内证券交易印花税中央与地方各分享 50%，1997 年改为中央 80%，地方 20%。2000 年后又逐步上调到 2002 年的中央比例 97%，2016 年全归中央。

② 2016 年 5 月开始，中国全面推动了“营改增”并重新调整了央地对增值税的分享比例，央地增值税各分享 50%。由于这次“营改增”的基本原则是在改革前后保持地方一般公共预算税收的分成比例基本稳定，所以 2016 年之后该比例基本上每年都保持在 53%—54% 的水平，到 2020 年该比例回到 2016 年的 54.7%。

和60%的所得税后，2020年的地方财政收入实际比例（54.7%）仍然远远高于规则变动前的2001年的水平（47.6%）？

实际上，上述财权和财力的明显分异主要来自中央、地方各自独享和共享税基（即相关行业、企业、个人可征税的营收）的相对变化，而后者甚至并不主要取决于中央和地方的相对税收征缴努力，而是来自一些更基本的国内、国际因素变化引发的结构性效应。

不妨考察一下1994—2001年包括营业税、所得税在内的各类地方独享税相比于央地共享税（增值税）和中央独享税（如关税与消费税）的相对增长速度。1994—2001年，中央独享税（消费税和关税）占总税收的比例从14.8%下降到11.6%，到2016年及其后更进一步下降到10%以下。2002年之前，地方独享的企业所得税在1994—2001年从13.8%上升到17.2%，而2002年之前地方独享的个人所得税比例从1999年（有数据开始）的3.9%很快上升到2001年的6.5%。

2002年和2003年之后，地方独享税收入的更快增长主要是本文第四节将考察的两类结构性效应发挥作用的结果。21世纪初以来，在高速工业化和城市化进程中，与耕地占用、土地出让，尤其是商业、办公、住宅等地产开发相关的地方土地增值税、契税、土地使用税、耕地占用税以及（主要对商业地产征收的）房产税，其增长幅度都高于这一阶段全国税收的平均增速。

要理解上述央地独享和共享税基的相对变化，必须从国内和国际更根本因素变化引发的结构性效应入手，考察这些因素变化所塑造的各利益主体行为，研究不同利益主体在博弈中共同构建的中国增长模式。换句话说，只有深入考察影响央地税基相对变化的结构性效应，才能同时解释分税制后逐步加快的经济增长，以及伴随这种高增长的央地税基和财力的相对变化。恰恰是这些结构性效应导致了分税制后地方财力占比虽因财权集中先有所下降，但经过一段时间后开始回升，甚至还超过财权刚集中时的水平。但这种回升作为结果，不应被理解为“持续的财政分权”，更不能“倒果为因”地论证中国的高增长来自经济管理体制的“持续分权”。

考察以土地出让金为主的基金预算收入时应该遵循同样的逻辑。自我国开始有土地出让金以来，就基本归属地方。① 甚至在我国还没有显性的土地出让金之前，如地方国有企业、乡镇企业尚未大规模改制前乃至计划经济时期，地方政府直接划拨土地给自己兴办的企业，土地租金其实已经隐含在这些公有制企业给地方政府上缴的利税中。

从这个意义上讲，建设用地的收入权力从来就归属地方，从来没有被中央集中过。只是在 1978 年到 20 世纪 90 年代中期的转型第一阶段，土地收入，无论是显性收入还是隐性收入，都不是地方财政收入的主要来源，甚至不是当时地方预算外收入的主要来源。

20 世纪 90 年代中后期以来，尤其是 21 世纪前 20 年，无论是从绝对值看，还是从其占地方公共财政预算收入和全国公共财政预算收入的比例看，地方土地出让金收入确实出现了逐步提升，累积起来的规模非常庞大。2000 年中国的城市土地出让金还不到 600 亿元，但 2001 年到 2003 年的三年间几乎每年翻倍，2003 年时就达到 5421 亿元。自 2007 年首次突破万亿元，达到 1.2 万亿元后，2010 年又突破 2 万亿元，达到 2.75 万亿元，2013 年突破 4 万亿元（4.37 万亿），2020 年更达到创纪录的 8.41 万

---

① 从显性土地出让金来看，1987 年 11 月 25 日，深圳市规划国土局以公开招标形式出让了一宗国有土地使用权。在 20 世纪 80 年代末期和 90 年代初期，土地出让金收入由中央财政与地方财政分享。为鼓励地方积极性，中央财政分享的土地出让金比例逐步减少，从 1989 年 5 月的 40% 逐步下降到 1989 年 9 月的 32%，到 1992 年财政部发布的《关于国有土地使用权有偿使用收入征收管理的暂行办法》和《关于国有土地使用权有偿使用收入若干财政问题的暂行规定》规定：土地使用权有偿使用收入归中央政府和地方政府所有，5% 上缴中央财政。实际执行中，各地为了规避中央分成，纷纷采用实物地租、肢解地价等方式，中央实际难以取得分成土地收益。据统计，截止到 1993 年财税体制改革前，中央实际收到的土地收益只占应缴部分的 9%。1993 年 12 月 15 日，国务院下发《关于实行分税制财政体制的决定》（国发〔1993〕85 号），取消了中央财政和地方财政分享国有土地使用权有偿出让收入的规定，明确自 1994 年起，国有土地有偿使用收入（包括土地出让金）列入地方固定收入，中央不再参与土地收益分成。特别需要指出的一点是，1999 年《土地管理法》执行之前的土地出让金基本上是一个纯收益概念，这是因为这一阶段的土地出让以协议出让为主，用地者往往要先支付征地拆迁和前期开发费用后再缴纳土地出让金，因此土地收入（土地出让金）一般都只是土地出让纯收益，所以即使 1994 年之前与中央分成，实际中央可收取的也不多，而且地方还有各种办法规避。参见《土地出让金的前世今生》，来自微信公众号“土言土语”，https：//mp. weixin. qq. com/s？ src = 11×tamp = 1623225657&ver = 3119&signature = eeYmzmhpVxLFpZ5rywoJ9hZfmA6bFKT2GJ0ca * 5k3B9BLRWElgipMzZjmKC2CgD8x6SNf5EHh8JnLAYG4cGakIfhqstFV * v5e1Saz7oRiUlb5kJYRRdKe * LTX4X5CnVd&new = 1。

亿元。①

显然，这是一个增速前高后缓、绝对量及占比持续放大、长达二十余年的中期演变过程。在这个过程中，地方政府以放量、低价方式供应工业用地招商引资，再通过限量、高价供应商住用地获得垄断地租，最终形成了工业用地的“全国性买方市场”和各城市商住用地的“局域性卖方市场”。

所以，“土地财政”恰恰是过去二十多年中国逐步涌现的新现象。对这个重大现象必须进行理论解释，但“经济体制持续分权理论”反过来将实际土地出让金占比的提高理解为“土地出让收入分权”并以此解释中国这一时期的持续增长，这就自然会面临如下挑战：如果说中国土地财政分权是1994年后一般预算收入集权后高速增长的关键解释变量，那么为什么1994年之前的土地收入分权却不能解释转型第一阶段的高增长？显然，那个阶段地方政府的土地收入并不重要，而这意味着该理论必须首先解释土地收入为什么在转型第二阶段的重要性日益增加。如果不能找到引发“土地财政”现象的更根本原因，那么这个理论就是不成功的。

特别要指出的一点是，从土地使用金的使用方向上看，随着土地出让金总数的增加，中央政府过去15年中还不断出台了各种政策，直接要求地方政府提取土地出让金总收入或纯收益②的部分来满足多个特定用途的支出要求，包

① 这里需要再次强调1999年《土地管理法》执行之前的土地出让金基本上是纯收益，这与之前土地协议出让为主，而协议出让用地者需要预先支付征地拆迁和前期开发费有关。1999年1月的《国土资源部关于进一步推行招标拍卖出让国有土地使用权的通知》（国土资发〔1999〕30号）、1999年5月的《国务院办公厅关于加强土地转让管理严禁炒卖土地的通知》（国办发〔1999〕39号）、2001年4月的《国务院关于加强国有土地资产管理的通知》（国发〔2001〕15号）等文件都对经营性土地招标拍卖挂牌出让提出了明确要求，特别是2002年7月《招标拍卖挂牌出让国有土地使用权规定》（国土资源部11号令）施行，标志着经营性土地招标拍卖挂牌出让制度全面实施，招标拍卖挂牌出让比例越来越高，招标拍卖挂牌出让价款占土地出让收入的比例更高。由于招标拍卖挂牌出让土地需要政府先行完成土地征收拆迁补偿安置和前期土地开发，以“熟地”供应，政府需要先期支付征地拆迁补偿安置费用和前期土地开发费用，招标拍卖挂牌出让后再由用地者支付土地出让价款。因此，招标拍卖挂牌出让制度改变了土地出让收入的口径，这一阶段土地出让收入一般是土地使用权出让的总价款，即土地出让毛收入，而非之前的土地出让净收益。

② 1999年《土地管理法》实施之后土地出让收入是个毛收入的概念，其中包含政府征地拆迁安置等取得土地的成本和供地前的“三通一平”“七通一平”等前期开发费用，这两部分占了土地出让收入的75%左右。也就是说，土地出让收入并不完全是政府可自由支配的财力，只有扣除成本补偿性费用后的土地出让净收益（土地出让金），才是政府可用的财力。一般来说，政府出让土地的平均纯收益大约在25%左右，土地市场不好时会进一步降低到10%—15%。

括农业土地开发（不低于土地出让净收益的15%），农田水利建设资金（不低于土地出让净收益的10%），甚至教育资金（土地出让净收益的10%），廉租住房、公共租赁住房、棚户区改造等保障性安居工程支出（不低于土地出让净收益的10%），农业土地整理（按新增建设用地出让金核交的新增建设用地土地有偿使用费），以及补助被征地农民社会保障费用、保持被征地农民原有生活水平补贴费用。因此，即使是土地出让金纯收益也早就作为“唐僧肉”，虽然没有被中央以直接集中财力的方式拿走，也被中央不断地提出各种支出要求而间接受到了日益严格的管控。① 因此，中央除了直接集中财力来推动集权外，还可以、实际上也一直在通过下压支出责任来实施对地方行为的控制。

让我们再回过头来讨论土地管理体制。虽然1998年修订的《土地管理法》开始利用“土地指标”加强中央的土地管理集权，但该法律还同时强化了地方强制征地并单方面决定补偿标准的权力，② 为20世纪末21世纪初以来地方政府实施大规模强制低价征地、大建开发区和新城区创造了有利条件。

因此，一定会有人争辩说，20世纪90年代后期征地强制性的加大难道不就是中国土地管理体制仍然“分权”的证明吗？但1998年《土地管理法》的修订加大了征地的强制性，恰恰是因为1994年分税制后地方财政受到较大冲击，而1997—1998年中国刚经历了之前较为激进的“去杠杆”，结果是经济增速明显放缓，地方国有及乡镇企业大范围亏损、破产和改制，银行坏账迅速增加。此时，国际上的中国经济“崩溃论”有所抬头，国内则是各级政府都面临“稳增长、保就业”的巨大压力。这个历史背景有助于我们理解1998年

---

① 中央政府最近的一个行动是近年来随着国税、地税系统重新合一之后，2021年6月4日，财政部、自然资源部、税务总局、人民银行四部委发布《关于将国有土地使用权出让收入、矿产资源专项收入、海域使用金、无居民海岛使用金四项政府非税收入划转税务部门征收有关问题的通知》（财综〔2021〕19号）。虽然上述通知只是明确土地出让金等征管职责划转给税务部门，并不涉及收入归属划转。但从分税制后中央政府的多次行动来看，未来确实不能完全排除一旦中央或某些地区财政吃紧进一步集中财力的可能性。

② 1998年的《土地管理法》增设了如下一系列不利于被征地者的条款：首先是明确扩大了征地的合法范围，规定“任何单位和个人进行建设，需要使用土地的，必须依法申请使用国有土地”，即不需再判定该项建设是否“为了公共利益”就可以实施征地；其次是征地程序上不再与被征地方商定征地方案、签署征地协议，而是从“协议征地”直接改为“公告征地”；最后，在争议解决机制上，明确规定征地补偿安置争议不影响征地方案的实施。参见张清勇，《中国农村土地征收制度改革：回顾与展望》，北京：中国社会科学出版社，2018年。

《土地管理法》修订时会从原来“送审稿”希望限定征地范围变成新法出台后反而加大了地方政府征地的强制性。

换句话说，1998 年《土地管理法》加大地方征地强制性的相关条款可以被理解为中央为缓解分税制带来的负面激励而推动的法律行动，是中央为帮助地方应对增长乏力采取的补救性措施。

正是从这个意义上讲，这次修法行为本身就应该是一个被解释的现象，而且完全可以在一个结构性分析框架下得到更好的解释。即使 1998 年《土地管理法》的修订确实对之后地方大规模征地及超常规工业开发区、新城区建设起到了一定的支撑作用，仍然不能将之作为其后高经济增长的根本驱动因素。

### 3.2 地方官员晋升锦标赛理论

除“经济体制持续分权理论”外，另一个流行的假说是“地方官员晋升锦标赛理论”。该理论的逻辑如下：在中国党政集权的政治体制中，上级官员对下级官员的任命和提拔具有决定权，还存在一个中国特有的、从中央到省、从省到地市、从地市到县、从县到乡镇的“地方主官考核体制”，而考核和提拔地方主官的主要指标是地方经济增长率。正是这种主官考核和提拔体制引发了中国独有的“地方官员晋升锦标赛”并带来各级地方主官努力拉升本地增长率的超强激励，于是中国实现了转型中的高增长（Edin，2003；Tsui and Wang，2004；Li and Zhou，2005）。①

“地方官员晋升锦标赛理论”出现的背景是 1994 年分税制后中国经济仍保持了较高增长率，甚至 2002—2008 年间还步入了“黄金增长期”。由于“财政分权论”认为 90 年代中期前实施的“财政承包制”是转型第一阶段高增长的关键制度基础，财权上收的分税制本应压制地方政府的发展激励并带来经济增速的下滑，但实际发生的情况似乎与上述预测不符。虽然 90 年代中后期中国的增长速度一度减缓，但自 20 世纪末和 21 世纪初开始，从东部到西部，从南方到北方，中国地方政府逐步展开了一波又一波的工业园区建设高

---

① 参见 Edin M.，2003，“State Capacity and Local Agent Control in China：CCP Cadre Management from a Township Perspective，” *China Quarterly* 173，第 35—52 页；Tsui，K. and Y. Wang，2004，“Between Separate Stoves and a Single Menu，” *China Quarterly* 177，第 71—90 页；Li，H. and L. Zhou，2005，“Political Turnover and Economic Performance：the Incentive Role of Personnel Control in China，” *Journal of Public Economics* 89，第 1743—1762 页。

潮，与此相伴但稍微滞后的还有各地新城区基础设施建设和房地产开发的热潮，此一时期中国经济保持了高速增长。

“地方官员晋升锦标赛理论”正是产生于这一背景之下。根据该理论，在中国特有的“地方主官考核体制”下，那些带来更高增长率的地方主官获得提拔的概率要更高，结果导致经济增长目标设定上出现了“层层加码”，地方官员为获得提拔而努力进行经济增长的“逐顶式竞争”。所以，即使分税制削弱了地方的财权，地方主官发展本地经济的积极性依然强大。

以下的分析将表明，这个框架不仅对中国转型时期的增长，包括第一阶段和第二阶段的经济增长缺乏解释力，而且更不能为转型不同阶段中国经济出现的各种丰富动态提供洞见。

这个理论之所以缺乏解释力，首先是因为现实中根本就不存在一个依据增长率考核地方主官并作为主要提拔依据的层层向下式考核体制，自然就不可能依此展开所谓的“地方官员晋升锦标赛”。

在中国这个上级任命下级的党政集权政治体系下，考虑到更高政治职位带来的明显收益，官僚系统中的大多数人，尤其是地方主官，多少都有获得提拔的愿望，也一定存在为实现这个目标而努力表现的激励。但“地方官员晋升锦标赛理论”显然要走得更远，提出“为提拔而竞争”是改革时期中国实现高增长的关键所在，而以增长率为主要考核和提拔依据的地方主官考核体制就成为中国转型业绩的特定制度基础。

但是，中国地方主官的考核体制真如该理论描述的那样吗？仔细考察改革时期的地方主官考核体制就很容易发现，至少从正式制度上看，中国改革时期根本不存在（实际上也不可能存在）一个从中央到省、从省到地市、从地市到县、从县到乡镇的层层向下的将政治提拔和地方经济增长直接挂钩的地方主官考核体制。

各级组织部门在考察任用领导干部（包括各级地方主官）时考核的是所谓“德（思想政治素质）、能（组织领导能力）、勤（工作作风）、绩（工作实绩）、廉（廉洁自律）”，这些考核是定性考核，从来不会对地方主官“政绩”进行任何形式的打分排序。因此，至少就正式体制而言，与干部任用、提拔关系最密切的“德能勤绩廉”考核中，干部提拔和其辖区增长之间的关系根本不明确，不仅候选人的业绩只是五个提拔标准之一，而且业绩也不仅仅意味着经济增长。

此类考核侧重于广泛征求主管领导及下属对被考核者的意见（一些政府窗口单位或基层单位有时也会征求群众意见），然后汇报给上级党组织。虽然组织部门可能参考“地方党政领导班子综合责任制考核”的结果，但这一结果在干部任免中占多大权重并没有明确公认的标准。

在中国，唯一在上下级政府间打分排序的考核是20世纪90年代中期之后才在市与县、县与乡之间逐步推广的“地方党政领导班子综合目标责任制考核”。但是，这类考核的对象是整个地方党政领导班子，而非地方主官个人。

“地方党政领导班子综合目标责任制考核”最早于20世纪80年代后期开始在部分地区县乡出现。① 到90年代中期之后这类考核才逐步在一定地区推广，晚至21世纪初才在更大范围内推广。② 到目前为止，“地方党政领导班子综合目标责任制考核”主要还是在市与县、县与乡之间展开。

这类打分排序的考核体制不仅出现时间晚，不针对主官个人，而且其考核结果更多与对个人的经济奖励及对地方的政策优惠挂钩。我们2008—2009年在中国东、中、西6省（河北、江苏、福建、吉林、陕西和四川）30个县59个乡镇，针对乡镇主要领导干部进行的县乡一级政府考核的调查表明，考核结果更多与经济奖励挂钩而不是与政治提拔挂钩。比如，我们在调查中发现，59个乡镇中绝大多数（超过40个）乡镇领导回答考核成绩突出会带来一定的物质奖励，只有31个乡镇领导干部认为考核结果和政治提拔有一定关系，还有10位乡镇主要领导表示上级会视考核成绩给予地方财政分成激励，或会视考核成绩给予配套政策优惠（如税收减免、土地征用、干部人员调用）等。

我们对沿海和内地十余个省份的调研表明，至少到2008年之前，地市对县级领导班子的综合目标责任制考核并不普遍，省对地市领导班子的类似考核

---

① 参见陶然等，《经济增长能够带来晋升吗？对晋升锦标竞赛理论的逻辑挑战与省级实证重估》，《管理世界》，2010年第12期，第13—26页。

② 文献中可见的最早研究是荣敬本等人对河南新密县（今新密市）的党政领导班子综合目标责任制考核的考察（荣敬本等，1998）。在1988年1月，新密县委决定实行乡镇领导岗位责任制，3月县委、县政府开始与乡镇党委书记和乡镇长签订农村工作奖罚兑现责任书。这种目标责任制实际上是将上级党政组织确立的行政总目标逐次进行分解和细化，形成一套目标和指标体系，以此作为各级组织进行“管理”（如考评、奖惩等）的依据，并以书面形式的“责任状书”在上下级党政部门之间签订（王汉生等，2009）。参见荣敬本等，《从压力型体制向民主合作体制的转变：县乡两级政治体制改革》，北京：中央编译出版社，1998年；王汉生、王一鸽，《目标管理责任制：农村基层政权的实践逻辑》，《社会学研究》2009年第2期，第61—92页。

就更少。比如，广东省在2008年才研究并起草了省对地市落实科学发展观的评价指标体系和干部政绩考核办法初稿。① 又如，至少在2008年之前，浙江省委对各地市的领导班子没有具体的目标责任制考核。部分地市对县领导班子采用了目标责任制考核，如温州在2006年开始考核各县领导班子，但同属浙江的杭州市则一直没有采取类似做法。

再以招商引资最突出的江苏为例，2008年才出台《关于建立科学发展评价考核体系的意见》，考核对象为省辖市，内容主要涉及经济社会领域，指标体系分为经济发展、科技创新、社会进步、生态文明和民生改善5大类28项指标。省委组织部、省统计局《关于认真做好2009年度县（市）党政正职科学发展实绩量化考核工作的通知》明确了考核县（市）党政正职的5大类15项指标，由省统计局、省财政厅、省农委等14个部门和各省辖市统计局分别提供。即使招商引资最活跃的苏州市也没有对下属县区领导班子进行目标责任制考核。

又如河北省沧州市，从1994年就开始对各县区进行综合目标责任制考核。为了让各级组织部统管“干部任用德能勤绩廉考核”和领导班子目标责任制考核，2004年河北省才出台了针对地市领导班子的考核文件。虽然考核确定了具体目标，但是没有规定各个分项目的权重。据了解，在执行过程中，该考核也不太受省委领导重视。但在领导班子的综合目标责任制考核中，被确定为“不称职”的干部，政治前途有可能受影响。以沧州为例，组织部的考核中有类似措施，但是惩罚的面很小，低于1%。

直到2006年，中组部才第一次制定了围绕科学发展观的具体目标考核体系（参见中组部印发实施的《体现科学发展观要求的地方党政领导班子和领导干部综合考核评价试行办法》，中组发〔2006〕14号，2006年7月3日印发）。但2006年的中组部文件虽然明确了综合考核评价的指导思想、遵循原则和方法，要求综合运用民主推荐、民主测评、民意调查、实绩分析、个别谈话

---

① 在广东省对地市党政领导班子和领导干部的考核评价中，包括实绩考核、民主测评和群众满意度三个方面。实绩考核采取定量考核的办法，民主测评和群众满意度采取定性考核的办法，定量与定性考核有机结合。实绩考核中，指标设计充分体现了科学发展的要求。在指标设计上，经济发展指标只占30%的权重，并增设了人均GDP指标（人均GDP发展速度与GDP发展速度之比）。但实绩考核和民主测评及群众满意度之间是什么关系，分别有多少权重，都没有明确规定。参见 https：//news. ifeng. com/c/7fYP5qGjjt3。

和综合评价等具体方法对干部进行综合考核评价，但没有规定各个目标之间的具体权重，实际上难以操作。比如，在该文件关于地方党政领导班子及其成员进行实绩分析的内容中，只是提出了考察实绩的主要内容（如上级统计部门综合提供的本地人均 GDP 及增长、人均财政收入及增长、城乡居民收入及增长、资源消耗与安全生产、基础教育、城镇就业、社会保障、城乡文化生活、人口与计划生育、耕地等资源保护、环境保护、科技投入与创新等方面的统计数据和评价意见），但无论是具体指标选取还是相应的指标权重，都还是交由各地根据本地实际情况设置。还需要指出，这个考核办法对地方政府并无强制力，仅仅是提供一些参考性信息。

最近十多年，更多的省开始对地市推行“地方党政领导班子综合目标责任制考核”。但总体来看，此类考核在县乡之间、市县之间、省市之间的覆盖度依次递减。为了给上级留下更多的自由裁量空间，还有不少省市仍然没有对市县党政领导班子进行此类考核。即使一些建立了类似考核体制的地区，往往也没有明确考核指标的具体含义，或没有规定不同指标的具体权重，甚至相应的激励措施都不明确。迄今为止，中央和省之间也没有开展“地方党政领导班子综合目标责任制考核”。

因此，虽然理论上无法否认这种打分排序的“地方党政领导班子综合目标责任制考核”可能对领导班子具体成员的仕途产生影响，但其根本目标是帮助上级政府将自身关于地方治理的意志和思路传递给下级领导班子，并通过奖惩措施引导下级观察上级精神并落实上级指令。①

进一步看，本文第 3.1 节考察的分税制改革有助于解释改革之后主要在县与乡、乡与村之间逐步推行的“地方党政领导班子综合目标责任制考核”。这段时期内，不论是在经济发达的东部地区还是在欠发达的中部地区（它们难以像最不发达的西部地区那样得到较多转移支付），基层政府都面临着财政层层集权后的较大压力，确实出现了比之前更强的财政预算约束和一定的强制性财政支出责任。

在这一背景下，县政府加强对乡镇政府领导班子的综合考核并打分排序就成为县级政府对上述财政压力做出的一个理性反应：一方面，县政府可以通过

① 参见陶郁、刘明兴、侯麟科，《地方治理实践：结构与效能》，北京：社会科学文献出版社，2020 年。

压迫乡镇政府通过征地、招商引资、行政性收费等多种途径创造更多可与上级政府分享的财政收入；另一方面，也是通过“上级请客，下级买单”进一步下放支出责任。

在讨论了地方官员考核体制的现实之后，还可以从逻辑和实证两个维度进一步评估“地方官员晋升锦标赛理论”。

我们提出，利用“地方官员晋升锦标赛理论”解释中国转型期的高增长至少存在以下六个难以克服的困难。

第一，在中国这样一个党政集中的政治体制中，政治权力的配置，尤其是政治提拔，是否可能遵循“地方官员晋升锦标赛理论”提出的规则？显然，“锦标赛理论”要成立，必须存在从委托人和代理人的角度看都可衡量的、客观的竞赛指标，如 GDP 增长率、财政收入、出口创汇量等，因为如果委托人基于一些模糊和主观的标准决定参赛人的晋升，那么参赛人就会无所适从，最后的决定也难以让参赛人心服口服。

但在中国的政治体制中，如果下级官员的政治升迁与可衡量的、客观的竞赛指标挂钩，那么上级领导将很大程度上丧失其在官员任命和提拔上的自由裁量权和最终控制权。而对下级官员任命和提拔的自由裁量权和最终控制权恰恰是我国党政集中体制的一个最基本特点。因此，“地方官员晋升锦标赛理论”提出的地方官员提拔机制本质上不能兼容于中国党政集中体制的运作逻辑。

如前所述，中国各级官员在任用和提拔时必须进行“德能勤绩廉”考核，而在这类官员任用和提拔的考核中，从来没有也根本不可能明确给出量化指标，更不用说赋予各个指标具体的权重。在地方主要官员提拔考核的实践中，上级组织部门只会对候选人提出定性的推荐意见供上级领导参考，根本不可能对各个候选人进行政绩排序。

第二，考虑到全国各省，一省各市，一市各县，一县各乡的经济基础、地理区位乃至辖区人口规模与地域面积的差别都很大，① 而影响辖区增长率的因

① 因此，以广东省 2008 年推出的考核为例，为使考核更加客观、公正、科学，将全省 21 个地级以上市划分为都市发展区、优化发展区、重点发展区和生态发展区四个类型。分别采取了不同的考核指标。比如生态发展区（包括韶关、河源、梅州 3 市）关系全省环境生态安全，不适宜大规模、高强度工业化和城镇化开发。对其实行生态保护优先绩效评价，重点评价水质、水土流失治理、森林覆盖率等生态环境状况。参见 https：//news. ifeng. com/c/7fYP5qGjjt3。

素不仅很多而且存在交互作用，很难相信辖区增长率主要取决于地方主官的个人能力及作为。即使在特定地区和一定时期内，地方主官个人对辖区增长可能起到相当重要的作用，但其作用，尤其是对辖区增长率的相对贡献必然会随时间、地区、官员个人乃至政府层级的不同而变化。①

在这种情况下，上级领导显然难以推断地方主官对辖区 GDP 增长的贡献率，更难以据此推断官员的能力。实际上，即使全世界最优秀的计量经济学家都不可能完成这个难以想象的任务。此外，上级领导如何能推断地方主官对增长率的影响是来自地方主官的个人能力，而不是由于一些更根本的原因，比如官员政治网络带来的更多资源？

第三，“地方官员晋升锦标赛理论”没有考虑到上级政策导向、地方主官个人能力、个人施政导向以及地方官僚体系整体执行能力等多种因素都会对本地经济增长产生影响。该理论不仅简单地把辖区增长主要归功于地方主官个人，而且进一步将其归因于地方主官能力的高低，然后直接推断说地方主官考核体制是一个“绩优选拔体制”。

出于历史原因，相比于很多其他发展中国家，中国的确建立了一个组织上更严密、动员及控制能力都更强的地方党政官僚体系。虽然随着 20 世纪晚期公务员体制的引入和完善，这个体系日渐职业化，但不同地区党政官僚体系的整体能力而不仅仅是主官个人的能力，仍然存在显著差别。因此，即使要实现的政策目标相同，不同地区的党政官僚体系仍会因其执行能力不同而表现出目标实现上的显著差异。

更重要的是，特定时期地方主官领导下的地方党政官僚体系要完成的主要政策目标不仅受到本地党政官僚体系的整体能力和官员个人能力的影响，还会受到地方主官个人政策导向的影响，而后者往往受到一些更根本因素的

① 比如，虽然不能否认在改革时期中国的省级政府，尤其是主要领导在本省政策制定、推进改革等方面能够起到一定的甚至较为重要的作用，但即使在 20 世纪 80 年代，省级主要领导对本地经济增长到底能有多大影响也很难确定。实际上，在 80 年代推进的地改市、市辖县等改革，大大强化了地市级政府在地方经济发展中的作用。90 年代中后期以来，至少从介入本地经济增长的程度看，省级政府的作用进一步下降了。比如，不同地区对包括外资在内的外来投资展开大规模招商引资竞争，实际上是在 1994 年分税制之后，特别是在 90 年代后期才开始出现，最初主要集中在沿海一些政策改革先行或产业基础条件比较优越的地市，最近 15 年甚至 10 年左右才开始渐次向沿海欠发达地区、中部乃至西部地区延展。这种大规模招商引资竞争的主体主要是市或县级政府。

制约，比如，地方主官在整体政治网络中的相对位置可能极大地影响地方政策导向。

章奇和刘明兴（2017）的研究①表明，在20世纪80年代早期，当中央上层就是否推动市场化转型还存在较大争议时，大部分地区的地方主官为了政治稳妥起见选择相对保守乃至限制市场化的政策立场，而少数地区的较低层级地方官员，比如我国浙南、苏南地区的一些县级官员，却积极支持和全力保护本地民营企业和乡镇企业。

之所以出现这种情况，恰恰是一些历史原因导致浙南、苏南的地方干部在浙江、江苏两省的整体政治架构中处于相对边缘的位置。由于这些地方官员缺乏较强的上层网络关系，他们不仅在政治晋升的竞争中处于劣势，即使要保持现有政治地位都困难重重。此时，以打破传统计划经济框架的行动来推动本地经济的发展，就是这些官员在升迁基本无望时为最大化政治生存机会采取的理性行动。通过大力支持市场化导向的本地私营和集体企业，地方官员可以给本地带来更多的经济和财政资源，同时取得本地群众和基层官僚体系的政治支持。显然，这种因地方主官政治网络差异引发的地方政策导向在特定转型期会带来地方增长业绩的显著差别，而后者显然不是或者至少主要不是地方主官个人能力能解释的。

从以上研究可以观察到的一个逻辑是，恰恰不是地方官员带动辖区增长后提高了自己的晋升概率，反而是地方官员没有机会晋升甚至维持现有政治地位都很困难的时候，才不得不选择了更市场化、更有利于民间和地方官僚体系利益的发展政策，最后带来更高的本地增长。如果像“地方官员晋升锦标赛理论”那样，把这种因地方官员政策导向引致的增长业绩差异简单地归结为主官个人能力的差异，显然是对现实的严重误读。

总之，把中国的地区间竞争看成是根据增长率考核地方主官并进行提拔的“逐顶式晋升锦标赛”，首先需要假定所有辖区的起点相似，还要假定所有地方主官的起点相似，只存在个人能力和作为的差异，甚至还要假定地方主官的业绩主要是其能力的表现，而不受诸如政治网络、地方地理条件和经济发展基础等多种因素的影响，这显然和现实相去甚远。

---

① 参见章奇、刘明兴，《权力结构、政治激励和经济增长：基于浙江民营经济发展经验的政治经济学分析》，《当代经济学文库》系列出版丛书，上海：格致出版社、上海三联书店、上海人民出版社，2017年。

第四，即使假定GDP增长率确实是地方主官政治提拔的主要考核指标，地方官员一定有很强的激励扭曲这个指标，此时上级领导如何判别这种扭曲的大小，并据此推断地方主官“谋发展”的眼光和“搞建设”的能力？

众所周知，统计数据的扭曲在我国并不鲜见，甚至相当一段时期内根据各地增长率加权平均推算的整体增长率显著高于国家统计局公布的相应指标。“地方官员晋升锦标赛理论”提出，增长目标设定上的“层层加码”最终会放大地方官员的发展激励并提升经济增长率。但是，此类增长目标的“层层加码”及各地加总超过全国增长率的情况可能更多反映了数据采集和统计上的扭曲。①

“地方官员晋升锦标赛理论”还要假定上级不知道这种数字扭曲的存在，或者至少有能力判别不同地区数字扭曲程度的大小。实际上，改革开放后的相当一段时期，甚至在计划经济年代，典型如“大跃进”时期，都存在高报数字的情况，这种情况之所以发生，恰恰是因为“出数字”的成本要低于实际达到目标的成本，虽然并非所有地方官员都有同等的激励和胆量造假。

正是因为各级政府都明确知道甚至参与这种数字扭曲，上级领导又怎么可能相信地方报告的经济增长率是真实的，并以此作为政治提拔的主要依据？实际上，那些因为“出数字”而被提拔的干部，即使被提拔的表面理由是做出了政绩，但实际理由不可能主要是“出数字”，毕竟“出数字”很容易被其他官员复制。官员被提拔除了要有“数字”，往往还要有其他难以复制的因素。②

因此，在实证研究中将官员提拔和地方经济的绝对或相对增长率进行回归，不仅存在计量分析很容易出现的度量误差问题，还有对其他因素没有充分控制的遗漏变量问题。即使发现了绝对或相对增长率与地方官员提拔之间存在统计相关性，也根本不能当成因果关系，更不能作为“地方官员晋升锦标赛”

---

① 在中国官场，虽然有“官出数字、数字出官”的说法，但这种说法最多只是一个形象的比喻。即使存在此类情况，也要看实际中是哪些地方主官敢“出数字”？是否真有地方官员单靠“出数字”就可以获得提拔？如果仅靠“出数字”就可以获得提拔而且没有任何后果，那岂不是都可以“造数字”了？

② 现实的情况还要复杂。地方不仅存在高报增长率的情况，还存在不少低报的情况。比如，出于对来自上级政府可能集中收入的担忧，一些南方富裕省份的官员会有意识地隐藏某些财政收入，甚至低报增长率；又如一些地区为了保留“贫困县”帽子或者获得其他财政转移支付而低报增长率。实际上，不同官员被提拔的意愿差异很大，受到更多因素的影响。

存在的证据。

第五，研究中国政治的学者早就注意到中国政治体系中个体官员在政治网络中的地位对其提拔所起的关键作用（Nathan，1973；Shih，2006）。① 即使我们假定政绩考核中经济增长率确实是地方主官提拔的首要决定因素，那些在更大政治网络中拥有更强关系的官员完全有可能被派到更易出政绩的地方任职后再升职，或带着更多资源去特定地区任职，待取得政绩后再实现升职。因此，即使计量分析发现高增长和地方主官提拔概率存在正相关关系，也不能据此推论说上级主要依据地方增长率做出提拔的决策。换句话说，如果无法有效处理集权体制内上级对下级官员的策略性布局，就不能推断地方主官的提拔是基于其增长业绩，更不能推断转型期中国经济增长来自奖励高增长的"地方主官考核体制"。

可以毫不夸张地说，就经济增长率这个非常内生的变量而言，基本上找不到任何好的外生冲击，帮助我们识别增长率和任何被解释变量之间的因果关系，把增长率作为关键自变量来解释官员提拔的回归，其结果基本没有任何可信度。

第六，一个最根本的问题在于我们是否非得借助"地方官员晋升锦标赛理论"来解释中国转型期的高增长。与此类理论相关的一些文献强调政治领导在经济发展中的重要作用，却往往面临因果链难以建立的窘境。② 实际上，对任何一个国家而言，尤其是对中国这样一个转型的发展中大国，经济增长启动及持续的驱动力几乎是来自一些更根本的结构性效应，不太可能主要由主官，特别是地方主官及对这些主官的考核体制决定。

除上述"地方官员晋升锦标赛理论"的逻辑缺陷及诸多难以克服的实证困难，让我们再简单分析一下相关的实证证据。到目前为止，已经有越来越多的实证研究发现，至少在省级和市级，一旦采用达到符合要求的经验设定，地

---

① Nathan，A.，1973，"A Factionalism Model for CCP Politics，" *China Quarterly* 53，第34—66页；Shih，V.，2006，*Factions and Finance in China*：*Elite Conflict and Inflation*，Cambridge University Press。

② 比如，T. Besley、J. G. Montalvo 和 M. Reynal 的研究就将教育水平作为能力的度量，甚至说教育水平高的人道德水平高，愿意为百姓服务。参见 T Besley，JG Montalvo，M Reynal，2011，"Do Educated Leaders Matter?"，*The Economic Journal* 121（554），第205—227页。还可以参见 Jones，B. and Olken，B.，2005，"Do leaders matter? National Leadership and Growth Since World War II，" *Quarterly Journal of Economics*，vol. 120（3），第835—864页。

方官员提拔和标准化后的地方增长率之间都不存在相关关系，更不用说因果关系。即使部分研究发现了正相关关系，往往也是没有控制官员网络等其他影响因素的结果，更没有辨析地方官员的策略性布局及相应的资源配置对回归结果的影响。①

本文第四节将考察驱动20世纪90年代中期以来中国转型第二阶段的高增长，尤其是引发中国特色工业化和城市化的两个主要结构性效应。在此基础上，我们还提供了一个理解当前中国增长模式的系统性分析框架，有助于解释这一时期中国经济出现的各种丰富动态以及中国与主要“东亚发展型国家”之间的异同。

### 3.3 两个理论的合流和“制度决定论”的短中期适用性

值得一提的是，“地方官员晋升锦标赛理论”意在替代解释中国转型第一阶段高增长的“中国式财政联邦主义理论”，后者认为从改革早期到20世纪90年代中期，中国经济的快速增长源于当时的分权式“财政承包制”。由于在“财政承包制”下地方政府获得了财政收入的较高边际分成，因此这一时期出现了一个“保护市场的中国式财政联邦主义”（Oi，1992；Montinola et al.，1995）。②

近年的一些研究开始对“财政承包制”的经济增长效应提出了如下质疑：一方面，20世纪80年代中央政府在“财政承包制”下经常单方面调整财政承包合同，缺乏财政联邦主义理论要求的“有效承诺效应”（Cai and Treisman，2006；Tsai，2004；Tsui and Wang，2004）；③ 另一方面，这一时期地方政府都

---

① 近年来，有越来越多的学者质疑“地方官员晋升锦标赛理论”的实证分析结果。最近的一例是英属哥伦比亚大学的学者Michael Wiebe通过收集中国地市层面的数据，发现GDP增长与官员晋升之间并没有关联性。同时，作者考察了三篇主要锦标赛文献的实证结果，或者无法复制，或者发现变量的设定相当特别。参见https：//michaelwiebe.com/。

② Oi，J.，1992，“Fiscal Reform and the Economic Foundations of Local State Corporatism in China”，*World Politics* 45，第99—126页；Montinola，G.，Y. Qian and B. Weingast，1995，“Federalism，Chinese Style”，*World Politics* 48，第50—81页。

③ Cai，H. and D. Treisman，2006，“Did Government Decentralization Cause China's Economic Miracle?”，*World Politics* 58，第505—535页；Tsai，K.，2004，“Off Balance：the Unintended Consequences of Fiscal Federalism in China”，*Journal of Chinese Political Science* 9，第1—26页；Tsui，K. and Y. Wang，2004，“Between Separate Stoves and a Single Menu”，*China Quarterly* 177，第71—90页。

是在本地直接兴办国有企业和乡镇企业，因此制造业投资缺乏流动性，区域间的招商引资竞争基本可以忽略不计，甚至从80年代后期到90年代早期，我国制造业产能从不足较快地转为过剩，还一度出现严重的地方保护主义。① 只是到90年代中后期地方乡镇企业与国有企业大规模改制之后，全国制造业产品市场的一体化才逐步完成。因此，80年代区域间并不存在激烈的制造业竞争。

1994年推动了财政集权的分税制后，一段时期内中国经济确实出现了增长率的快速下降，当时中央甚至提出了“保8”的增长目标。② 当然，此阶段的增长率下滑不仅仅是因为分税制压制了地方发展的激励，还与同时期中国经济的过度投资、产能过剩和之后的紧缩式宏观调控有关。只是到21世纪初中国更深地融入国际经济大循环并实现迅速的出口增长后，中国经济才逐渐走入“黄金增长期”。

换句话说，1994年的分税制改革，加上同时期进行的金融集权化、国有银行商业化和之后强力的宏观紧缩政策，共同带来了地方公有制企业的大规模改制，还压制了90年代中后期的经济增长。虽然难以从实证上区分各因素对增长下滑的具体贡献，但断言分税制并没有显著压制地方发展的激励，而这又主要是由于地方官员有拉动本地增长的政治激励，实在缺乏扎实的逻辑基础和实证依据。

一个值得注意的现象是，以上两个理论近年来出现了合流的趋势。比如，张晓波（2006）和兰德里（Landry，2008）等人提出“政治集权-经济分权”体制是中国转型发展的关键。③ 现有文献中最具代表性的是许成钢教授（2011）

---

① Naughton, Barry, “How Much Can Regional Integration Do to Unify China's Markets?” (204-231), in Nicholas C. Hope, Dennis Tao Yang, and Mu Yang Li (Eds.), *How Far across the River? Chinese Policy Reform at the Millennium*, Stanford, CA: Stanford University Press, 2003.

② 参见Thomas G. Rawski, “What is Happening to China's GDP Statistics?” *China Economic Review* 12 (2001)，第347—354页。罗斯基教授质疑了1997—1999年中国官方统计的经济增长率。中国官方公布的1997—1999年间中国实际GDP增长率为23.7%，他认为根据能源消费、航空客户增长、第二产业增加值和国内消费数据来看，中国官方的增长故事明显与事实不符，中国GDP的统计数据出现了严重的向上偏差。按照他的估计，1998年度的GDP增长率比官方统计的7.8%要低得多，2.2%只是一个上限，实际的结果可能更低，甚至是-2.2%。罗斯基的研究随后引发了众多争论，但90年代中期随着中央以宏观调控大力“去杠杆”以及之后亚洲金融危机的影响，中国经济增长率大幅下降和产能严重过剩确是不争的事实。

③ Zhang, Xiaobo, 2006, “Fiscal Decentralization and Political Centralization in China: Implications for Growth and Inequality”, *Journal of Comparative Economics*, Vol. 34 (4)，第713—726页；Landry Pierre F., 2008, *Decentralized Authoritarianism in China: The Communist Party's Control of Local Elites in the Post-Mao Era*, Cambridge University Press。

提出的“分权式威权制”，强调中国改革时期不仅在经济管理体制上保持了分权，而且还有一个以地方增长率作为地方主官考核、提拔为主要依据的政治集权体制。①

如是，两个流行的理论开始合流，不仅两组学者经常彼此正面引用，而且都毫不犹豫地将自己理论的适用范围扩展到整个改革时期。“经济体制持续分权理论”争辩说，分税制后中国因“土地财政”仍然维持了经济分权，而“地方官员晋升锦标赛理论”更暗示改革以来一直存在一个以增长率评估地方主官并作为主要晋升依据的考核体制。

仔细考察，以上两个理论本质上都是某种意义上的“制度决定论”，似乎与“制度决定经济发展”的主流经济学文献相当契合，这也有助于解释两个理论的流行。以上两个理论还吸引了不少学者的跟随研究，出现了大量经济学、政治学乃至社会学研究将这些本身并不稳定甚至根本不存在的“经济分权体制”和“地方主官考核体制”当成既定前提，然后再从多维度考察其引申含义。

不妨仔细讨论一下“制度决定经济发展”这个主流经济学理论。这个由诺思等人开启，近年来由阿西莫格鲁、罗宾逊等学者从理论和实证上进一步阐释的新制度经济学理论提出，一国的制度，尤其是政治制度，而不是该国的地理、文化或政策因素，最终决定该国能否实现长期繁荣和发展。②

毫无疑问，“制度决定经济发展”的主流经济学理论意在探求经济发展的制度性基础。诺思、阿西莫格鲁、罗宾逊等人的开创性研究确实显著提升了经济学者对现实世界和历史发展的认知。但是，对这个理论必须有准确的理解。

“制度决定经济发展”是指更为包容性的政治和经济制度安排，尤其是政治制度安排，有助于实现长期繁荣。但这个理论并没有否认，反而完全承认如下可能性：当一些先发国家通过建立包容性的政治和经济制度首先实现了创新驱动的增长之后，欠发达国家完全可以利用其后发优势，在只学习先发国家技术和（或）部分（市场）经济制度的情况下，取得短期乃至中期的经济增长，甚至完全可以突破“贫困陷阱”，进入中等收入水平。

---

① Xu, Chenggang, 2011, "The Fundamental Institutions of China's Reforms and Development," *Journal of Economic Literature*, Vol. 49, 第 1076—1151 页。

② 参见道格拉斯·诺思，《经济史上的结构和变革》，北京：商务印书馆，2011 年；Daron Acemoglu and James A. Robinson, *Why Nations Fail: The Origins of Power, Prosperity and Poverty*, The Deckle Edge, 2012.

当然，要实现此类短中期的经济增长往往需要出现一定的内外部冲击引发既有政治、经济博弈格局的变化，并以此带来学习先进技术和（或）部分市场经济制度的激励，但这种增长本身不需要后发国家必须具备某种特定的政治和经济体制作为支撑。① 实际上，如果后发国家在学习过程中这些特定体制自身都不稳定，或者本身就是发展过程中新出现的现象，那么将技术或部分制度学习带来的短中期经济增长归因于特定的制度安排就很容易陷入研究误区。

正是从这个意义上讲，考察特定国家、特定时期的具体政治与经济博弈到底受到哪些内外冲击而出现变化，这些变化如何为技术和制度学习创造特定的条件，以及这些特定条件如何约束学习过程并带来怎样的发展后果，应该是更为明智的研究路径。

比如，在研究中国经济转型第一阶段（20 世纪 70 年代末期到 90 年代中期）的经济模式及增长来源时，就应该按照这样的思路寻找一些更根本的结构性驱动因素，并进行有针对性的跨国比较。

我们的研究指出（陶然和苏福兵，2019），② 苏联特别丰富的自然资源禀

---

① 阿西莫格鲁和罗宾逊（2010，2019）在最近的两本著作中一再强调，自有记载的历史以来，大多数社会都曾由攫取型制度主导，只要一个社会能形成某种程度的秩序，就能创造有限的增长。参见 Daron Acemoglu and James Robinson，*The Narrow Corridor*：*States*，*Societies and the Fate of Liberty*，Penguin Press，2019。又如，一些研究“发展型国家”的学者还提出，虽然市场经济和私营企业是推动经济发展的基础性制度安排，但如果政府拥有一批具有强烈发展意愿的精英，他们相对超脱于社会力量或利益集团的左右，且有能力自主地制定高瞻远瞩的国家发展战略，就可以挑选出未来的“赢家”（即产业发展的战略制高点），并最终动员有限的资源实施产业政策，这反而可能比政府不干预情况下更有助于推动产业发展和经济增长。这些学者认为，作为后发国家的一种，发展型国家能带来经济增长是因为其较强的国家能力（state capacity）以及官僚体系能与利益集团保持一定距离（bureaucratic insulation），防止被后者俘获。

② 在此阶段，拉动中国经济增长的主体是地方政府所有的国有企业和乡镇企业。由于政府减少“大炮”消费，腾出了更多资源增加“黄油”生产和消费品供给，腾出的更多财力也可以转移给城市与农村居民增加消费，结果是不断放大的民生消费品需求能通过发展既有的和大量新建的地方国有企业及乡镇企业来满足，消费品的供不应求与较高价格吸引了地方政府直接介入生产这些产品的商业投资活动。由于作为所有者可以分享企业利益，地方政府必然有很强的激励支持本地企业的发展，也恰恰由于地方政府是本地企业的所有者，可以通过控制企业现金流来较容易地将资金从预算内转移到预算外乃至体制外，所以中央在财政承包制下多次提高自身财政份额的行动并不成功。这就解释了为什么即使中央不断改变“财政承包制”规则试图抢夺资源，地方政府仍有积极性发展本地经济。参见陶然和苏福兵，《关键历史节点与初始制度差异：中苏转型的比较》，《二十一世纪评论》，2019 年 2 月号，总第 171 期，第 4—20 页。

赋，尤其是石油、天然气的大规模开发，使得该国从20世纪60年代中期就日益展现出国际政治和军事领域的扩张意图，进而推动了中美两国从1972年起基于各自战略利益的逐步接近。中美关系的缓和有效降低了中国的军事压力，也显著增加了苏联面对的军事和国际竞争的压力。

因此，1972年就成为中国转型发展的第一个关键历史节点。在这个节点上，中美关系的缓和对中苏之间原本差异有限的集权型计划体制带来了方向相反的冲击，两国的经济管理体制因此走上了分叉：一方面，通过降低军事压力和支出，这个冲击有助于中国实现相对稳定的行政性分权，从而为70年代末期中国通过渐进市场化转型完成“从大炮向黄油”的战略目标转换创造了有利条件；另一方面，这个冲击逼迫苏联经济管理体制不得不进一步集权化，从而造就了一个更强大的重工业和军工利益集团，于是苏联的经济体制进一步僵化。

通过增加苏联的军事和战略压力，中美关系的缓和让苏联在国际军事和政治的激烈博弈中难以自拔，锁定了国内原可转用于消费品生产的大量资源，其结果是虽然20世纪80年代中期苏联领导层非常努力地推动了与中国类似的经济改革，却因受制于强大的重工业和军工利益集团而根本无法启动渐进市场化转型并增加消费品生产。于是，苏联不得不启动政治改革，最后带来了90年代初政治经济体系的全面崩溃，并为其后效果不彰的“休克疗法”打开大门。

与此相反，中国在1972年之后就通过中美关系的改善有效降低了自己的军事压力，从而可以逐步解除军工生产对重工装备与能源、原材料资源的过度占用。只有从以“军工最大化、重工业优先发展、压制居民消费”为特点的“斯大林式计划经济”中解脱出来，中国才有可能逐步转向推动“民生和消费最大化”的市场化体制。在计划经济时代，军工体系以及为军工服务的装备、能源、原材料产业主要由中央及其部委实施“条条式”集权管理，而农业与轻工消费品行业主要由地方政府进行分权化的“块块式”管理。因此，1972年后中国就开始推动的行政性分权，以及80年代实施的分权型财政承包制，都来自中美关系缓和后中国战略目标“从军工到民生”的转换。

综上所述，中国转型第一阶段的高速增长来自上述战略目标转换后更有利于发挥我国丰富劳动力资源优势的消费品部门大发展。在这个过程中，中国不仅因“从大炮向黄油”的战略转变实现了资源配置效率的改善，而且通过各种承包制给予了城乡劳动者一定的剩余索取权，从而有效激励了工作效率。这两类效率的改善前后相依且相互强化，于是，中国在 90 年代中期之前实现了较为顺利的渐进市场化转型和较高的经济增长。正是从这个意义上讲，80 年代建立起来的以财政承包制为特征的分权型财政体制更多是“从大炮向黄油”这一战略转换带来的“条块关系”调整，而不能作为中国转型第一阶段快速增长的关键制度基础。

要解释转型发展这样的重大现象，最重要的还是要“问对问题”，而不能根据现有文献的某个理论，哪怕是非常有影响的理论来提出研究问题。尤其是研究中国这个当前只是中等收入经济体的转型发展，如果机械地套用“制度决定论”提出研究问题，而且非要通过寻找那些本就内生于转型路径，因而并不稳定甚至根本不存在的特定制度安排来解释转型业绩，就很容易陷入研究的误区。

以上分析表明，“经济体制持续分权理论”和“地方官员晋升锦标赛理论”误读了转型期中国各级政府间的政治和经济权力安排，更误读了中国整体的政治和经济体制。无论就理论逻辑而言，还是就实证证据来看，这两个理论都面临着难以克服的挑战，不仅无助于寻找驱动过去 40 年，尤其是过去 25 年中国特定增长模式形成和演化的关键原因，还无法解释这个增长模式下出现的丰富动态，包括收入差距扩大、环境污染加剧、城市建设用地结构失衡、房地产泡沫泛起、基础设施建设过度、地方债务飙升等典型化事实。

在 20 世纪 90 年代中期之后的中国转型发展第二阶段，地方政府推动经济增长的主要方式是超常规地建设工业园区、新城区的基础设施。但以上两个理论主要解释经济增长率，这就使得它们难以有效阐释中央和地方政府各自推动经济增长的具体政策和实施路径：既不能解释各级政府为什么会使用特定的政策工具支持增长和出口，也无法解释为什么政府在对一些行业的企业提供政策支持的同时，又从其他领域抽取高额税收和行政性垄断租金，更不能解释中央和地方行为如何引发宏观杠杆率、收入与财富分配、社会与环境治理的相应结果。

最后，研究中国增长模式如果局限于考察中国国内的情况，尤其是局限于研究地方政府的行为，而不是基于对类似发展阶段其他经济体的比较分析，同时还忽略中央政府及其政策行动的重要作用，很容易出现研究层级的误设，自然不能得到可靠的结论。

## 四、理解中国增长模式的一个系统性分析框架

如何理解20世纪90年代中期以来逐渐兴起的中国增长模式？为什么经过1994年和2002—2003年的两轮财政集权，地方政府“大干快上”工业开发区和新城区的激励反而逐步增强？如果不存在一个以GDP增长率为主要依据并进行提拔的“地方主官考核体制”，地方政府发展的激励来自何方？哪些更根本的因素推动了过去25年中国经济的持续增长，还同时导致了地方财政收入比例的先降后升，并催生了“土地财政”“土地金融”？

本节将首先考察对分税制效应的一种常见误读，然后描述伴随分税制出现的一些结构性变化，并给出驱动过去25年中国经济增长及工业化和城市化的两个主要结构性效应。最后，在与“东亚发展型国家”模式比较的基础上，提供一个理解当前中国增长模式的系统性分析框架。

### 4.1 伴随分税制出现的结构性变化

#### 4.1.1 对分税制效应的误读

1994年的分税制改革将地方政府的一般公共预算收入比例从1993年的78%迅速降低到1994年的44.3%，特别是中央一举分享了制造业增值税的75%，仅增值税一个税种就占当时所有税收收入的45%。在这种情况下，为什么过去25年地方政府还会掀起一波又一波的工业开发区建设浪潮？这些浪潮首先从中国的苏南地区启动，逐步延伸到东部沿海的其他城市，2005年前后开始向我国中部地区扩散，2009年大规模宏观刺激后又进一步席卷广大的西部地区。

实际上，建设工业开发区的成本相当之高。首先地方政府必须大规模征地，即使大部分城市的征地成本因政府强势而相对较低，但工业开发区的基础设施建设成本不仅很难降下来，而且还会随日益激烈的招商引资竞争不断上升。

过去二十多年来，各地工业开发区的基础设施建设标准不断加码，已经从早期的“三通一平”到“五通一平”，又到后来的“七通一平”甚至“十通一平”，各地工业用地的单位成本持续攀升。①

① “三通一平”是指通水、通电、通路与土地平整，“五通一平”则增加为通给水、通排水、通电、通路、通信与平整土地。“七通一平”又增加了通燃气、通热力。而“十通一平”则还要在工业区通铁路专用线、通宽带网、通有线电视。

我们近年在各地的调研表明，只有少数城市的工业用地的土地出让金可以超过或勉强打平地方为提供这些土地所需支付的征地补偿和基础设施建设成本。很多经济基础或区位条件较弱的城市都是净亏损供地。如果制造业缴纳增值税的地方分成很低，为什么地方政府还有这么强的招商引资动力?

一个经常被提及的解释是，虽然分税制后地方财政分成的比例显著下降，但地方财政支出却相对刚性，甚至可能因分税制后省级政府继续向市县下压支出责任有所增加，因此地方政府只能大搞“土地财政”来补齐收支缺口。

但上述“财政压力论”难以通过一个基本的经济学检验，即在其他条件不变的情况下，如果地方（制造业）税收分成比例显著下降，地方政府发展制造业的积极性应该下降。毕竟，地方政府大建工业开发区必须支付相当高的征地补偿和基础设施建设成本，甚至还要支付因低价征地、环境污染、劳工保护不足等带来的诸多社会维稳成本，而且这些成本还会随更多区域加入竞争而不断上升。如果这些成本增加过快，甚至超过收益的增幅，就会有效地约束地方政府发展制造业的冲动。

当然，不能否认地方政府确实存在一定的财政支出刚性，但这种刚性不仅不是绝对的，更不是无条件的。比如，分税制后的相当一段时期内，一些地方政府大力推进教育、医疗等公共服务领域的所谓市场化改革，但其本质是以市场化为名进行的“甩包袱”行动。因此，即使地方政府不得不“保基本运转”，也未必一定要通过“大干快上”工业开发区的方式补充财源。如果建设工业开发区的成本很高且收益难以有效覆盖成本，地方官员完全可以选择不作为或少作为。事实上，至少在 2009 年大规模的财政信贷刺激政策之前，一些区位条件和经济基础较弱地区的政府更倾向于选择通过“跑部钱进”来获得转移支付，而没有积极性去大建工业开发区。为什么分税制后的 20 世纪末和 21 世纪初反而观察到因财政集权受损最大的沿海地方政府选择加入并强化招商引资的区域竞争，为什么 2009 年之后全国各地都开始超常规地建设工业开发区和新城区?

### 4.1.2 伴随分税制发生的结构性变化

要对 1994 分税制后地方政府一波又一波的“大干快上”做出一个比既有理论更有力的解释，必须深入分析 90 年代中期以来地方政府面对的国际和国内竞争环境以及二三产业之间的互动关系，考察一些更根本的因素对地方政府成本和收益产生的重大影响。

如前所述，地方政府大规模、有意识的“以地谋发展”是20世纪90年代后期发端于苏南地区。那时，绝大多数城市的房地产市场还没有发育起来，住宅用地出让金可忽略不计。所以，当时苏南政府的招商引资主要还是考虑制造业的税收。虽然制造业增值税的大部分被中央分享，但招商引资仍可以给地方政府带来独享的制造业所得税收入。

假定制造业的产出是 $Y$，$t$ 是税率，$\alpha$ 是地方分成的比例，如果分税制降低了地方的分成比例 $\alpha$，其他条件不变时地方在工业上“谋发展”的积极性肯定会下降。但如果没有出现这种情况，那么一定是其他条件发生了重大变化并导致地方政府的成本和收益衡量出现了变化。

首先是税率 $t$ 本身发生了变化。相比于分税制前对地方国有和乡镇企业征收的诸如产品税之类的综合税率，分税制后的增值税税率较高,① 但如果再加上分税制新引入的企业及个人所得税，制造业的综合税率就更高一些。在这种情况下，$\alpha t$ 即地方政府实际获得的有效税率下降并不多。

如果制造业的综合税率有所提高，那么其他条件不变时，更高税率应该对制造业产出 $Y$ 带来负面影响，而且取决于原有税率在拉弗曲线上的位置，地方的总税收未必增加。

但是，分税制后中国制造业的产出不仅迅速增加，甚至在2001年加入世界贸易组织后还成为很多中低端消费品生产的“世界工厂”，地方政府的增值税和所得税收入都实现了超常规增长。

基于以上观察，我们有理由做出如下推断：一定还有一些影响制造业产出的其他条件同时发生了变化，并导致更高税率对制造业产出的压制不仅被抵消了，而且还有余。那么，分税制后还有哪些条件发生变化并带来了制造业产出的不降反升？

下面两小节的分析将表明，这一阶段“国际和国内两层逐底式竞争”和“二三产业交互强化型溢出”两类结构性效应逐步浮出水面并形成共振，造就了中国以出口制造业和城市房地产业双轮驱动的增长引擎，同时引发了同一阶段中国工业化和城市化进程中日益重要的“土地财政”和“土地金融”现象。

---

① 1994年制定分税制改革方案时，对制造业增值税率设定的基本原则就是征收的增值税起码要确保之前的制造业税收收入不下降。

## 4.2 驱动中国增长的两个结构性效应

### 4.2.1 国际和国内两层逐底式竞争

“国际和国内两层逐底式竞争”是指20世纪90年代中期因产能过剩、内需不足导致经济下滑时，中央和地方分别在国际竞争和国内区域间竞争中以政策逐底的方式压低制造业生产成本，并提高中国出口产品国际竞争力的协同行动。

1994年的人民币汇率贬值和出口退税构成了中央政府推动“国际逐底式竞争”的两个主要政策工具。1994年初，美元兑人民币的官方汇率从5.8元一次性贬值到8.7元，而且改变了之前只有部分出口商品享受退税的政策，转而实行基于增值税的全面出口退税制度，退税率平均超过10个百分点。

上述人民币一次性贬值和全面出口退税政策不仅吸引了国际制造业开始大举投资中国，同时刺激了国内厂商大幅增加面向出口的制造业生产。① 显然，1994年开始全面执行的出口退税政策是在分税制提高了法定制造业综合税率之后，中央政府再“开口子”降低了对出口产品实际征收的有效税率。换句话说，为了拉动出口和增长，中央政府放弃了分税制后其增值税分成的很大一部分。

必须指出，出口退税主要对增值税的中央分成部分退税，地方则可根据自身财力和中央制定的年度退税额度自主决策，实际情况是大部分地方基本不对增值税的地方分成部分退税。因此，无论是人民币汇率贬值，还是出口退税，都有助于解释中国制造业及其出口最近二十多年的高速增长，有助于我们理解

① 1994年人民币汇率并轨之前，我国实行官方汇率与（外汇调剂）市场汇率并存的双重汇率制度。官方汇率主要调节计划内的外汇收支行为，而市场汇率主要调节计划外的外汇收支行为。虽然1993年人民币官方汇率基本稳定在5.8左右，但“南方谈话”后的货币超发与经济过热导致外汇调剂市场汇率从1992年中的6左右一路跌至1993年初的8以上，并在汇率并轨前稳定在8.7。管涛（2016）提出，考虑到汇率并轨前使用官方汇率的外汇收支行为仅占20%，而使用市场汇率的外汇收支行为（即外汇留成的比重）达到80%，加权平均的人民币汇率为8.12，所以人民币汇率的实际调整幅度只有6.7%，而非33.3%的大幅调整。所以他提出，出口退税对出口的推动效应实际上比汇率贬值更大。但这种说法还是低估了人民币贬值的效应，毕竟1994年后，很多外资制造业企业向中国的增量投资原来大多通过官方渠道实现，也不得不以官方汇率实现兑换，汇率并轨后外商投资的显著上升显然与人民币汇率大幅贬值有关。参见管涛，《从1994年汇率并轨看当前如何进行汇改》，中国金融四十人论坛，2016年。

分税制后地方政府依然存在的制造业发展激励。

但是，只考察中央政府的“国际逐底式竞争”政策是远远不够的，还必须引入更多的结构性变化，即90年代后期逐步展开且日趋激烈的“国内逐底式竞争”。

20世纪末和21世纪初，当各地逐步完成公有制企业改制后，地方政府逐步通过压低工业用地价格、放松劳工和环境管制等非税工具展开了“国内逐底式竞争”。具体而言，除通过各类产业园区压低工业地价并大举供地之外，地方政府还有意放松劳工保护和环境管制的政策力度，比如不少地方政府不严格执行员工超时工作和劳动场所安全保护的法律法规，还允许企业只为管理层和少数技术员工缴纳社保，对企业污染排放采取“睁一只眼闭一只眼”的态度。① 此外，由于地方政府把主要精力放在招商引资和基础设施建设上，自然缺乏激励为大量农村流动人口及其随迁家庭成员提供与城市户口对应的公共服务，包括保障性住房及随迁子女在城市公立学校的平等就学和升学条件。

与中央政府以汇率贬值（之后不随劳动生产率及外汇储备上升而及时升值）和出口退税为主要工具推动的“国际逐底式竞争”一起，地方政府推动的“国内逐底式竞争”使中国很快成为全球劳动密集型乃至部分污染密集型产业的“投资天堂”。由于压低工业地价、放松劳工和环境管制的成本主要由失地农民、农民工和全社会居民承担，地方政府就可以在不降低税率的情况下，通过非税工具向全社会转移成本，最终实现地方的税收最大化目标。

当然，就地方政府而言，无论是大规模征地建设各类园区，还是应对因征地、劳工、环保问题带来的群体性事件，都需要一个强大的“利维坦式”的地方官僚体系作为支撑，而后者恰恰是中国党政集权体制的强项。

---

① 地方政府以“逐底式竞争”全力增加财政收入的做法带来了多种负面效果，是以牺牲长远的可持续发展为代价追求短期增长和财政收入最大化的行为。其中一个负面效果就是追求经济增长付出的巨大环境代价。在当前中国的工业化和城市化中，消费品制造业生产本身就容易引发较为突出的环境污染，但制造业大发展以及相应的大规模工业开发区、新城区基础设施建设和房地产开发还带来了对能源、原材料、重化工产品的巨大需求，结果是中国经济一度走上高污染、高能耗的道路。21世纪以来，各类工业污染造成的恶性环境事件快速增多，这些事件也更多发生在招商引资最活跃的地区和重化工业最集中的地区。近几年来，随着沿海发达地区生产成本的增加和环境管制的强化，高污染、高能耗产业有大规模向沿海欠发达地区和内地转移的趋势，招商引资成为很多欠发达地区官员的首要任务，癌症村、雾霾、水污染、土壤污染乃至食品污染开始向更大范围扩散。参见 Elizabeth Economy，2010，*The River Runs Black*：*The Environmental Challenge to China's Future*，Cornell University Press，2nd edition。

如果地方政府在制造业竞争中所获好处仅限于制造业的直接税收，我们将不会看到21世纪初到2008年之间东部和中部一波又一波的开发区建设浪潮，更不会看到2009年之后进一步席卷全国的开发区和新城区建设“大跃进”。为此，还需引入这一阶段出现的第二个不断强化的结构性效应，即“二三产业交互强化型溢出”效应。

### 4.2.2 二三产业交互强化型溢出

在过去25年逐步成型的工业化和城市化模式中，地方招商引资的财政收入不仅包括制造业直接缴纳的增值税和所得税，更重要的是制造业带动本地服务业，尤其是房地产业产生的各类服务业税收和商住用地出让金收入。

自1998年住房制度改革后，随着中国城市人均收入水平的提高，城市的住房和服务需求逐步上升。此阶段城市政府在商住用地上采取的“招拍挂”模式开始成熟，第二产业对本地第三产业的拉动效应逐步放大。

至少在2008年全球金融危机爆发之前，我国的大部分二线城市以及几乎所有的三四五线城市，如果没有吸引到足够的制造业投资，包括住宅、商业、办公在内的城市第三产业就很难形成足够的规模，自然谈不上为地方政府带来高额的商住用地出让金，以及服务业营业税、所得税、土地增值税、契税、土地使用税、耕地占用税、房产税等税收收入。①

正是这段时期，大部分二线及更低级别的城市，只要制造业招商引资成功了，就会出现一些中高收入群体对住宅、商业、办公等第三产业服务的强劲需求，地方政府也因此获得了高额的税收及商住用地出让金收入，这就是制造业对本地服务业发展的“财政溢出效应”。尤其是在中国特有的城市商住用地垄断供应体制下，地方政府可以在土地上捕获二产对三产的全面“增值溢价”。

### 4.2.3 二产对三产的财政溢出效应

随着21世纪初中国逐步融入制造业产品的国际市场，更多城市卷入了日益激烈的招商引资竞争。各城市扣除基础设施和征地补偿成本后的工业用地净价格不仅没有上升，甚至平均看还不断走低。与此相反，商住用地，尤其是住宅用地的价格不断走高，最后形成地方以商住用地出让金净收益补贴工业用地

---

① 因城市级别较高，一线城市与少数二线城市往往更少依赖制造业带动本地服务业，尤其是房地产业的增长。这是因为一线城市与少数二线城市作为部分上游制造业与高端服务业的总部基地，本身就集聚了相当数量的高收入人群，直接对住房需求和各类高端服务形成较为强大的购买力。

亏损，且补贴水平不断增加的扭曲格局。

随着从沿海到内地一波又一波开发区建设浪潮，越来越多的城市主动或被动地卷入了招商引资的激烈竞争。当早期建设开发区的城市因第二产业带动第三产业并从商住用地的高价出让中获利时，后加入的城市才刚刚开始贷款建设工业开发区。从开发区招商引资到形成产能一般需要至少两到三年时间，而只有制造业发展起来才能带动对本地第三产业服务的强劲需求。

在这个区域间“逐底式竞争”格局下，大部分卷入竞争的城市一旦加入就“欲罢不能”，如我国的长三角和珠三角自21世纪初展开的竞争。

20世纪末和21世纪初，苏州、无锡、常州等苏南城市先后展开了大规模的工业开发区建设，甚至还利用包括低工业地价在内的各种优惠条件吸引珠三角的企业，给珠三角地方政府带来了巨大的压力。结果珠三角的地方政府也不得不建立国有工业园区来留住企业。这一时期，珠三角地区“自下而上”的农村工业化和政府主导的“自上而下”的园区工业化在土地利用方面的冲突日益凸显（丛艳国和魏立华，2007）。①

一旦“国内逐底式竞争”启动，就会使一些原本就能实现快速增长且增长红利在政府和百姓之间分配更倾向于后者的城市被迫卷入。我们的调研表明，珠三角早期大量入市的集体经营性建设用地现已有很多处于低效利用乃至闲置状态，其中一个最重要的原因就是部分制造业企业向本地及其他城市兴建的国有工业园转移，因为后者能补贴性供地甚至免费供地。

但从发展绩效看，珠三角原有利用集体土地发展工业的模式不仅带来了当地百姓的更高收入，而且平均而言地方债务也不像长三角的很多城市那么突出，甚至产业升级的效果更好。毕竟，那些靠“逐底式竞争”招来的制造业企业主要看重地方政府提供的优惠条件，而这类企业往往缺乏技术升级的动力，发展的潜力非常有限。

比较我国的长三角和珠三角地区，行政能力特别强大的长三角地方政府往往有过度使用甚至滥用其行政能力的倾向，不仅强力压制社会对其行动的反制，而且往往过度推动开发区和新城区的建设，有时甚至大规模负

---

① 丛艳国和魏立华，《珠江三角洲农村工业化的土地问题：以佛山市南海区为例》，《城市问题》，2007年11期，第35—39页。

债搞建设。这恰恰是政府和社会力量差距太大、关系失衡后很容易出现的情况。

与此相反，虽然珠三角地方政府在激烈的区域竞争下也有类似的发展冲动，但本地相对强大的社会力量，尤其是通过集体土地租金这个纽带团结起来的村民和村集体组织，可以在很大程度上反制地方政府，最后反而出现了更持续的经济增长和更公平的收入分配。

从21世纪初开始，“国际和国内两层逐底式竞争”已带来中国经常账户的较大顺差，人民币升值的压力逐步积累。当地方政府，尤其是新卷入招商引资竞争的城市政府还没有完成“政府贷款或垫资建设工业开发区→制造业形成投资→制造业产品出口→带动本地第三产业发展→获取相关税收和商住用地出让金→覆盖政府早期投入成本”的循环时，如果人民币汇率因贸易顺差加大开始升值，那么地方借贷后新建、扩建的开发区就难以实现出口增加，自然无法完成制造业对本地服务业的有效带动，无法捕获“二产对三产的财政溢出效应”，最后也就难以覆盖前期开发区建设的巨大投入。

因此，地方政府有很强的激励反对人民币的市场化升值，而由于出口保证了高增长和高就业，中央同样缺乏推动人民币汇率形成机制市场化的积极性。在这一发展格局下，中央财政收入实现了快速增加。相当一段时期内中央政府和国有银行的日子都非常好过，自然缺乏推动改革的积极性。

正是因为“国内逐底式竞争”下的工业用地、劳工和环境成本过低，“国际逐底式竞争”带来了人民币低估且无法及时升值，中国贸易顺差持续加大，投机者开始向中国注入大量热钱。1995年中国的外汇储备只有736亿美元，到2000年就增加到1656亿美元，2004年又迅速增加到6099亿美元。2006年、2009年和2011年则分别突破1万亿、2万亿和3万亿美元，并于2014年6月达到接近4万亿美元的历史高点。

在强制结售汇制度下，央行为对冲外汇储备超发了20多万亿元的人民币基础货币。在2002年到2008年这轮黄金增长期，中国年均GDP增长率略高于10%，但人民币基础货币增长率超过17%，其中的差距主要来自汇率升值过慢导致的外汇积累和央行为此超发的人民币基础货币。

相比于20世纪80年代中后期从地方政府及企业向央行地方分支机构，最后向央行传递的“信贷倒逼机制”及其引发的严重通胀（钟朋荣，1990），① 虽然21世纪以来人民币基础货币的过度投放大幅增加了流动性，却只带来了相对温和的通货膨胀。这恰恰是因为中国制造业的产能早已过剩，而大量流动性又有了之前没有的房地产和股市予以吸纳。相比于监管不严且较容易增加供给的股市，被地方垄断限供的商住用地和房地产市场自然成为过去20年中国经济吸纳过剩流动性的首选。

可以观察到一个现象：从2002年开始一直到2008年，北上广深一线城市，以及杭州等少数二线城市的住房价格开始了快速上涨。但在此黄金增长期内，随着外汇储备的积累和人民币基础货币的超发，央行进行了一定的金融“逆向操作”以防止流动性的过度泛滥。2010年，时任央行行长周小川提出了“池子理论”，即央行通过创造一个“蓄水池”把过剩的流通人民币蓄积起来，降低流动性过剩带来的问题（周小川，2010）。②

除提高利率这样的传统手段外，央行主要通过提高存款准备金率直接抽走商业银行的可贷资金并以此限制总的贷款投放量。存款准备金率从2003年的7%一路提升到2012年的20%左右，锁住了相当部分的流动性。建立这样一个资金“蓄水池”的结果就是，2009年之前中国只有一线城市和少数二线城市出现了房价的快速上涨，而大部分二线及更低级别的城市，只有当制造业招商引资成功了，房地产业才会相应地发展壮大，且房价上涨幅度远远低于同期一线城市的涨幅。以制造业发达的广东东莞为例，2008年前后商品房的价格只有5000元/平方米左右，和现在动辄3万元/平方米以上的价格不可同日而语。至于那些还没有吸引到太多制造业、自身又缺乏煤炭等自然资源的城市，本地房地产业的规模通常十分有限。

在出口增速最快的21世纪初到2008年之间，中国东部地区很多二线及更低级别城市，以及部分中部区位较为优越的城市，都先后建设了面积极为可观

① 钟朋荣，《中国通货膨胀研究》（中青年学者论著丛书），南昌：江西人民出版社，1990年。钟朋荣提出了“超额货币量形成的倒逼机制”概念，概括了我国20世纪80年代超额货币量形成与通货膨胀的特殊原因和特殊过程，分析了银行不得不为填补企业资金缺口发放贷款的原因，认为在货币供给方不独于货币需求方的情况下，要想真正“闸住”货币供给量，到头来也只能由政府通过“指令”，强行约束各货币需求者的需求量；控制货币总量的有效办法，只能是“控制住中央银行的再贷款”。

② 参见周小川2010年首届财新峰会致辞（https：//video. caixin. com/2010 - 11 - 05/100195748. html）。

的各类工业开发园区。到2003年7月，全国各类开发区就已达到6866个，规划面积3.86万平方公里。经过中央政府的清理整顿，到2006年底，我国的开发区被核减至1568个，规划面积也压缩到9949平方公里。但是，很多被核减掉的开发区只是摘掉了“开发区”的名称而已，大多数转为所谓的“城镇工业功能区”或“城镇工业集中区”。通过“一区多园”模式，地方政府有效回避了中央对开发区的清理整顿，原有的诸多开发园区在数量和功能上几乎没有任何改变。

在这一阶段，当工业园区实现了快速的制造业出口增长之后，城市政府就开始启动大规模的新城区建设并进行相应的商住用地出让。垄断性商住用地供应带来的高额土地出让金净收益一部分用于归还为建设工业开发区和新城区基础设施举借的贷款，一部分又进一步投入开发区扩建所需的增量土地征收和基础设施建设，从而在二产招商成功并带动了三产后再利用商住用地的盈利横向补贴工业用地的亏损。

总之，21世纪以来中国地方政府低价供应工业用地，以及制造业大规模发展所致的环境污染、劳工保护缺乏、社保缴费人员比例过低等现象，并不是分税制本身带来的结果，而是国内和国际经济环境变化、中央和地方对这些变化所做政策反应共同引发的结果。而且“国内逐底式竞争”的白热化强化了中国在“国际逐底式竞争”中的价格优势。在这一阶段，中国的国际贸易争议之所以还没有发展到白热化地步，主要是因为西方国家处于经济周期的繁荣阶段。

### 4.2.4 三产对二产的反向金融溢出效应

为应对2008年的国际金融危机，中国政府过去十多年中多次推行了宽松的货币政策，开启了主动货币超发和大规模信贷刺激的进程。① 尤其是2009—2010年、2013年、2015—2017年以及2020年新冠疫情后四次大规模的信贷投放，实际上是把2009年之前人民币超发后通过“蓄水池”锁住的那部分人民

① 实际上，前一个阶段外汇占款引起的基础货币增加一直持续到2014年6月达到顶峰（27.35万亿元）之后才开始下降。2012年之前为避免货币总量过快扩张，央行仍然采取多种措施抑制派生货币的投放，压低货币乘数，包括收回央行再贷款、发行央行票据、提高存款准备金率，甚至配套强化商业银行贷存比、流动性比率、资本充足率管理，乃至实行贷款额度管理、贷款投向管理和基准利率调整等措施。参见陶然和李泽耿，《中国金融体制的风险与改革路径》，《中央社会主义学院院报》，2018年第6期，第145—155页。

币再以降低准备金率等方式全面释放出来，结果是房地产价格在各线城市都出现了大幅轮番上涨。①

从2009年大规模信贷刺激开始，中国就出现了“经济下滑→加杠杆→杠杆上升过快→控制杠杆→经济下滑压力→再加杠杆”的“刺激、控制、再刺激”的循环往复。

2009—2010年的大规模信贷刺激政策，加上中央对一线城市住宅地产的调控，让地产泡沫不仅从住宅地产向商业地产、养老地产、旅游地产等方向扩散，还从一二线城市向三四线城市扩散，从东部地区向中西部地区扩散。2009—2011年，各线城市房价基本增加了100%—200%。

2009年的第一轮刺激效应退潮带来经济增速下滑后，其后的两轮信贷刺激又在2013年9月和2016年6月引发了两次“地王潮”。2013年的“地王潮”得益于前期（2012年）两次降准和两次降息，而2016年的“地王潮”则对应着该年第一季度的天量信贷，且前期（2015年）央行已经进行四次降准和四次降息，2016—2017年很多三四线城市的房地产市场出现了购销热潮。②

各线城市房价全面“泡沫化”的一个后果，是2008年全球金融危机后因宏观刺激引发的商住用地出让金激增又反过来刺激地方政府新建和扩建了更多、更大的工业园区。在这一阶段，一些原来制造业基础较差的城市开始新建大面积的工业开发区，然后再以更低的工业用地价格和配套优惠政策招商

① 2012年之后，央行外汇占款增速开始减缓，2014年6月后，外汇占款带来的基础货币甚至开始收缩。在这一背景下，为刺激下滑的经济，中国政府开始更多依靠贷款等派生货币扩张，央行则是通过降低存款准备金率、扩大央行再贷款等各种市场工具，如正回购、逆回购、常备借贷便利（SLF）、中期借贷便利（MLF）、公开市场短期流动性调节工具（SLO）、抵押补充贷款（PSL）等，推动贷款等派生货币加快增长。因此，中国广义货币供应量M2从2008年的47.5万亿元扩张到2012年的97.4万亿元，四年间增长了1倍；之后进一步增加到2017年的167.7万亿元，年均复合增长率为15%，远高于同期GDP增速；同时，M2/GDP这一指标在2008年、2012年、2016年分别到达149%、180%、208%，尔后才稍微下降至2017年的203%。

② 2016年推动的房地产“去库存”和“棚户区改造”政策是2015—2017年新一轮信贷刺激的主要政策抓手，也是2016—2017年大量三四线城市房价飙涨的关键。根据姜超等人对投资项目的估算，“棚户区改造”带来的地方隐性债务规模约为4.5万亿元。参见姜超、朱征星、杜佳，《地方政府隐性债务规模有多大?》，地方隐性债务系列专题之一（海通证券研究所，2018年7月31号）。

引资。

至此，2008 年前我国就已出现但从经济角度看还算健康的“第二产业对第三产业的单向溢出”，到 2008 年后逐步演变成如下格局：中央货币宽松带动了城市房地产业发展，高额的商住用地出让金又激励了欠发达地区（乃至所有地区）的城市政府借债，大规模推动开发区的基础设施建设，“第三产业对第二产业的反向金融溢出”效应开始凸显。

2009 年以来，中国的地方政府，包括内地很多原本制造业基础较弱的市县，以“土地财政”为基础，利用地方投融资平台进行“土地金融”的加杠杆操作，新建和扩建了更多数量、更大面积的工业开发区。在 2009—2013 年的 5 年中，中国以工业用地为绝对主体的工矿仓储用地出让总计 90.7 万公顷，比 2004—2008 年的 56 万公顷高出了 62%。①

在 2009 年之后的几轮大规模刺激政策下，很多省、市、县都在扩建和新建各类开发区。如贵州这样的西部欠发达省份，每个县都大规模建设了工业开发区。截至 2016 年 6 月，我国已建立国家级新区 18 个，各类国家级经济技术开发区、高新区、综合保税区、边境经济合作区、出口加工区等约 500 个，其中高新技术产业开发区 145 个，其他各类园区（综合保税区、边境经济合作区、出口加工区，旅游度假区等）150 多个；各类省级产业园区已达到 1600 多个，较大规模的市级产业园区 1000 多个，此外还有上万个各类县级与县级以下产业园区。除制造业为主导的各类产业园区外，以服务业为主的县级及县以上新城、新区数量也达到 3500 多个。②

到 2009 年，中国的制造业产能已全面过剩，出口又明显不可能再实现全球金融危机之前年均 20% 以上的超速增长，为什么地方政府还要大建工业开发区？

首先是大规模信贷刺激下城市房地产量价齐升带来的地方政府“财政幻觉”。2009 年后的多轮宏观刺激带来了各级城市房地产市场的全面“泡沫化”，很多地方商住用地出让金出现了大幅飙升，并给地方政府带来“财政幻觉”：

---

① 2008 年全球金融危机爆发后，各地大规模建设工业园区的势头不降反升。工业用地出让规模在 2009 年与 2010 年分别达到 12.3 万公顷和 13.8 万公顷，而危机前的高点是 2006 年和 2007 年的 13.8 万公顷和 13.5 万公顷。2012 年和 2013 年，全国工业用地出让甚至达到了历史最高的 18.2 万公顷和 18.3 万公顷。之后虽然有所下降，但每年依然保持在 10 万公顷以上的高位。

② 参见冯奎，《中国新城新区发展报告》，北京：企业管理出版社，2017 年。

未来本城市的商住用地价格会保持高位，甚至还可能更高，这就为地方政府以商住储备土地作抵押，大规模负债建设开发区、新城区创造了条件。

其次是地方政府从国有金融机构贷款时普遍存在的“道德风险”。由于地方债务的主要债权人是以银行为主体的各类国有金融机构，既然中央现在鼓励地方通过借贷拉动投资和刺激内需，而负债推动工业开发区和新城区建设至少有助于改善本地产业增长和城市发展的环境，地方政府何乐而不为。即使未来出现债务偿还困难，只要银行是国有的，中央就一定会兜底救助。在这一背景下，地方债务余额在2009—2010年就翻倍达到10.7万亿元，在其后10年继续高歌猛进，显性和隐性债务累计超过60万亿元。①

总之，2009年之前的地方发展模式是地方政府先借债或垫资建设工业园区，低价出让工业用地吸引制造业，然后带动房地产业为主的第三产业发展，最后从第三产业取得财政收益并还债；但2009年之后，反而是房地产业先行，地方通过“土地金融”加杠杆建设开发区，再以更低价格出让工业土地，其结果是国内不同区域招商引资的“逐底式竞争”进一步强化。正是在这一阶段，中国和主要出口目的地的西方国家之间的贸易冲突开始加剧。

## 4.3 一个系统性分析框架

### 4.3.1 中国模式和“东亚发展型国家”模式

在过去25年中，逐渐出现了一个与传统的“东亚发展型国家”模式有诸多相似性，但仍在几个关键维度上存在显著差别的“中国模式”。

在传统的“东亚发展型国家”模式下，集权政治的领导者秉持经济增长优先的目标，采取对资方友好的政策。在政策实践上，东亚发展型政府主要通过抑制劳工、压低（存贷款）利率、出口退税、研发补贴、对外企实施市场准入限制等政策工具为政府希望发展的行业创造条件，尤其是为出口导向的制造业成长提供便利。虽然这些政策措施有效地拉动了投资，但东亚发展型经济体的产业政策及配套的财政、金融、劳工政策同时压低了国内工资收入和储蓄利息收入，从而抑制了国内消费，与此同时，压低要素价格又刺激了投资并使

① 根据IMF的测算，2019年我国地方政府隐性债务规模达42.17万亿元，几乎是显性债务（21.31万亿元）的两倍，如果加上显性债务，当年的地方政府负债率高达247%。转引自孙晓霞，《地方政府债务风险值得关注》，中国财富管理50人论坛，https：//mp.weixin.qq.com/s/rwBaLsGSRYx7NRPwFGqgww。

国内产能远远超过国内需求，于是政府不得不通过压制本币汇率和出口退税促进出口，通过向国际市场倾销产品来消化国内过剩产能。最近25年来，中国政府在经济发展中多多少少也推动了类似的政策措施。

但是，中国并不仅仅是日本、韩国发展模式的简单扩大版。即使和东亚发展型经济体的相应发展阶段对比，20世纪90年代中期后中国经济对投资的依赖和对内需的抑制都更为严重。如图1所示，从20世纪90年代后期开始，中国投资占GDP比例从不到40%迅速攀升到2008年接近50%的超高水平，不仅超过日本、韩国相应发展阶段30%—40%的投资比例，更远远超过世界平均投资率20%—25%。

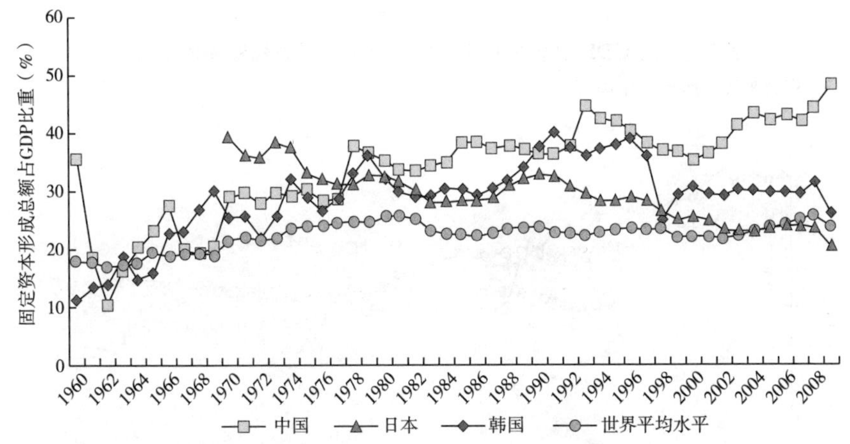


**图1　固定资本形成总额占GDP比重：中日韩和世界平均水平**

资料来源：世界银行数据库。

图2表明，中国的投资率最近10年来虽有所回落，但仍维持在40%以上的高位。与此相对应，从2000年到2010年包括政府消费和居民消费在内的最终消费占比下降非常快，从60%以上跌落到50%左右，下跌超过10个百分点。2010年后最终消费占比有所回升，但到2018年仍只有55%左右。

由于最终消费占比显著偏低，而其中政府消费占比基本稳定，所以中国居民消费占比要显著低于日本和韩国，更低于世界平均水平。如图3所示，虽然随着经济发展，日本居民消费占比从20世纪70年代的50%左右逐步上升到21世纪的60%，但仍低于世界平均水平的65%。从70年代后期到80年代前期，中国和韩国的居民消费占比都降至世界平均水平以下，但韩国居民消费占

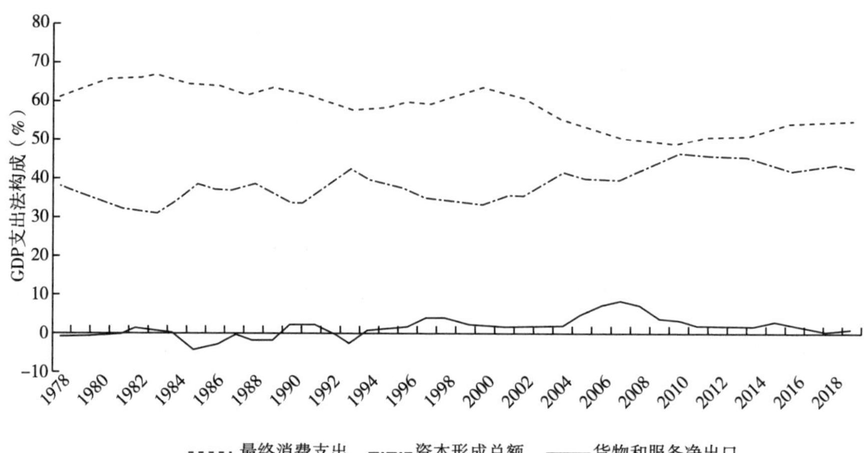


**图 2　中国 GDP 中最终消费支出、资本形成总额和净出口占比**

资料来源：历年《中国统计年鉴》。

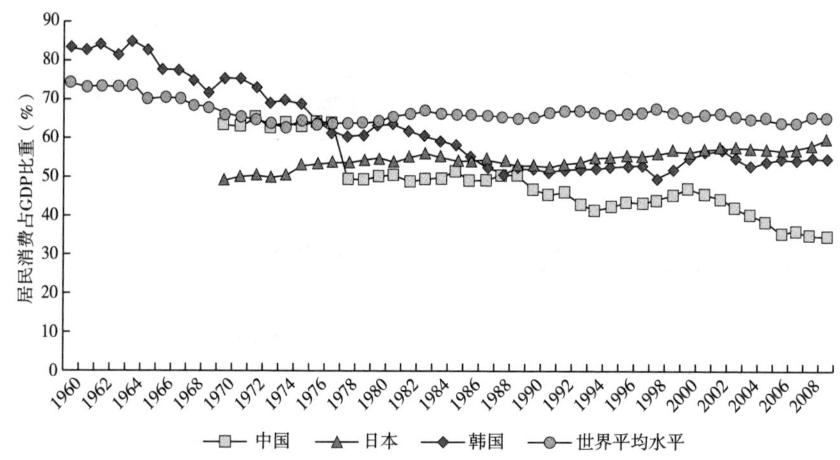


**图 3　居民消费占 GDP 比重：中日韩和世界平均水平**

资料来源：世界银行数据库。

比一直在 50% 上下，而中国居民消费占比却从 20 世纪 90 年代初期的 45% 下降到 2008 年的 36%，之后 10 年有所上升，到 2018 年达到 46% 左右。

对中国这样一个内需本应占绝对主导的大国而言，如此低的居民消费占比显然是严重的失衡。为了消化过剩的国内产能，中国不得不通过人为压低人民币汇率和出口退税等方式刺激出口。图 2 表明，2006—2007 年中国净出口达到了 GDP9%—10% 的超高水平，只是近年来出现了显著下降。1980 年中国出口才占到 GDP 比重的 10%，但到 2006 年该指标达到历史最高的 39%。2008 年全球金融危机之后有所下降，但 2019 年和 2020 年仍维持在 17% 的高位。

二战后的东亚发展型经济体（包括日本、韩国、新加坡和我国台湾地区），都大约花了 30 年的时间成功地从低收入经济体顺利过渡到中等收入经济体，并最终迈入发达经济体行列，还实现了发展过程中较平等的收入分配和顺畅的产业升级。

与此相比，虽然过去 25 年中国取得了与日韩快速成长期相当的增长率，但在收入与财富分配、环境与劳工保护、城乡土地利用、农民工市民化、农业与农村发展等方面的表现却明显落后。如果 20 世纪 90 年代中后期的中国，特别是沿海地区在劳动力、土地资源禀赋、产业基础等方面的初始条件和这些东亚发展型经济体的起步期相似，甚至有些方面还要更好，为什么会出现这些发展绩效上的明显差距?

### 4.3.2　中国增长模式的一个基本分析框架

图 4 给出了一个思考当前中国增长模式及其绩效的基本框架，它有助于我们理解中国的发展绩效以及中国与东亚发展型经济体之间的差距。

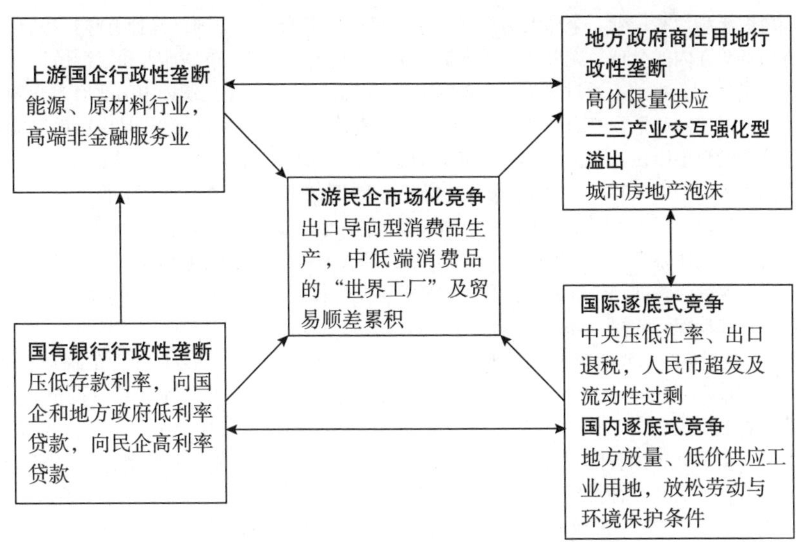


**图 4　中国经济增长模式的简化图示**

总体来看，除第 4.2 小节提出的“国际和国内两层逐底式竞争”之外，我国现有增长模式中还大致存在三个领域的行政性垄断，即能源、原材料行业

（石油石化、煤炭、电力、矿业和冶金）和非金融高端服务业（邮电通信、民航铁路等）的上游国企（资源性和）行政性垄断，以国有银行为主体的金融业行政性垄断，以及地方政府对城市商住用地的行政性垄断。①

其中，国有企业在能源、原材料和非金融高端服务业上游的行政性垄断和民企在消费品制造业下游部门的市场化竞争分别来自20世纪90年代中后期公有制企业改革进程中推动的“抓大”和“放小”政策，② 而地方政府在商住用地的行政性垄断来自20世纪末之后的“国际和国内两层逐底式竞争”和“二三产业交互强化型溢出”两个效应共振驱动的、以“土地财政”和国有银行加持的“土地金融”。③

因篇幅所限，仅以第4.2节提出的“二产对三产的财政溢出效应”简要说明这个增长模式的运行机制。第4.2节指出，至少在2008年全球金融危机爆发之前，在我国大部分二线及以下各级城市，只有制造业招商引资成功了，才会出现对住宅和商业服务业的规模化需求，而其中规模化商品房销售更是地方政府取得高额土地出让金净收益的基础。

---

① 中国政府牢牢地掌控着一个庞大的金融体系。目前按资产计，中国已经拥有包括银行、股市、债券市场等在内的全球最庞大的金融体系。通过对利率、汇率、市场准入和银行信贷（规模和结构）的管制，再加上通过对金融体系的国有制和高层人事任免控制，中国政府对金融体系保持了强大的控制和干预能力。其中，以国有银行直接融资为主的金融结构是中国政府能够管控融资格局的核心所在。截至2016年，银行贷款余额达10.7万亿美元之巨，银行信贷与GDP的比例达128%。2010年，全部商业银行的资产达15万亿美元，其中四大国有商业银行（中国银行、中国建设银行、中国工商银行、中国农业银行）占了近60%。除此之外，四大国有商业银行还占了金融体系全部金融资产的45%。以银行间接融资为主的金融体系一直是各国尤其是发展中国家实行金融抑制政策、推行产业政策的主要特征。参见章奇，《政治激励下的省内经济发展模式和治理研究》，上海：复旦大学出版社，2019年。

② “放小”是指通过破产、转让和转制，让市场决定中小国有企业和乡镇企业的命运；“抓大”是在“放小”的同时，把更多的资源更集中地向剩下的国有企业（尤其是中央企业）倾斜，支持后者的发展壮大。在“抓大”战略指引下，2003年在中共中央原企业工业委员会的基础上进一步成立了国务院国有资产监督管理委员会，对100多家中央大型企业的国有资产的保值增值进行监督，并推动国有经济结构和布局的战略性调整。目前，作为“国家队”的近100家央企不仅获得了源源不断的财政补贴和优惠贷款，而且在大批资源型行业和上游战略性产业（如石油、天然气、民航、邮电、通信、铁路、电力）等领域占据了近乎垄断的地位。参见 Nicholas R. Lardy，2019，“The State Strikes Back：the End of Economic Reform in China?” Peterson Institute for International Economics，Washington，DC。

③ 参见陶然和苏福兵，《中国地方发展主义的困境与转型》，《二十一世纪评论》，2013年10月号，总139期，第25—37页。

但这些城市购买商品房的主力人群并不是数量巨大的外来农民工和城市低收入群体，而是以下四类人为主的城市中高收入群体：一是民营制造业企业的管理层和中高级技术人员；二是国有企业为主体的金融业高收入员工；三是国有企业为主体的能源、原材料上游部门和非金融高端服务业的高收入员工；四是地方财政供养的公务员和事业单位人员。后三类人群的中高收入显然来自其所就业的国有企业和公共部门的行政垄断地位。

以上理论分析框架有助于我们理解过去25年中国工业化、城市化乃至整体增长模式的运行机制及其在宏观杠杆率、收入分配、社会和环境治理等多方面的含义。它不仅可以解释当前增长模式下为什么会出现压低利率的金融抑制，还可以解释国有银行为什么经常会对不同贷款主体收取差别化利率，即对上游国有企业和地方投融资平台给予优惠信贷，而对下游制造业民营企业限制贷款并要求更高的利率；它可以解释地方政府为什么对工业用地和商住用地采取迥异的出让策略，即以“招拍挂”方式垄断、限量、高价供应商住用地，却以协议方式放量、低价供应工业用地，并导致城市土地利用结构的严重扭曲、城市房价的过快上涨、工业园区和新城区“大跃进”、工业用地价格过低且利用非常不集约等现象。

这个理论框架可以解释为什么随着更多城市加入制造业的“逐底式竞争”，商住用地和工业用地之间的价格差会持续不断地扩大；为什么在面临高资金成本、高能源、原材料价格和高税率的情况下，中国的民营制造业企业仍可利用“国际和国内双层逐底式竞争”有效降低生产成本并为中国带来超过20年的高速增长；为什么在上游国有企业、金融行业和城市商住用地“三领域行政性垄断”及“国际和国内双层逐底式竞争”的共同作用下，中国的收入差距会在一段时期内迅速扩大，而以住房资产为主的社会财富差距更会持续放大；为什么中国这样一个大国，投资占比如此之高而居民消费占比如此之低；为什么中国经济会特别依赖出口，并很容易引发国际贸易纠纷。

这个框架还有助于我们理解如下的情况：地方政府不仅过于工具性地利用土地实现超常规的财政增长和基础设施建设，而且过于工具性地利用“人”作为廉价劳动力来发展产业和建设城市，却严重忽视城市化中应该作为发展目的本身的“人”，尤其是数以亿计的农村流动人口及其随迁家庭成员。

如果在这个分析框架中进一步纳入2009年后“三产对二产的反向金融溢出效应”，还有助于理解2008年国际金融危机后为什么地方政府会从“土地财政”全面走向加杠杆的“土地金融”，并不断建设更多、更大的工业园区和新城区；为什么会出现城市房价的全面泡沫化并引发日益严重的地方政府、国有企业、房地产企业及家庭的四部门债务风险。

综上所述，可以将中国当前的增长模式总结为：在一个党政集权的经济管理体制下，形成了民营企业在下游制造业行业的“一类市场化竞争”，中央和地方政府卷入的“国际和国内两层逐底式竞争”，以及国有企业在上游部门、国有银行在金融行业、地方政府在商住用地出让上的“三领域行政性垄断”。其中，中央和地方政府展开的“国际和国内两层逐底式竞争”非常有力地支持了“一类市场化竞争”中民营企业的快速成长和出口，最终为中央、地方政府取得税收收入，为上游国有企业、国有银行和地方政府通过“三领域行政性垄断”抽取高额租金创造了条件。

这里不妨进一步考察城市政府对土地要素的控制。在这个具有中国特色的“地方发展主义”路径下，各城市都在商住用地上构建了本地具有高度垄断性的“局域性卖方市场”，而工业用地却因“国内逐底式竞争”出现了“全国性买方市场”。如前文所述，正是这个工业用地的买方市场和地方的劳工、环保政策及中央的汇率、出口退税政策一起，共同带来了中国制造业的大发展和出口的超常规增长。外汇储备的迅速累积，人民币的超发并最终导致了城市房地产价格的全面泡沫化。

我国城市工业用地占城市存量用地的20%左右，远远超过全世界10%的平均水平。与此对应，我国城市住宅等第三产业和环境绿化等用地比重明显较低，尤其是居住用地只占城市存量土地的30%，远低于全世界40%—50%的平均水平。值得一提的是，工业用地占比高于30%的城市多集中于东部地区，很多大城市和特大城市尤甚，而工业用地占比低于15%的城市多集中在西部地区。① 比如，上海和苏州的工业用地面积占比分别达到了25.77%和31.79%。与此对应，很多人口流入地大城市、特大城市的居住用地占比极低，北京为30%，上海为22%，深圳只有16%，而东京、纽约、首尔、伦敦等国际大都市

① 当然，最近十多年来，尤其是几轮大规模刺激政策之后，中国中部和西部地区大建工业开发区，工业用地占全国比重也呈现上升趋势。比如西部地区，工业用地配置占全国比例由2007年的19%增长到2016年的31.06%，中部加西部工业用地规模占全国比重由46.01%增至55.16%。相比于东部已经非常低下的工业用地利用效率，中西部的土地利用效率更为低下。

住宅用地占比在 40%—60%。①

至此，中国不同地区、不同级别的城市普遍出现了工业用地效率非常低下的局面，而主要人口流入地城市的住宅用地供应却严重不足。② 现有发展模式下的地方政府策略性供地并最大化财政收入的行为是带来这个局面的关键原因。

正是从这个角度看，我国城市出现的房地产泡沫来自货币超发带来的投机性需求和地方政府商住用地出让上的行政性垄断，但与中央对建设用地指标的区域配置和管控无关。这是因为从城市存量土地的规模看，即使沿海地区的主要人口流入地城市，现有的建设用地规模都完全足以支撑比现在多得多的住宅用地供应，也完全可以为本地居民和外来人口创造好得多的居住条件。但是，地方政府每年的供地中平均只有 30% 是居住用地，而这个比例的居住用地出让量恰恰是垄断体制下地方最大化土地出让金净收益的供应量，通过增加发达地区的用地指标，而不是推动打破城市政府对商住用地垄断的土地市场化改革，根本无助于缓解这些城市的房价泡沫。③

整体来看，与东亚发展型经济体一样，中国当前的经济增长模式表现出金融和劳工抑制、投资主导、内需不足和出口导向等特点。但典型的东亚发展型经济体大致用了 30 年就实现了现代化，而且在发展过程中基本没有出现大范围的环境污染、收入和财富差距的持续扩大、人口不完全城市化和城乡土地利用结构的严重扭曲，其根本原因还是在于这些经济体没有出现以上“三领域行政性垄断”的全面叠加。在这些东亚发展型经济体的发展中，确实存在政府对金融行业的严格管制和对战略性产业私营财阀的资金支持与市场保护（比如日本和韩国），甚至我国台湾地区还直接垄断金融系统并通过公营企业直接紧密控制上游战略产业。④ 但这些东亚发展型经济体都没有像中国这样通

---

① 参见杨伟民：《扩内需要把“三驾马车”拆分成“多驾马车”》，《21 世纪经济报道》，2021 年 3 月 7 号。

② 中西部、东北人口流出地城市由于最近 10 多年的多轮刺激政策，尤其是 2015—2017 以“棚户区改造”为抓手的政策，房地产价格一度快速上升，但供应开始严重过剩，房价下跌压力很大。参见任泽平，2021 年《中国住房市值报告》，https：//baijiahao. baidu. com/s? id = 169805 6783073890685&wfr = spider&for = pc。

③ 参见邵挺、田莉和陶然，《中国城市二元土地制度与房地产调控长效机制：理论分析框架、政策效应评估与未来改革路径》，《比较》，第 99 辑，2018 年第 6 期，第 54—84 页。

④ 参见陈玮和耿曙，《发展型国家的兴与衰：国家能力、产业政策与发展阶段》，《经济与社会体制比较》，2017 年第 2 期，第 1—13 页；陈玮和陈博，《发展型政府的多样性：政企关系与产业体系》，《经济与社会体制比较》，2021 年第 1 期，第 137—148 页。

过上游国企、银行和地方政府全面实施“三领域行政性垄断”，因此在其发展过程中就无须卷入过于激烈的“国际和国内两层逐底式竞争”。从每个细分领域看，中国和东亚发展经济体之间存在的是“量”而非“质”的差别，但是一旦这类“量”的差别在多个领域叠加起来形成共振，就可能导致长期发展绩效上“质”的不同。

## 五、以全面、平衡的分权型市场化改革应对整体性挑战

本文指出，中国并不存在一个以 GDP 增长率为主要指标进行考核并提拔地方主官的“地方官员考核体制”，而现有的干部考核体制对塑造地方主官行为的作用非常有限。这就意味着通过改革干部考核体制扭转地方行为的思路不会有什么效果。从中国改革的历史经验看，抑制地方投资冲动主要还是依靠中央部委对地方政府进行强有力的权力制衡。实际上，20 世纪 80 年代和 90 年代多次的“去杠杆”基本上都是依靠中央政府的集权性管制实现的。

本文还提出，中国的财政体制和经济管理体制从转型第一阶段的相对分权走向了转型第二阶段的日益集权。经过 40 年的转型发展，中国初步构建了一个相对稳定的集权型、半市场化的经济体制，但这个体制也对我国经济、社会、环境的可持续发展提出了整体性挑战。

仍然以土地管理领域为例，中国过去二十多年的城市化伴随着土地指标管理的日益集权化和建设用地供应的日益地方垄断化。结果是地价的日益非市场化，工业用地价格过低、商住用地价格过高，地方政府“土地依赖症”愈发严重。同理，在宽松的货币政策前提下，地方政府可以通过大量举债加大基建规模，结果是不仅市场力量很难对地方政府形成制约，反而市场本身会被地方政府的发展导向扭曲。①

因此，要改变目前地方政府过度建设的倾向并推动它们逐步走向服务型政

① 换句话说，地方政府用巨大的强制力抽取了农民土地增值收益的近 100%，但又通过垄断、限量和高价供应商住用地让包括购房者在内的所有城市商住用地使用者“买单”，汲取了近 100% 的土地增值收益，最后再将土地增值收益的大部分以极低地价和超标准基础设施的方式补贴工业用地者，以此推动招商引资的“逐底式竞争”。在这种情况下，虽然政府捕获了农地转用的几乎所有增值收益并实现了额外盈利，但这些额外盈利的绝大部分在“逐底式竞争”中以低效工业用地和过高标准的城市基础设施建设中被耗散掉了，甚至在 2008 年全球金融危机后，不少地方政府还为此积累了巨额债务。

府，首先要逐步消除地方政府利用土地、资金等关键生产要素直接干预市场的能力。这就意味着必须通过改革让市场和社会力量对地方政府形成一定制约。地方政府控制生产要素配置的能力越弱，外部市场和社会力量的发育程度越高，地方政府的工作目标就越接近服务型政府的要求。

实现以上目标不仅需要中央通过“去杠杆”硬化地方政府的预算约束，还需要推动市场化改革切实降低地方政府对基层和市场的资源汲取。只有通过一个更市场化的分权体制推动地方政府的职能转换，才能发挥基层政府的积极性和市场机制的约束力。

比如，在城市住宅用地供应领域，虽然打破地方垄断是正确的方向，但明确这个方向并不意味着就可以顺利解决问题。目前，中国地方财政高度依赖住宅用地的出让金，而主要人口流入地城市的房价已达到非常高的水平。如果打破垄断的力度太大，比如推动集体建设用地直接进入城市住宅用地市场，不仅地方财政马上就会遭遇重大冲击，城市房地产泡沫大概率还会迅速破裂。因此，即使改革方向对了，改革突破口也找到了，仍然需要设计巧妙的政策组合以把握政策的力度。

一种可能的解决方案是，允许地方政府通过土地征收、储备、出让的传统方式继续提供部分住宅用地，但同时要求人口流入地政府必须通过现有城市存量用地的挖潜提供一定比例的新增住宅用地。而在通过存量转化渠道供应的住宅用地中，地方政府必须让渡一定比例的住宅用地出让金返还给低效存量建设用地的业主，但在返还上参照如下的“片区综合地价”补偿：在一个相对较大的低效建设用地片区内，政府依规划将其中某个比例（如30%—40%）的工业用地转化为居住用地，同时把特定比例（如40%—60%）的住宅用地出让金和剩余升级工业用地的所有出让金加权平均计算出统一的补偿标准返还给所有业主。这就相当于以较高标准的补偿收回了片区内所有的城市国有和集体低效存量建设用地，少部分改为居住用地，剩余大部分升级为新兴产业用地。

上述城市住宅用地供应的创新模式充分考虑了地方财政对住宅用地出让金的高度依赖，通过上级政府施加的一个合理要求引导地方政府对城市低效存量用地再开发。以“工业改居住”的部分新增资源补贴“传统工业用地改新型产业用地”，实际上是用更高补偿来调动城市低效存量用地业主向市场供地的积极性，相当于在城市住宅用地市场上增加了供地方。

我们的研究表明，上述“增量供地和存量挖潜并重”的住宅用地供应模式可以被理解为一种“双轨制”改革。它能在不过度冲击“土地财政”收入的情况下，渐进而实质性地打破地方政府对住宅用地的垄断，有效增加城市住宅用地和住房供应，拉动经济增长并逐步缓解城市的房价泡沫，实现产城的有机融合。①

之所以要推动上述的住宅用地“双轨”供应政策，是因为中国改革的历史表明，“双轨制”是完成渐进市场化转型的有益经验。它可以在转型过程中充分发挥且不断壮大市场机制的作用，而不是以简单的行政集权和宏观紧缩降低杠杆，最后反而破坏了市场机制。

再以打破国有企业行政性垄断为例。改革必须创造有利于打破垄断的环境条件和适度压力：一方面，必须在能源、原材料、重化工等周期性行业全力推动国企的有效去产能和降杠杆，而不是通过所谓的供给侧改革把民营企业从这些行业淘汰出去；另一方面，在一些因进入管制而产能不足、增长潜力尚未充分发挥的上游制造业和高端非金融服务业部门，包括电力、电信、交通运输及教育、医疗等行业，要尽快动手打破行政性垄断，实现国有企业之间、国有企业与民营企业、公立机构与民营机构之间的市场化竞争。

历史经验表明，打破国有部门行政性垄断的关键是以对外开放加速对内开放，以技术进步降低行业准入限制。当前，全球正在兴起一轮以互联网、信息技术、生物医药、新能源、新材料等为支撑的新技术革命浪潮。如果中国可以创造性地利用过去曾成功实施的“双轨制”思路设计相应领域的改革方案，推动新技术在能源、原材料、电信、航空运输等垄断行业乃至医疗和教育等多领域的应用，就可以逐步引入和扩大市场轨，最终实现渐进式并轨。②

总之，未来中国要实现高质量发展，首先要通过国企、金融、住宅用地供应体制的市场化改革逐步打破“三领域行政性垄断”，才能有效降低民营企业的生产成本和城市低收入人口的生活和居住成本。与此同时，切实推动人民币

① 参见陶然，《人地之间：中国模式下的城乡土地改革》，广西师范大学出版社，2021 年（即将出版）。

② 比如，充分利用分布式能源技术与新兴的能源互联网技术，就有助于逐步打破国家电网在电力供应上的垄断；又如充分利用大规模在线教育与医疗服务将有助于增加对既有公立教育、医疗体系的改革压力，降低高质量教育、医疗服务对所有人群的可达性；再如，鼓励基于无线互联技术与全球定位技术发展出来的专车服务有助于打破城市出租车行业一直难以打破的垄断；而在全球精确定位技术基础上建立的针对大中城市拥堵时段、拥堵地段的动态收费体系，还将有助于中国很多爆堵城市走出因轿车存量过多而难以逾越的交通拥堵死局。

汇率形成机制的市场化改革，推动提高征地成本和集约利用低效存量用地的城乡土地改革，加快"农民工市民化"的户籍改革和保护劳工、环境的社会与生态治理体制改革，才能最终跳出"国际和国内两层逐底式竞争"，以全面、平衡的良性市场经济体制实现以国内循环为主的"国内国际双循环"。

由于既有的增长模式已经造就了一个相当强大且有自我强化倾向的利益格局，中国完成全面转型的难度相当大。即使既有利益格局中的各参与方，比如为招商引资展开"逐底式竞争"的地方政府都已看到了这个博弈本身的不可持续性，但任何一方都缺乏积极性，更没有足够的力量来跳出困局。

在这种情况下，只有从中央层面推动全面、平衡的市场化改革才能有效应对转型发展的整体性挑战。但在设计深化改革的方案时，既要确保改革的方向正确，又要选准改革的突破口，更要精确把握政策的力度。改革方向错了会满盘皆输，而突破口选不准将难以实现前后改革和不同领域政策之间的协力，政策力度不足则难以扭转局面，力度过大又可能反受其害。

从经济已全面泡沫化的起点开始推动改革，中国政府不得不面对宏观经济管理的严峻挑战。如果不能在稳定宏观杠杆率的同时推动有助于拉动实体经济增长的结构性改革，而只是持续放水，那么即使仍有一定的货币和财政政策空间，也不过是让泡沫化的经济再多支撑一段时间。如果本轮经济转型还像 20 世纪 90 年代中期那样以经济、财政、行政全面集权的方式"去杠杆"，不仅很容易因破坏市场机制而难以完成改革，还可能直接刺破经济泡沫。

上述严峻挑战有助于我们理解当前中国出现的如下困境：体制改革因目标和策略难以达成共识，改革部门化和碎片化，相关利益集团不断施加阻力，结构改革难以突破，在此情况下，政府为应对经济下行所做的政策反应更多是被动甚至主动放水，多次"微刺激"累积成"中刺激""大刺激"，"去杠杆"反而变成了"加杠杆"，而一旦因为"加杠杆"导致泡沫进一步吹大，政府又开始采用各种行政性集权措施控制杠杆并破坏市场运行。其结果是中国经济出现了刺激、控制、再刺激的循环，国民经济的杠杆率不断上升，主要人口流入地城市的房价越调越高，政策左右为难、进退失据。

目前，我国地方政府显性和隐性债务存量已超过 60 万亿元。考虑到地方政府土地出让金净收益不会超过 25%，土地市场不好的年份可能只有 10%—15%，不少债务很高的欠发达地区土地出让金净收益甚至更低，地方债务确实可能给未来几年的中国经济带来重大金融风险。在这种情况下，中央政府有可能进一步通过货币宽松政策化解债务，甚至通过集中部分发达地区土地出让金收入来解决问题。

有不少论者指出，未来应该考虑逐步为地方政府引入对城市居民住宅物业征收的房地产税，逐步淡出现有的土地财政。这显然不是一个好主意，且不说全世界推动房地产税的国家都有地方自治作为制度基础，一些国家还因引入房地产税导致政府下台，在中国城市房价全面泡沫化的情况下贸然引入房地产税，征收的成本将会非常之高。即使只对第二套或以上住房引入房地产税，也会对楼市和房价产生重大的负面影响，结果很可能是房地产税还没有收上来，地方政府的土地出让金就已经大幅下降。因此，即使从中央层面完成立法，地方政府也不一定会在本地实施。

我们认为，要突破中国经济的现有困境，仅靠过去那种行政、财政和经济集权的政策难以奏效。除了当前经济的泡沫化要比以往更严重之外，本轮稳定乃至降低经济“杠杆率”还面临央企尾大不掉、财政集权带来支出刚性过大、既有中央集权对产业升级约束更大等过去不曾出现的严峻挑战。① 未来要实现高质量发展，必须着力于推动向市场和地方的合理放权。② 与此同时，在地方政府和市场之间，还要通过市场化改革降低地方政府利用土地、资金要素直接干预增长的能力，进一步强化社会力量以反制政府可能的“乱为”。

考虑到当前地方政府的债务过高，除了以“双轨制”渐进打破地方政府对土地的垄断和国有企业的行政性垄断之外，对一些实在无法偿还债务的地方政府，未来可能不得不推动一次大规模的债务重组，中央、省级政府也不得不

---

① 参见刘明兴和陶然，《以双轨制破解民生政策困局：改革方法论之终结篇》，http：//www.ftchinese.com/story/001060673？full = y&full = y&archive。

② 比如，一种观点强调通过自上而下的行政管制直接改变地方政府职能的异化，从而为市场化和产业升级创造条件，即所谓的“行政审批权清单”改革。反映在财政体制改革上，其思路就是要中央和省级政府严格控制市、县政府部门的各项收费权。但这种改革本质上还是一种行政加财政集权的改革，与历史上的税费改革一样，也很容易陷入“活乱循环”的周期。如果中国未来几年改革的目标就是去杠杆和调结构，而此过程中经济又存在下行风险并可能引致体制内外不稳定，那么中央对各级地方政府就应该非常明确地给出如下要完成的目标：地方主官必须在保证体制内稳定（保吃饭）和体制外稳定（保基本公共服务和社会矛盾不扩大化）的前提下，降低自己的杠杆率，有效化解地方的金融和财政风险。在向地方主官提出这个目标后充分对地方政府放权，而不是以集权化方式进行事无巨细的“清单式”干预，与此同时直接给予相应的财政、经济乃至政治激励，只有这样，才能调动地方的积极性去集聚本地智慧和优势信息想方设法实现目标。

与银行、市县级政府一起承担部分损失。为此，可以考虑采取出让部分中央和省属国有企业股权给银行甚至是民营企业的方式，将地方债务化解和打破国有企业行政性垄断结合起来，在全面化解金融风险的同时实现“国退民进”，最终拉动实体部门竞争，并为实现健康的中长期增长创造条件。

中国的转型能否成功，不仅会影响 21 世纪的世界政治和经济格局，还会直接决定中国以怎样的方式在世界立足，更将深刻塑造 14 亿人口当前的生存状态和未来可能抱有的期望。毋庸讳言，未来的挑战非常严峻，要实现经济、社会和国家治理的顺利转型，不仅需要良好的国际环境配合，更需要高超的政治智慧和经济智慧。

# 比较之窗

Comparative Studies

# 西方福利制度变迁及其对中国的启示

## 制度合法性的视角

昝馨

在社会科学理论中，合法性概念通常用于讨论国家主权，如某个政体的合法性。舒门尔分尼（Schimmelfennig，1996）将合法性概念延展到制度研究中，提出了制度合法性的概念，他认为制度合法性至少包括投入合法性（input oriented legitimacy）和产出合法性（output oriented legitimacy）。前者关注民意如何进入政治议程并最终落地为政治决策，包括公民有效参与、选举公平、公共事务透明化、政治议程规则化等要素；后者关注制度作为一种治理工具在实现其目标方面的效率表现，强调“为人民治理”（government for the people），而非简单的“由人民治理”（government by the people）。一项制度是否面临合法性危机，有赖于能否在公平与效率之间寻得某种平衡，既能发现民意广泛指向的社会问题，又不被可能的民粹主义遮蔽双眼（Hanberger，2003）。

有效的国家治理包含有关制度合法性的评估准则（Gearey and Jeffery，2006）。其中，福利制度的合法性评估对任何一个现代国家而言都是毋庸置疑的重要命题。现代国家作为政治共同体，基于自身独特的历史文化，发现并回应其工业化、现代化进程中衍生的问题。对这些问题的发现构成福利制度的投

* 作者为北京大学社会学系博雅博士后。本文感谢渠敬东老师和朱恒鹏老师的悉心指导。文责自负。

入合法性，对问题的回应则构成福利制度的产出合法性，其最终结果是现代福利国家制度（Kaufmann，2013b）。20 世纪 70 年代后西欧国家的“福利危机”显示，当福利制度的合法性遭遇危机时，国家合法性也可能受到威胁（Moran，1988）。

中国福利制度大规模改革起步于20 世纪 90 年代，为了响应当时的经济社会体制改革，中国政府在较短时间内建立起养老、住房、医疗等一系列“基本社会保障制度”，发展至今三十余年。中国的经济腾飞有目共睹，福利制度却充满争议（Naughton，2017）。政府文件多次强调让人民群众分享改革红利，也陆续推出相应措施，然而，随着改革推进和经济发展的阶段性变化，应以怎样的原则让人民群众分享改革红利？社会福利支出水平的合宜范围如何确定？基本社会保障中何谓“基本”？贫富差距多小方为合理？如何衡量并全面评估福利再分配的正当性与有效性？所有这些具体问题都指向福利制度的合法性建构，即如何发现并回应现代化进程中最受民众关注的社会问题，如何构建与问题发现和回应有关的社会共识，避免出现制度合法性危机。

本文试图结合制度合法性概念以及与欧美发达国家和其他地区确立福利制度合法性的经验，剖析中国福利制度当前面临的诸多问题。本文余下内容分为四节。第一节回顾现代社会福利制度起源的不同解释及其对制度合法性建构的影响；第二节分析“去商品化”（decommodification）作为测度福利制度合法性的指标，以及由此衍生的制度分类研究的意义；第三节回顾西方国家福利制度变迁的诱因、表现、路径及时滞；第四节是对中国福利制度合法性建构的启示。

## 一、现代社会福利制度起源的不同解释及其对合法性建构的影响

早期围绕福利制度起源的经典研究关注福利制度最初以法律形式在现代国家确立，来源为何，进而考察使其长期制度化的因素。较为主流的是两类范式取向：一类为功能主义取向，最典型的是早期盛行的工业主义逻辑，认为工业化、经济发展一定会带来福利制度（James and Gronbjerg，1977；Wilensky，1975），以回应经济社会变迁的功能性需要；福利制度建立的契机取决于国家何时具有制度建设的能力，包括经济能力和组织能力（Cutright，1965）。另一类为权力理论取向，如阶级政治和政党政治视角、国家中心视角等，其要义都在于认为制度建构由一些相关方通过其掌握的权力资源驱动。其中，阶级政治

和政党政治视角认为，福利制度源于现代社会中劳工力量的增强；作为其变体的权力－资源理论则认为，福利制度是不同利益群体基于在市场和民主政治中掌握的权力资源发生分配性冲突的结果，而这些冲突又定义和改写了之后分配性冲突的制度框架（Korpi，2003）。国家中心视角则认为，国家并不总是被动回应各利益相关方，官僚体系在其中发挥重要作用；国家结构中的历史变量塑造了制度的初始内容和创立时机（Skocpol，1980）；国家不仅可以弥补市场造成的不公平，还可以更主动地、制度化地建构公平（Ruggie，1984）。

这些研究视角或者范式偏好都遭遇了不同国家不同制度经验的挑战，虽然展现了强有力的局部说服力，但都在一些侧面饱受质疑，这也表明所有理论范式都无法全面解释跨文化、跨地域、跨历史时期且动态变化的福利制度，也难以相互整合成一个统一的理论，关键在于找到各个理论视角格外具有解释力的某个局部特征或前置条件。工业主义逻辑盛行于现代福利制度刚刚发端的早期，但很快被现实推翻，无法解释为何那些没有完成工业化的国家也会建立福利制度。科利尔和梅西克（Collier and Messick，1975）发现，在 59 个非社会主义国家样本中，即使工业劳动力占比不到 5% 和人均收入不到 51 美元的最不现代化的国家，也启动了社会保障制度。工业主义逻辑既无法在西方凯恩斯共识结束后给出新的有力解释，也无从描摹阶级间对权力资源的争夺以及争夺中发生的更具象的政治斗争，进而更无法解释工业化水平相近的国家为何在福利制度上表现迥异（Quadagno，1987）。新马克思主义认为福利制度只是国家维护资本利益的一种工具，忽视了伴随福利制度发展，劳工日益增长的政治、经济和社会资源。阶级政治和政党政治视角强调劳工力量的推动作用，但许多研究显示，劳工力量并不是通往福利制度的唯一途径，最早积极倡议社会保障的反而是欧洲的保守主义传统，其目的是防止劳动力商品化破坏旧有的劳动力控制体系（埃斯平－安德森，2010）；此外，劳工力量对福利制度的影响在某种程度上还取决于国家经济状况和政治体系的特征（Shalev，1983），例如，在社会民主党执政的国家，为了扩大社会基础进而扩大其政治上的优势，愿意对福利制度做出让步。国家中心视角则弱化了暗含于国家结构中的阶级关系，劳工和资本对社会政策的影响被淡化甚至忽略不计（Quadagno，1987）。

对制度起源的解释反映了特定的价值偏好，会系统地影响对制度的进一步观察和对制度目标的判断，进而对制度合法性基础得出截然不同的结论。基于功能主义取向的研究，在观测福利制度的微观机制、演变动因时，都会强调客观的功能性需要，天然带有“应然”倾向。举例而言，如果研究者认为，现代福利制度是现代社会必要的风险防范工具，那么在讨论制度的具体机制设计、内容乃至调整方向时，就更倾向于将社会风险信息的收集与某种价值取向相结合。基于权力理论取向的研究者则更加强调“实然”，即实际上哪些群体、哪些力量更多地影响资源（特别是政治资源）配置，这些群体较社会整体而言更多向哪些方向倾斜，因而有可能导致一些“非理性”的社会政策成为最后的制度选择。与此同时，制度本身受到的结构性影响以及各国或一国不同时期的社会结构有所不同，导致制度在演变过程中的多样性，因此，即使初始福利制度类似的国家或社会在关键的历史转折点上可能也会做出截然不同的选择。

## 二、测度制度合法性的“去商品化”及其衍生的制度类型学分析

无论用何种理论方式予以解析，具有合法性的福利制度内容都将体现在以下制度特征中：表层特征集中于福利制度的深度与广度（如覆盖人群规模、身份结构、资质设定、福利所涉领域等）；内在特征则观测福利制度隐含的充分就业承诺、社会分层体系、国家与社会关系等。考夫曼（Kaufmann，2013a）将这些特征简化为福利制度的两个维度：一是公共服务的供给，二是对公共领域“社会问题”的觉察、识别以及全面考量。这些都系统地刻画了福利制度的边界，也明确福利制度作为一种政治秩序的合法性依托。

去商品化是福利制度最鲜明的表层特征，由埃斯平-安德森（Esping-Andersen，2010）提出，当（公共）服务被视为一种权利，并且一个人不必依赖市场就能生活时，就出现了去商品化。养老金替代率、失业保险替代率、医疗消费支出占个人可支配收入比重等指标，都可用来衡量各个福利领域的福利替代程度，以观测个人及家庭从福利制度中的实际受益水平。影响这一指标的因素还包括受益人范围（是覆盖全民还是需满足某种资质、资质门槛高低），以及福利项目的范围（覆盖多广的生活领域，如失业救济、养老、住房、医疗、教育、儿童照护等），共同构成福利制度的深度与广度。

从去商品化角度测度福利制度的好处是，可以超越此前仅测度政府福利支出相对规模的局限性，如测度社会福利支出占 GDP 比重、占公共财政总支出比重等。在跨国制度比较中，比较政府支出是一种常用的方法，政府支出较高

的国家对公民的社会权利支持力度更高。但是，这一计算结果受到太多因素的干扰。如以社会福利支出作为分子，GDP 作为分母，在经济萧条、GDP 下行时很容易出现计算结果的上升，但这显然不是国家有意加大对福利制度的支持力度；同样，GDP 快速攀升，可能带来计算结果的相对下降，也很难认为是国家有意控制福利支出。此外，对不同财税体制的国家来说，还有直接福利支出和间接福利支出的差别，纳入减税、税前列支、强制性私人支出等间接福利支出后，公共财政中直接福利支出较低的国家也可能达到近似的福利支出规模或去商品化水平。金里奇（Gingrich，2014）比较了美国和瑞典对单亲父母的社会保护，发现两者的实际保护程度相近，只是瑞典通过家庭和住房津贴直接发放，而美国通过减税等间接方式，这导致从表面上看，后者的福利支出力度要低于前者。因此，国家间的福利支出差异并不一定如通常认为的那么大。如果考虑间接福利支出，芬兰 2007 年的净福利支出（net social expenditure）是 GDP 的 22.6%，美国也达到了 18.9%；如果仅考虑直接福利支出，则芬兰的总福利支出（gross social expenditure）达到了 GDP 的 28.2%，美国只有 17.4%（Ameda、Fron and Ladaique，2011）。埃斯平－安德森根据去商品化水平，将部分发达国家的福利制度划分为自由主义、保守主义和社会民主三种类型，并剖析不同福利制度下的去商品化力度的不同，特别是在获取门槛、覆盖范围、结构性差异等方面的不同。其中自由主义体制以资格审查式救助、有限的福利转移或社保计划为主导，去商品化力度相对最低，更青睐市场自发组织的保险，但不排除在社会保险让劳动力市场更有弹性时，自由主义者也会对社会保险更为包容。保守主义体制主要考虑如何维护不同群体的身份差异，去商品化力度取决于享受福利的资格与福利规则的设计。社会民主体制追求最高水平的去商品化，普惠式的保障水平向中等收入阶层的保障需求对齐，但实际财力未必能支持理想的去商品化力度。这一分类比较的意义并不在于考察哪种体制的福利制度更优越或更合理，因为不同体制背后是不同社会对市场导致的社会分层是否“正义”持有的不同理念，以及不同的价值偏好。分类比较更重要的意义在于，借助去商品化，我们可以发现不同福利体制体现的社会分层以及国家与社会关系的系统性不同，正是这些系统性不同界定了不同福利制度的产出合法性边界。

埃斯平－安德森被视为福利制度类型学的开山鼻祖，其后围绕福利制度类型的研究层出不穷，更多变量被引入以观测制度之间的异同，考察不同制度类型的优劣、去商品化力度的差异等。① 对福利制度日趋细致的划分使越来越多的研究更细致入微地观察具体国家的福利制度（整体或局部），特别是考察导致去商品化力度差异的因素：在看起来相似的福利制度背后，是否有同样的支撑系统？使支撑系统有效运转并保持生命力的机制是否类似？在相去不远的去商品化力度下，是否存在不同的制度成本或制度成本的结构性差异？是否有某些规律性的动因使某一地区必然选择某一类型的制度？早期的类型学分析主要集中在各国内部的政治因素，如埃斯平 - 安德森（2010）认为，福利制度走向何种类型，取决于一国阶层动员的性质、阶层政治联盟的结构、政治制度的历史遗留。比较政治经济学将问题扩大至全球视野，并更多考虑国际市场对国家福利制度类型取向的影响，例如，伊斯特维兹 - 亚伯等人（Margarita Estevez-Abe et al.，2017）认为，社会保障的形成与一国在国际市场上的竞争优势以及产品市场战略的选择有关。普拉萨德（Prasad，2019）则从财税社会学角度，解释美国为何鼓励消费信贷和私人福利，走上与欧洲截然不同的福利道路。

表面上相似的制度可能生发出截然不同的解释，使制度的类型划分越来越多。相较于直接经验，对同类制度更细致的观察可以提供更多的启发，但无法排除更有效的经验可能并非来自那些看起来类别相近的国家，而是来自其他一些在类别上相差甚远的地区。在一些特定的项目中，还会出现不同福利制度的国家表现出趋同的演变态势（Seeleib-Kaiser，2013），不同类型的福利制度相混合是不争的事实。

## 三、福利制度变迁：制度合法性基础的重塑

### 1. 福利制度变迁的背景与诱因

第二次世界大战后，西方发达国家的社会公共福利支出在凯恩斯主义影响下高速增长，直到20世纪70年代经济危机瓦解了福利制度长期可持续的普遍信念，甚至将其污名化（Coatsworth，1996）。福利制度是祸根之源吗？它会继续扩张还是缩减？过去数十年中被福利制度“熨平”的那些社会冲突，以及各国特定发展模式中的不稳定因素，又会出现哪些相应的变化？这些问题成为

① 参见匡亚林（2018）对西方福利理论中类型学分析的梳理。

后续福利制度研究的焦点所在，背后是对福利制度合法性危机乃至国家合法性危机的担忧。

过去各国福利制度的起源有各自不同的背景和诱因，但 20 世纪 80 年代后，随着国际政治和军事竞争色彩减弱、全球一体化特别是区域一体化程度加深，以及人口老龄化、家庭模式更迭、技术变革等“后工业化”特征的出现（Pierson，2001），越来越多趋同的变量开始影响不同国家的福利制度。众多研究发现，全球化很少直接影响福利制度，但会影响国内的政治与经济，进而间接影响福利制度。① 例如，欧盟委员会及欧洲货币联盟虽然没有直接干预欧元区各国的福利制度，但其推行的统一货币和金融一体化政策仍然间接影响了各国福利制度的变迁，各国都要根据这些政策对自身经济、政治和社会的影响，对福利制度做出相应的调整。

全球化加速了知识与信息的自由流通，提高了知识与信息的可及性，从而使一国在选择新的路径或者做出微调时，有了更多可供借鉴的经验，但同时也面临同类经济体给福利制度带来的压力，与同类经济体保持相近去商品化力度的福利水平，成为福利制度新的合法性来源之一。美国的自由主义福利制度在其国内饱受争议，作为世界上最强盛的经济体，为什么美国没有成为与欧洲一样的高福利国家？夸达尼奥（Quadagno，1987）、普拉萨德（2019）等学者都探寻了其中的缘由并将其描述为美国需要解决的“问题”。

### 2. 福利制度变迁的表现

一度广为令人担忧的福利制度收缩并没有在西欧整体性地出现，而更多表现为结构性收缩。范克斯伯根（van Kersbergen，2000）将它总结为，福利制度运行的大背景已经改变，但不曾导致既有福利体制或任何单个福利项目的解体。科尔皮（Korpi，2003）发现，能源危机之后欧洲国家共同出现的只有失业率的上升，而去商品化力度的变化在各国表现不一。影响因素更大的是各国自身的政治体制，在科尔皮和帕尔梅（Korpi and Palme，2003）考察的 13 个欧洲样本国家中，普惠型社会民主国家遭遇了最大程度的福利收缩，其中英国 1995 年的养老金净替代率较 1975 年至 1990 年间的峰值几乎减半；而法团主义

① 举例而言，体量较小的欧洲国家在欧洲一体化进程中相对更难维持本国的充分就业；跨国劳动力流动对本国劳动力市场形成冲击也是类似。

体制国家的福利平均削减水平最低。

西欧各国福利制度的整体稳定性源于这些国家对福利制度收缩相当抵制，这既是因为意识形态，也是基于既得利益和路径依赖。制度变迁总是受到思想和利益的双重影响。制度最初可能只是作为实用工具出现，但随着由其塑造的社会认同日益固化，就衍生出制度作为身份信号的第二种功能（科斯和王宁，2013）。到20世纪60年代，很多西欧人民已经认为社会民主制度下的福利不再是一种政治，而是嵌入社会背景中的生活方式（Judt，2014）。一旦形成了共同的信念与行动逻辑，制度的存在就会被视为理所当然，从而固化（Scott，2010）。对福利制度收缩的抵制也并不只是当下的受益群体，还包括广大的潜在受益者，因为退休、失业、残疾等福利项目是为了防范每个人都可能遭遇的风险，差异只在于风险系数的不同。

### 3. 福利制度合法性的重塑：变迁路径及工具选择

在福利制度已成为“必需品”，同时又面对公共财政重荷的情况下，福利制度想要保持生命力就必须寻找新的合法性来源或至少扩延旧有的合法性来源，要么调适观念，要么调整利益，要么两者兼具。这也意味着拓展或调整福利制度的功能涉及两个问题：第一，能否让新功能成为选民特别是那些有政治影响力的群体的共识。如同埃斯平 - 安德森（2010）指出的，一个国家能否超越传统政策工具的一个重要因素是“团结”人民的能力。第二，有哪些成本可控的制度工具可供选择，包括围绕新制度工具的信息获取、学习和实践成本等。前者决定制度的新目标能否成立，后者决定目标的可实施性，二者相互支撑，构成合法性调整的基础。

越来越多的学者关注福利制度的目标重塑，以及目标与实际运作机制之间的制度化工具的改进。福利制度的“污名”能否以及如何洗脱？不同的福利制度类型有哪些不同的公平策略选择？不同行动者在制度中的责任与角色应否以及如何做出调整？如何解释福利多元主义的出现与效率所在？市场机制与强调公平的福利制度是否兼容？这些问题本质上就是福利制度的目标如何在公平或效率之间重新定位，以及基于特定目标如何改进福利制度的效能。

福利制度的功能边界日趋超越福利制度本身，这是福利制度最重要的转变。20世纪80年代之前，经济学对福利制度的关注还只限于解决微观层面的“市场失灵”，80年代后，福利制度成为宏观经济学的重要议题，被视为整体经济中的一个子集，可以在宏观经济运行中发挥更积极的作用。如国家通过教育方面的福利供给，干预人力资本投资，可以提高经济增长率；对收入政策的适度干预可以避免通货膨胀及其对宏观经济带来的消极影响等（郑秉文，2003）。这些研究回应了此前福利制度危机中对福利制度与经济危机因果联系的质疑，也将福利制度发展上升到更高的国家战略定位。充分就业承诺自西欧福利制度中移除（Korpi，2003），转变为更积极的劳动力政策；此前对就业“量”的关注转向对“质”的关注（Rueda，2012，2015）。这固然是短期内应对危机的应急性措施，但也是回应福利制度宏观层面的新定位，是对制度内容的调整。

福利制度功能的拓展一定程度上推动了制度本身在世界范围的拓展。在西欧国家等“北方世界”的福利制度处于危机与转型的同时，亚洲、非洲、拉美等“南方世界”的国家越来越多地参与到全球层面的福利制度构建中（Leisering，2013）。关于福利制度起源的不同解释也可以不同程度地应用于这些国家，但20世纪80年代开始对福利制度功能的再思考及再发现浪潮无疑是这些国家福利制度合法性建构的重要来源之一，否则无从解释为何在发达国家开始重新审视福利制度的时候，发展中国家主动进场。同样，也很难认为，这种制度的拓展是“南方世界”自身公民权利不断扩展的结果，因为并不是所有这类国家在同期都伴有政治的民主化；即便伴有民主化或民主化趋势的国家，也少有经验研究显示公民的社会权利得到扩展、提高去商品化力度是其福利制度的第一要务。

东亚地区快速建立的福利制度被称为“生产性福利资本主义”，强调国家“生产至上”，社会政策从属于经济发展目标是其核心特征（Holliday，2000，2005）。具有此特征的国家更强调为特定职业群体提供全面的社会保护，极端情况下，只有公务员、军队、教师、企业雇员等正规就业的特定利益群体可以被纳入福利国家制度，而国民中的大多数人长达数十年被排除在福利国家制度之外，需要通过商品市场购买交换所需的服务（Aspalter，2011）。有研究发现，东亚国家社会服务的私人市场规模可观且增长迅速，一半的教育支出和大约2/3的医疗支出都由私人负担；相对于英国家庭收入中只有1.4%和1.3%用于教育和医疗，韩国家庭需要花费收入的10%和5%（Gough，2004）。与欧美国家不同，东亚国家作为福利制度的“后起之秀”，从一开始就对西方所谓的“福利陷阱”充满警惕，对可能持续扩张的福利支出持相当谨慎的态度

（Kim and Shi，2013）。例如，台湾地区在20世纪90年代建立了一系列普惠性福利制度的同时，公共部门的私有化就是颇受欢迎的变革选项，形成公共资源投放、财政支出的某种平衡；福利制度的建立与发展隐含着一个前置条件：不能对经济发展造成负面影响，同时财政上要可持续，这一条件也嵌入在福利制度的合法性基础中。

### 4. 从效能调整到落地成文：制度合法性重塑的时滞

福利制度的合法性重塑是一个动态过程，体现为制度效能的调整和再发现，并将新的制度效能作为新的共识，引入法律条文，具有法律效力。戴维斯和诺思（Davis and North，1994）将制度合法性重塑的过程称为“制度变迁时滞”。

学者们从不同角度分析了影响制度变迁时滞的因素，包括制度合法性的重塑成本、政府政治倾向、选民行为或偏好、具体时空背景等变量。科尔皮（2003）从合法性重塑成本的角度分析了医疗、失业、工伤三类社保项目，他认为这三类社保往往被最先缩减，因为三者在调整替代率方面见效最快，而与之相反的养老金，受到的政策影响要在多年后方见端倪；最低保障水平也是最容易被下调的部分，因为保障水平低、受惠群体少、相应的政治影响力薄弱，对其调整容易被更快实施。

阿玛布尔等人（Amable et al.，2006）从政府的政治倾向进行分析，他们考察了18个发达国家在1981年至1999年的福利制度合法性重塑，认为左倾政府倾向于利用经济震荡可能产生的积极效应，调整制度结构、整合福利支出，而右倾政府更倾向直接收缩福利水平。这可以理解为，维持总量相对稳定、调整结构的变革方向在左倾政府执政时，合法性重塑的时滞可能更短，而福利收缩在右倾政府执政时，合法性重塑的时滞更短。

金里奇（Gingrich，2014）考察了选举政治中选民行为或偏好对合法性重塑时滞的影响。他发现，选民对福利制度的态度偏好很大程度上取决于可获得的有关福利制度的信息。基于政府直接支出的福利项目有更高的可见性（visibility），可以给选民提供更多信息，使选民更容易做出判断，因此更易受到重视，并保持较稳定的政治偏好。相反，基于政府间接支出的福利项目（如通过减税、税前列支等），选民的重视程度低，这些项目的合法性重塑时滞更短。对于那些可见性高的项目，选民也未必表现出对福利收缩始终如一的抵制态度，这取决于政府能否向选民传递更清晰、更全面的信息，如更可度量的经济成本、危机程度（Giger and Nelson，2013）。换言之，政府在获取、组织、传递相关信息方面表现越好，且成本收益更易核算的制度，其合法性重塑的时滞越短。

在选举政治的影响相对小且具有“宏观管理”特征的国家，制度合法性重塑时滞受选民影响相对小，但仍然受到信息特征及信息传递的影响，因为最高决策层基于其所获信息做出的价值判断，较之个体选民对制度合法性重塑的影响要大得多。这也是多数发展中国家与发达国家在制度合法性重塑时滞上呈现显著差异的一个原因。由于最高决策层在调配资源和快速决策方面的特有优势，这类国家更可能出现短期快速的制度合法性重塑。但是，这类国家也更可能出现“强制性制度变迁”，即运用政治权力进行基于国家意志的再分配，一旦没有实际行动消除原有制度的不均衡，就可能出现制度变迁的“有名无实”，新的制度只停留在纸面的法律条文上。决策层的偏好及有限理性、固有的意识形态刚性、官僚机构的组织及激励、既得利益集团冲突以及可利用的社会科学知识的有限性，都可能导致“强制性制度变迁”的失败（林毅夫，1994）。

经济发展的周期性危机或公共财政危机有可能缩短福利制度的合法性重塑时滞，但基于危机对国家合法性的影响不同，制度变迁有截然不同的方向。波兰在国家转型后通过变卖国有资产以维持原有的部分福利制度，维系其国家合法性（Rae，2016）；而发展相对平稳的西欧国家则选择结构性收缩的策略，特别是收缩面向相对弱势群体的福利政策。对福利制度依赖度更高的女性不得不退出劳动力市场，儿童支持政策的收缩对单身母亲尤为不利。但是，很少有人关注福利制度在性别不平等方面的倒退（Korpi，2003）。

## 四、对中国福利制度合法性建构的启示

在20世纪90年代之前，中国福利制度的特征是基于国有/集体单位的福利供给、基于户籍制度的居民福利供给以及农村地区基于本地的福利供给（Leung and Nann，1995）。其中，基于单位的福利供给是公共资金最主要的流向，并按照行政等级、个人学历、工龄等指标严格设定福利供给的差异。受益人以单位职工身份而非更具普遍性的公民身份领取差异化福利。

20世纪90年代向社会主义市场经济转型后，中国福利制度从城市地区低工资、高福利的集体社会主义体制，转向基于个人责任的、经济增长导向的生

产主义体制（Choi，2012）。从这一时期开始，中国加速了城市化、工业化、现代化进程，同时也在短期内快速建立起社会化的养老金制度、医保制度、失业保险制度等。西方现代化进程中出现过的问题在中国加速出现，福利制度则面临着究竟在多大程度上借鉴西方经验，以对自身遭遇的问题做出有效回应。

对于福利制度所要回应的“社会问题”，已有大量的研究。从农村到城市的大规模人口流动、存在大量非正规就业的劳动力市场、薪酬和福利的不平等、独生子女政策带来的快速老龄化等，都对中国福利制度构成挑战（Choi，2012）。2007 年全球金融危机后，中国公共财政预算用于社会福利的支出也大幅增加，但相较于公民的社会权利扩张，福利制度仍然需要更多地为平滑消费、扩大内需等功能性目标服务（De Hann，2010）。巴里·诺顿（Naughton，2017）认为，在中国经济快速增长之后，有必要考察国家在再分配领域的方案选择与制度实效，但研究结果显示，中国再分配的改进成效仍然有限，贫富差距较大，城乡福利二元分化，存在公共福利投入水平低、社会保障水平低、缺乏相应税制支持公共财源拓宽等客观问题，社会安全网仍有多处“漏洞”，而在拓宽福利制度的广度方面也没有建立制度化框架。更重要的是，普通城乡居民反映诉求的渠道仍然不够通畅，而利益集团或群体对政策过程的干预则处处可见。

这些都构成了当下中国福利制度面临的合法性危机。结合前述文献研究，现代社会福利制度的变迁经验至少可以在以下这些方面为中国解决制度合法性危机提供启示。

第一，功能主义与权力理论的视角都可用于解释中国福利制度的起源，或者说制度最初的合法性来源。

从功能主义的视角看，20 世纪 90 年代以前，以单位制为主的中国福利制度，蕴含了抑制消费以保证国家将更多资源投入生产领域的制度功能，这也是苏联和东欧国家广泛采用过的福利模式（塞勒尼，2010）。90 年代后形成的一系列基本社会保障制度，意味着经济体制计划向市场化转型，而福利制度随之转变，个人从单位职工身份转变为社会化的劳动力，并享有社会化保障。进入 21 世纪后，政府有意向更普惠和平等的社会改革转型，包括最低收入保障计划受保人群快速扩张，对低收入群体免税，农村医疗、教育资源扩充，乃至启动教育、医疗等福利领域的系统性改革等。表层的制度内容调整体现了制度设计者对不同时期“社会问题”的界定。

从权力理论的视角看，中国福利制度的背景是“社会主义再分配体制”，塞勒尼（2010）用这一概念解释社会主义国家的经济体制，意指几乎所有资源都掌握在国家手中，再由国家根据中央制定的目标进行分配。计划经济时期这一特征尤为突出，包括倾向于最大限度减少消费和扩大投资，最大限度减少个人消费、扩大集体消费等。与此同时，这一体制的效率很大程度上依托于目标的合理制定与有效实施，因而必然要求掌握更多理性、更可能科学决策的群体占有更多权力资源，包括决策参与、政治议程等相关话语权。这又客观地导致再分配资源向这部分群体倾斜。即便在20世纪90年代向社会主义市场经济转型后，社会主义再分配体制仍然影响权力结构，例如公务员及国有事业单位人员享受相对更优厚的福利供给。

第二，用去商品化水平测度制度合法性，以更好地反映当前中国福利制度中的“保基本”工作。目前，国家福利支持力度与去商品化水平两个概念相互混淆，导致制度合法性危机难以得到及时、准确的回应。

相关主管部门都希望财政能够增加对本部门的福利支持，但财政部门很难获取“如何切分财政预算才更科学”的明确依据。当前的制度内容并不包含对制度效能评估的内部量化体系或开放的外部评价，其结果是去商品化水平这一指标很少用于评价居民及家庭在福利制度中的实际受益水平，甚至很多评估指标的使用都因缺乏独立的思想市场而含糊不清。

以医疗领域为例，卫生系统在争取更多公共资源并陈述当前制度成就时，倾向于采用就诊次数和单次就诊费用两个指标，以就诊次数增加作为医疗服务可及性提高的代表，以单次就诊费用下降作为医疗负担减轻的代表，但医疗机构只需要对现有患者分解诊次（可以一次就医的，要求两次就医），就可以实现诊次增加、平均费用下降。而代表患者实际负担（即去商品化水平）的居民医疗保健消费支出占可支配收入比重，虽然可以通过统计部门的公开数据计算，却很少用于医疗领域“保基本”的争论中，更难以作为参照指标，对医疗领域的福利决策产生实际影响。

这一问题几乎存在于教育、扶贫等各个福利领域，表现为以“保基本”的名义，要求增加财政投入，但很少考量个人及家庭的实际受益情况。其结果是，因为无法与受益人的受益情况挂钩，公共财政投入的绩效难以衡量，并且不可避免地存在大量浪费。更重要的是，去商品化水平作为福利制度评估的一个重要指标，不能发挥其应有的重要作用。由于个人实际受益情况难以获知，更无法通过去商品化水平的结构性特征考察社会分层与社会结构，国家与社会在福利领域中的关系及边界也含糊不清。由于这一指标的缺失，很多社会问题的发现成本增加，最终可能导致制度合法性危机的出现悄无声息却又来势汹汹。

第三，解决制度合法性危机需要从投入合法性与产出合法性两方面予以回应，两方面都需要考虑观念，兼顾利益。

投入合法性关注的不只是新的制度条文落实于纸面、具有了法律效力，而且要关注制度建立的过程中，是否有渠道让更广泛的民意进入政策议程，换言之，制度设计者的信息渠道及搜集机制能否让他们掌握民意广泛指向的那些社会问题，以及制度设计者以什么样的观念来处理搜集到的信息，以避免基于国家意志的“强制性制度变迁”带来的制度失败。巴里·诺顿（2017）认为，当经济发展是主要目标时，政策向谁回应没有那么重要，因为所有人都可以从中获利；当政府试图转向再分配和提供更多公共品时，政策必须反映更多元的利益取向及不同群体的偏好。因此，在以部门作为主要信息收集渠道的情况下，须关注部门基于自身利益有选择地收集信息的行为倾向，并设计一定的机制，避免福利政策被既得利益集团阻拦或扭曲。

产出合法性则关注制度效能如何基于当前社会问题进行调整。这要求制度设计者能够准确界定当前社会问题，在此基础上，还要掌握解决这些问题的有效信息。换言之，支持制度设计者做出有效应对方案的机制设计，在解决产出合法性问题时至关重要。考夫曼（2013b）认为，福利制度不只是国内的制度产品，也是西方文化全球扩散的结果，但各个国家在汲取外部经验时，表现出不同的学习能力以及对不同利益和意识形态的应对能力，导致了国际经验扩散结果的大不相同。这一观点固然是在解释不同国家福利制度的多样性，但也说明，出于对不同观念与利益的应对，各国都有较大主观空间决定工具性经验的学习与实施差异。以平等为例，诺思等人（2013）发现，大多数发展中国家普遍缺乏平等和包容的信念；受不平等的社会结构影响，平等信念甚至很难在这些国家维持。因此，解决社会不平等问题并非这类国家的制度产出合法性的构成要素，意在解决不平等问题的政策工具在这类国家更可能无用武之地。以医保制度为例，顾昕（2012）认为中国应超越当前医保制度分散化、碎片化格局，走向普惠式的全民健康保险，在全国层面统筹保障，同时促进经济增长和社会发展，但这一观点既没有在官方制度修订中得到考量，也不被社会舆论重视。

第四，应谨慎看待制度合法性重塑的危机推动论，制度合法性危机可以带来超越既得利益并以更低成本重塑制度合法性的契机（Moran，1988），但这仍要视其他因素而定。为了应对中国养老金在不远的将来可能出现的基金缺口，国家于2017年确定划转部分国有资本充实社保基金，于是有不少人认为，养老金危机或可成为国有资产优化配置的机会窗口。但欧洲经验显示，制度合法性重塑的路径取向及时滞，要看具体福利项目、利益相关方以及政治力量联盟的特征等。周期性危机或公共财政危机可能为制度合法性重塑提供强大的力量，但也可能只是进一步挤压相对弱势的群体，最终结果有赖于解决危机的方式是更多地支持还是威胁国家合法性。

## 参考文献

顾昕，2012："走向全民健康保险：论中国医疗保障制度的转型"，《中国行政管理》，2012，8：64－69。

匡亚林，2018："社会福利引论：福利体制模式的类型化考察"，《国家行政学院学报》，2018，3：56－61＋154。

郑秉文，2003："经济理论中的福利国家"，《中国社会科学》，2003，1：41－63＋205。

奥尔菲奥·法瑞斯特，2017："多边偏好的国内根源：欧共体中的资本主义多样性"，载彼得·A. 霍尔、戴维·索斯凯斯等编：《资本主义的多样性：比较优势的制度基础》，王新荣译，北京：中国人民大学出版社。

哥斯塔·埃斯平－安德森，2010：《福利资本主义的三个世界》，苗正民、滕玉英译，北京：商务印书馆。

L. E. 戴维斯、D. C. 诺思，1994："制度创新的理论：描述、类推与说明"，载R.·科斯、A. 阿尔钦、D. 诺思等著：《财产权利与制度变迁——产权学派与新制度学派译文集》，刘守英等译，上海：上海人民出版社。

林毅夫，1994："关于制度变迁的经济学理论：诱致性变迁与强制性变迁"，载R.·科斯、A. 阿尔钦、D. 诺思等著：《财产权利与制度变迁——产权学派与新制度学派译文集》，刘守英等译，上海：上海人民出版社。

罗纳德·哈里·科斯、王宁，2013：《变革中国》，徐尧、李哲民译，北京：中信出版社。

玛格丽特·伊斯特维兹－亚伯、托本·伊韦尔森、戴维·索斯凯斯，2017："社会保障与技能的形成：重新解释福利制度"，载彼得·A. 霍尔、戴维·索斯凯斯等编：《资本主义的多样性：比较优势的制度基础》，王新荣译，北京：中国人民大学出版社。

莫妮卡·普拉萨德，2019：《过剩之地：美式富足与贫困悖论》，余晖译，上海：上海人民出版社。

诺思、瓦利斯、温格斯特，2013：《暴力与社会秩序：诠释有文字记载的人类历史的一个概念性框架》，杭行、王亮译，上海：上海格致出版社。

托尼·朱特，2014：《战后欧洲史》，林骧华等译，北京：三辉图书/中信出版社。

W. ·理查德·斯科特，2010：《制度与组织》，姚伟、王黎芳译，北京：中国人民大学出版社。

伊万·塞勒尼，2010：《新古典社会学的想象力》，吕鹏等译，北京：中国社会科学文献出版社。

Åberg, R. , 2003. "Unemployment Persistency, Over-Education and the Employment Chances of the Less Educated." *European Sociological Review*. 19 (2): 199 -216.

Adema, W. , P. Fron, M. Ladaique, 2011. "Is the European Welfare State Really More Expensive?: Indicators on Social Spending, 1980 -2012; and a Manual to the OECD Social Expenditure Database (SOCX)." *OECD Social, Employment and Migration Working Papers*. No. 124, Paris: OECD Publishing.

Amable, B. , D. Gatti & J. Schumacher, 2006. "Welfare-State Retrenchment: The Partisan Effect Revisited." *Oxford Review of Economic Policy*. 22 (3): 426 -444.

Aspalter, C. , 2011. "The Development of Ideal-typical Welfare Regime Theory". *International Social Work*. 54 (6): 735 -750.

Brady. D. , J. Beckfield & M. Seeleib-Kaiser, 2005. "Economic Globalization and the Welfare State in Affluent Democracies, 1975 -2001." *American Sociological Review*. 70 (6): 921 -948.

Choi, Y. J. , 2012. "End of the Era of Productivist Welfare Capitalism? Diverging Welfare Regimes in East Asia." *Asian Journal of Social Science*. 40 (3): 275 -294.

Coatsworth, J. H. , 1996. "Welfare." *The American Historical Review*. 101 (1): 1 -12.

Collier, D. & R. Messick, 1975. "Prerequisites Versus Diffusion: Testing Alternative Explanations of Social Security Adoption." *The American Political Science Review*. 69 (4): 1299 -1315.

Cutright, P. , 1965. "Political Structure, Economic Development, and National Social Security Programs." *American Journal of Sociology*. 70 (5): 537 -550.

De Hann, A. , 2010. "A defining moment? China's social policy response to the financial crisis." *Journal of International Development*. 22 (6): 758 -771.

Dillon, N. , 2015. *Radical Inequalities: China's Revolutionary Welfare State in Comparative Perspective*. Cambridge: Harvard University Asia Center.

Gearey, M. & P. Jeffrey, 2006. "Concepts of Legitimacy within the Context of Adaptive Water Management Strategies." *Ecological Economics*. 60 (1): 129 -137.

Giger, N. & M. Nelson, 2013. "The Welfare State or the Economy? Preferences, Constituencies, and Strategies for Retrenchment." *European Sociological Review*. 29 (5): 1083 -1094.

Gingrich, J. , 2014. "Visibility, Values, and Voters: The Informational Role of the Welfare State." *The Journal of Politics*. 76 (2): 565 -580.

Hanberger, A. , 2003. "Public Policy and Legitimacy: A Historical Policy Analysis of the Interplay of Public Policy and Legitimacy." *Policy Sciences*. 36 (3/4): 257 -278.

Holliday, I. , 2000. "Productivist Welfare Capitalism: Social Policy in East Asia." *Politi-*

*cal Studies*. 48 (4): 706 – 723.

Holliday, I., 2005. "East Asian Social Policy in the Wake of the Financial Crisis: Farewell to Productivism?" *Policy and Politics*. 33 (1): 145 – 162.

Hort, S. O. & S. Kuhnle, 2000. "The coming of East and South-East Asian welfare states." *Journal of European Social Policy*. 10 (2): 162 – 184.

James, D. B. & K. A. Gronbjerg, 1977. *Mass Society and the Extension of Welfare 1960 – 1970*. Chicago: University Chicago Press.

Jones, C., 1990. "Hong Kong, Singapore, South Korea and Taiwan: Oikonomic Welfare State." *Government and Opposition*. 25 (4): 446 – 462.

Kaufmann, F. -X., 2013a. "The Idea of Social Policy in Western Societies: Origins and Diversity." *The International Journal of Social Quality*. 3 (2): 16 – 40.

Kaufmann, F. -X., 2013b. *Variations of the Welfare State: Great Britain, Sweden, France and Germany Between Capitalism and Socialism*. German Social Policy 5, Berlin and Heidelberg: SPringer International.

Kerr, C., J. Dunlop, F. Harbison, C. Myers, 1964. *Industrialism and Industrial Man: The Problems of Labor and Management in Economic Growth*. New York: Oxford University Press.

Kim, W. S. & S. – J. Shi, 2013. "Emergence of New Welfare States in East Asia? Domestic Social Changes and the Impact of 'Welfare Internationalism' in South Korea and Taiwan (1945 – 2012)." *The International Journal of Social Quality*. 3 (2): 106 – 124.

Korpi, W., 2003. "Welfare-state Regress in Western Europe: Politics, Institutions, Globalization, and Europeanization." *Annual Review of Sociology*. 29: 589 – 609.

Korpi, W. & J. Palme, 2003. "New Politics and Class Politics in the Context of Austerity and Globalization: Welfare State Regress in 18 Countries, 1975 – 95." *The American Political Science Review*. 97 (3): 425 – 446.

Leisering, L., 2013. "The 'Social': The Global Career of an Idea." *The International Journal of Social Quality*. 3 (2): 1 – 15.

Leung, J. & C. R. Nann, 1995. *Authority and Benevolence: Social Welfare in China*. Hongkong: The Chinese University Press.

Moran, M., 1988. "Crises of the Welfare State." *British Journal of Political Science*. 18 (3): 397 – 414.

Naughton, B., 2017. "Is China Socialist?" *The Journal of Economic Perspectives*. 31 (1): 3 – 24.

Offe, C., 1984. *Contradictions of the Welfare State*. Cambridge, Mass: MIT Press.

Olson, L., 1982. *The Political Economy of the Welfare State*. New York: Columbia University Press.

Pierson, P., 2001. "Post-industrial Pressures on the Mature." *The New Politics of the Welfare State*. Oxford: Oxford University Press.

Quadagno, J., 1987. "Theories of the Welfare State." *Annual Review of Sociology*. 13: 109 – 128.

Rae, G., 2016. "Public Capital and the Post-Communist Welfare State: The Case of Poland." *Polish Sociological Review*. 194: 155 – 169.

Rueda, D. , 2012. "West European Welfare States in Times of Crises." In Nancy Bermeo & Jonas Pontusson (eds.) *Coping with Crisis*. New York: Russell Sage Foundation.

Rueda, D. , 2015. "The State of the Welfare State: Unemployment, Labor Market Policy, and Inequality in the Age of Workfare." *Comparative Politics*. 47 (3): 296 – 314.

Ruggie, M. , 1984. *The State and Working Women: A Comparative Study of Britain and Sweden*. Princeton, NJ: Princeton University Press.

Schimmelfennig, F. , 1996. *Legitimate Rule In the European Union: the Academic Debate*. Tübingen: Abt. Internationale Beziehungen/Friedens-und Konfliktforschung des Instituts für Politikwissenschaft der Eberhard-Karls-Universität Tübingen.

Seeleib-Kaiser, M. , 2013. "Welfare Systems in Europe and the United States-Conservative Germany Converging toward the Liberal US Model?" *The International Journal of Social Quality*. 3 (2): 60 – 77.

Shalev, M. , 1983. "The Social Democratic Model and Beyond: Two Generations of Comparative Research on the Welfare State." *Comparative Social Research* 6.

Skocpol, T. , 1980. "Political Response to Capitalist Crisis: Neo-Marxist Theories of the State and the Case of the New Deal." *Politics & Society*. 10 (2): 155 – 201.

van Kersbergen K. , 2000. "The Declining Resistance of Welfare States to Change?" In Kuhnle S, (ed.) *Survival of the European Welfare State*. London: Routledge.

Wilensky, H. , 1975. *The Welfare State and Equality: Structural and Ideological Roots of Public Expenditures*. Berkeley: University California Press.

# 金融评论

Financial Review

Comparative

# 货币性质与货币交易的再思考

陆磊　刘学

人们之所以以货币的形式持有其一部分资产，乃是因为他们相信货币可以比其他的储蓄形式更容易、更自由地和他们将选择的任何一种价值实体相交换。①

——约翰·梅纳德·凯恩斯《货币改革论》(1923)

货币存在性给理论家们提出的最大挑战是：最成熟的经济理论没有货币存在的空间。当然，最成熟的经济理论是瓦尔拉斯一般均衡理论中的阿罗－德布鲁模型。

——弗兰克·哈恩《货币与通胀》(1983)

## 一、引言

从实物货币到数字货币，货币伴随人类文明数千年之久；从第一家中央银行诞生至今，货币理论与政策伴随经济社会发展也有数百年之久。尽管关于货

---

* 陆磊，现任职于国家外汇管理局；刘学，现任职于中国人民银行金融研究所。本文仅代表作者观点，文责自负。

① 在现代金融体系下，银行之所以持有更多的货币，是因为货币可以比其他形式的金融资产（如债券、股票等）更容易、更自由地完成与其他银行、金融机构之间的交易。

币的职能及其对生产、流通、交换、消费的研究已经非常成熟，然而，自天才经济学家瓦尔拉斯（Walras，1900）创立一般均衡理论至今，在微观经济学、宏观经济学理论与政策两大领域均面临着如何处理货币的困境。其核心问题在于，货币是否能够独立于商品和服务，货币是否能够独立于资产。这似乎是一个陈腐无趣的理论问题，但实际上这导致了一个每天都在演绎的政策困境：如果货币具有商品或者财富属性，那么在主权信用货币时代，这种商品或财富是可以通过零成本形式复制的。由于这一似是而非的判断，货币政策总是处于众说纷纭的争议中。

在微观经济学层面，由于货币具有计价单位、价值储藏和交易媒介三大职能，完全不同于一般商品，因此货币是否能如其他商品那样，在需求端具有可靠的效用函数，在供给端具有可信的生产函数，始终是悬而未决的问题。一些学者（如 Sidrauski，1967）强行把货币塞进效用函数尚属有争议但勉强可接受的范畴，但是在供给侧的讨论几乎乏善可陈。究其原因，如果货币按照利润最大化的一般商品方式进行生产，那么，由于它是货币（比如黄金的生产），什么决定了它的价格？显然，我们面临循环论证的尴尬境地。特别是，当全球进入脱离了金属本位之后的（法定）信用货币时代，因其无成本印制特征，货币的生产函数已经失去了讨论价值。于是，在微观经济学，缺乏对货币供给和需求的局部均衡讨论，非要把货币作为第 0 种商品直接推入一般均衡模型（Ostroy and Starr，1990），显然缺乏货币作为商品的基础性分析，也就是说，在缺乏消费者理论、厂商理论和局部均衡理论过滤的情况下，尽管经得起数学检验，却很难说这是一种令人信服的分析。

在宏观经济学层面，尽管货币理论与政策研究汗牛充栋，但恰如哈恩（Hahn，1990）在讨论"流动性"时叹息的那样："直至今日，宏观经济理论还没能在最广义的层次上充分地研究流动性偏好命题。特别是，没能考虑资产的交易成本和不确定性问题。这可能是由于（宏观）经济学研究通常热衷于'代表性'经济主体的概念。这一思想方法抽象掉了经济主体的异质性，而交易成本正源于此。由于这一疏忽，宏观经济学的很多命题可能都存在问题。但是，我既没有能力也没有时间去尝试弥补。"通常，货币经济学被纳入宏观经济学范畴，或许是因为自希克斯（Hicks，1935）以来，LM 模型成为宏观经济总需求理论的两大基石之一，货币政策成为宏观调控的两大工具之一。但是，LM 模型中的货币与现实经济运行中的货币显然已相去甚远：出于交易、谨慎和投机需要的非生息性“理论货币”与现实中包括了具备生息能力的居民储蓄存款的广义货币之间，存在显著差异，遑论随着金融创新显然具有货币三大职能且不断孳息的货币市场基金（如余额宝）。

与哈恩的叹息一样，本文并无重塑货币经济学的雄心；同样与哈恩的叹息一样，本文仅仅致力于使我们对货币的描述更加接近现实。据此，我们以尽可能简单的模型表述，聚焦于以下四个基本问题的讨论。

第一，货币的本质是一种权利，持有货币意味着持有“未来效用索取权”。货币作为计价单位（Spence，1974），已经被赋予了特定的权利，无论这种权利是约定俗成的，还是法律保证的。从作为计价单位的基本权利出发，货币具有两个衍生权利：一是随时置换其他商品和资产的权利，即交易媒介。尽管从货币史看，几乎所有的研究都会从简单的物物交易出发，得出货币作为“一般等价物”的“特殊商品”结论，这在经济学意义上或许具有理论价值，却不具备现实性。这是因为在任何商品交易中，货币都是作为存量存在的，即在交易瞬间，无论货币是买方的禀赋、上期作为卖方的所得或者借入，它并不是现实生产出来的。因此，它不具备生产函数，而只是一种获得其他商品的权利，恰如瓦尔拉斯（1900）定义的，货币是“随时置换成其他商品的能力”。二是复制自身并获得时间价值的权利，即价值储藏。在现实中，由于货币具有计价单位和交易媒介的权利，因而无论在消费者理论还是在厂商理论中，都以预算约束的形式存在（而非一定进入效用函数）。所谓价值储藏，在金属本位制度下，意味着货币总量几乎是固定的，而新增产出或要素投入都需要更多的货币，因而意味着货币在未来可以兑换更多的商品、服务和要素。在信用货币时代，货币具有兑换其他货币、各类金融资产的权利。简单地说，存钱可以获得更多的钱，存商品却无法得到更多的商品。①

第二，货币交易的定义是货币与货币的交易，可以是即期的，也可以是跨期的。这一点与瓦尔拉斯—希克斯—帕廷金的传统理论有很大不同，所谓货币交易不是货币与商品的交易，我们的立论同样基于现实：在偶然的物物交易中，根本不可能存在一般均衡。这是因为，每个局部均衡都存在“价格”，而

① 存古董、囤积土地房产，无法获得更多的古董或土地房产，但可以得到更多的钱。实际上，这一行为本身可以分为两个交易阶段：第一阶段是以钱交易古董或房地产，第二阶段是以此类资产换取钱。因此，本质上仍然是货币具有时间价值。

价格单位，无论用什么形式记账，都意味着货币已经存在。① 因此，我们将证明，货币与商品的交易作为货币交易在经济现实中基本没有意义。真正有意义的是，当我们把货币交易定义为当前货币与未来货币之间的交易，即跨期货币投资，以及不同货币之间的现货交易，即外汇买卖时，货币交易才具有使货币存量发生变化的现实性。而真正能够在宏观经济学意义上引致一系列变量发生变化的原因，恰恰不是货币存量，而是货币增量。这就是在金属本位货币时代，货币政策几乎无足轻重的原因：货币增量为零或完全可预期，货币存量稳定，则通货膨胀与货币的关系十分稳定，服从古典货币数量论（$MV \equiv PY$）。在信用货币时代，货币与货币之间的交易总额和频率甚至高于货币与商品的交易，货币增量的稳定性消失，由此引起通货膨胀、就业、名义增长和国际收支变化。② 因此，真正有价值的研究目标是货币增量，以及引起货币增量变化的因素。

第三，如果货币交易被明确为货币与货币之间的交易，如果货币增量是重要的，那么，货币的供给者是公众和中央银行；货币的需求者是具有存贷款职能的金融中介，主要是商业银行。这一论断显然颠覆了传统宏观经济学的认识。值得说明的是，我们无意挑战自凯恩斯（1936）、希克斯（1937）以来的一般认识，即货币需求的主体是公众，从流通中现金（M0）的角度看，具有历史价值，符合历史事实。但是，从现代信用货币考察，由于金融中介的存在，公众基于对金融机构的信任而持有储蓄存款（计入 M2）。恰恰由于这一伟大的革命性变化，金融中介成为货币的需求者，公众成为货币的供给者。那么问题来了，金融中介的贷款行为是否意味着借款人（仍然可以通过“穿透”抽象为公众，这是因为家庭是企业的终极所有者）并非货币的终极需求者？在我们的研究中，答案显而易见：借款人并非货币的终极需求者。借入货币与商品禀赋在本质上并无区别，其行为是为了购买要素、其他商品和资产，因而实质上仍然符合阿罗－德布鲁框架下货币外生的基本范式。于是，我们对货币交易及其供求的定义是：货币交易仅仅在货币市场上进行，无论是瓦尔拉斯框

① 比如部分经济体实行的“石油换食品”，貌似易货贸易，实际上仍然存在货币计价。

② 在此，一定会引发有关货币政策中性与非中性这个古老的理论争议，即货币是否具有带动就业或增长的实际效应。我们会在计划中的《货币政策论》中做专题深入研究。在此，我们仍然沿用货币政策作为宏观调控需要实现的四大目标作为共识性讨论。不妨预先透露我们的研究成果：货币增量供给在某种情形下甚至会导致通货紧缩、要素就业下降和经济增速下行。

架还是阿罗－德布鲁框架，因为不存在货币市场，所以仅仅存在商品和要素供求关系，即使这种供求关系以货币计价，但并不存在货币供给者和需求者。货币供给者是为了获得更多的货币而提供原始存款者。货币需求者是通过得到货币，搜寻并满足经济中需要以货币实现生产者、消费者和价值储藏者的非货币性需求。由此，在一个经济体的货币市场上，符合货币供给定义的只有两类主体——公众和中央银行；符合货币需求的只有一类主体——商业银行。

第四，重塑现实货币市场上的货币均衡。由于货币交易被定义为货币与货币的跨期交易，所以我们不再陷入商品交易的卖方到底是商品供给者还是货币需求者的无谓争议。同时，我们认为，在宏观经济学意义上真正有价值的讨论是货币增量，这是因为在货币存量既定且在时间序列上保持恒定的前提下，货币政策、货币供求、通货膨胀和资产价格都将失去讨论的价值。于是，真正有价值的问题在于：什么因素引发了货币呈现跨时增量变化，是否存在货币市场均衡。在宏观经济学研究领域，流通中现金与广义货币一直是两个纠缠不清的概念；关于货币市场的均衡，几乎都把货币定义为流通中现金，但关于货币政策的讨论，又往往聚焦于广义货币。我们认为：一方面，随着金融技术的发展，企业活期账户和居民储蓄账户完全具备了现金的全部功能；另一方面，对现金作为货币的狭义思考，将忽略一个重要的货币需求主体，即金融中介，同时忽略了一个更加重要的概念，即存款货币创造。几乎可以肯定的是，无论中央银行还是企业部门，社会融资（包括信贷）是与增长、就业和通货膨胀高度相关的因素。因此，基于研究和政策价值考量，我们讨论的仅仅是广义货币市场均衡（如果这种均衡存在的话）。

## 二、非货币经济的瓦尔拉斯－希克斯－帕廷金范式：在一般均衡中为货币寻找一个位置

相当一部分关于货币的经典研究都致力于在一个 $n$ 维商品、服务向量中给货币确定一个位置，不妨称之为“瓦尔拉斯猜想”。直到今天，这一努力并未完成。

### 1. 货币的价值尺度和流通手段职能

在瓦尔拉斯（1900）的分析系统中，货币作为“随时可置换为其他商品的能力”已经进入一般均衡分析。只是后来者（Hicks，1935；Patinkin，

1965）在延续瓦尔拉斯边际分析传统的同时，一定程度上“误入歧途”：提出既然货币是一个可选择变量，显然应该完成两个基础性工作，一是货币的可置换性决定了它具有效用，可以进入居民的效用函数和厂商的生产函数；二是货币必须导入价值理论框架，才能使货币理论具备坚实的基础。之所以说误入歧途，是因为后来者几乎都偏离了瓦尔拉斯的本意，他只是想证明所有商品市场都能同时出清，货币只是一个符号。反过来，如果我们把交易中的供给与需求换位，势必得到如下基本定义和基本定理。

**基本定义（D1.1）**：在任何商品与服务交易中，只要存在定价，实际上商品的需求者等于货币供给者，商品的供给者等于货币需求者。

**基本定理（T1.1）**：若经济存在瓦尔拉斯一般均衡，则各个市场同时出清。如果存在货币，则所有商品市场的一般均衡意味着在商品换手的同时，所有货币换手完成，所有预算约束取等号，在给定货币存量的条件下，货币市场同时出清。

### 2. 横断面货币均衡

上述基本定理基本还原了在有货币的条件下任何一单商品交易的本质，恰如简单的物物交换双方互为供求一样，用货币购买商品的另一面就是用商品购买货币。因此，让货币进入效用函数的努力可以说是一种误入歧途：既无现实依据，也无理论必要。由于瓦尔拉斯一般均衡表述的是时间横断面上的瞬时均衡，我们结合一般均衡已经成立的定理表述，对基本定理（T1.1）的简单证明如下。

**设定（A1.1，瓦尔拉斯均衡）**：在任意一个时点，经济中的商品市场（包括消费品、投资品和服务）实现瓦尔拉斯均衡：存在 $n$ 个市场，同时决定了均衡交易量和均衡价格，因此存在均衡向量：$x^* = (x_1^*, x_2^*, x_3^*, \cdots, x_n^*)$ 和 $p^* = (p_1^*, p_2^*, p_3^*, \cdots, p_n^*)$。

**设定（A1.2，古典货币数量论）**：在该时点，经济中的名义货币存量为 $\bar{M}$；$\bar{M}V = PY$。

根据以上假定，我们很容易导出以下两个结论：

第一，价值尺度与流通手段合一：在每个市场上，换手的货币额为 $m_i^* = p_i^* x_i^*$，那么我们很容易把商品市场均衡向量转换为均衡货币换手向量：$m^* = (m_1^*, m_2^*, m_3^*, \cdots, m_n^*)$；

第二，货币均衡依从于商品均衡：根据（A1.2）$PY = \sum_{i=1}^{n} p_i^* x_i^* = \sum_{i=1}^{n} m_i^*$。由于是在瞬时，货币流通速度不存在（或可以考虑为常数 1），则有：$\sum_{i=1}^{n} m_i^* = \bar{M}$。这意味着所有的货币换手等于名义货币存量。

上述两个简单结论的直观意义在于，货币是否进入效用函数并不存在显著的讨论价值，只要商品市场存在一般均衡，给定瞬时货币存量，货币交易必然同时实现均衡。当然，这一讨论的微妙之处是：我们不妨把所有的商品市场均衡切割为 $n$ 个货币需求子市场，均衡商品价格实际上等于货币购买力体现的货币价格，均衡价格一旦决定，货币市场必然出清。因此，当且仅当在瓦尔拉斯框架下，如果我们强行设定货币的效用函数，很可能存在的逻辑悖论是同义反复。由此，我们把货币作为一种给定的权利：货币既非商品，也非资产，而是约定俗成或法律设定的可以交易一切商品（消费品、投资品和服务）的价值符号、流通载体。

### 3. 广义货币和货币增量

显然，从上述简单的一般均衡与古典货币数量论的组合讨论中得到的货币经济学基本定理在宏观经济学意义上面临两个必要的讨论：第一，谁是模型中的“货币”，是流通中现金还是广义货币？这是我们必须加以辨析的内容，否则，势必再度陷入货币经济学迷局，即理论基础与大量政策讨论往往存在关于基本定义的脱节。第二，货币存量还是货币增量对均衡具有意义？从希克斯（1935）到斯德劳斯基（Sidrauski，1967）的几乎所有经济学模型都注重讨论货币存量和均衡的存在性，但现实中的经济主体更加关注增量，如企业和居民关注信贷可得性，银行关注流动性，金融市场关注公开市场操作，等等。

从基本定理出发，显然可以推出三个基本结论。

**结论（R1.1）**：广义货币才是瓦尔拉斯一般均衡中的货币概念。

在模型中，我们只关注某个瞬间的货币存量和各个市场的同时出清。因此，无论买者拥有的是流通中现金还是从金融中介得到的贷款，并无实质区别。由此可以得到，该时点所有的货币存量是广义货币。

**结论（R1.2）**：消费、储蓄以及由储蓄转化成的投资都对应着相应的货币量。

由于我们设定了一个 $n$ 维商品向量，其中包含了消费品、投资品和服务。

因此，该模型已经包含了索洛和斯旺（Solow and Swan，1956）关于最优消费、储蓄和投资的全部横截面信息，也就是说，如果居民、企业、政府已经做出最优决策，那么必然在微观层面体现为对消费品、投资品和服务的购买。由此可以断言：第一，假如某个居民 $i$ 恰好在此刻不存在任何消费品购买需求，愿意持有企业的投资品，该需求体现在投资品市场均衡中。第二，假如某个居民 $j$ 既无消费品需求，也无投资品需求，则其持有的现金同样可以由价格向量标识，即其影子价格；假如该居民持有银行存款，则相当于购买了银行服务，同样可以包含在 $n$ 维商品和价格向量中，若银行支付利息，则该服务价格小于1。

**结论（R1.3）**：货币增量只能以外生形式存在，其他变量变化由此只能以比较静态分析进行测定。

因为是横断面分析，即使所有市场主体进行了最优（含跨时最优）决策，我们只能得到均衡点，而得不到均衡路径。在此基础上，所有货币量变化体现为外生变量。当然，若给定货币外生变化，唯一变动的是价格变量，这符合古典货币中性的判断。因此，简单化的一般均衡模型仅仅给货币一个位置，其价值尺度和流通手段就得到了描述，但遗漏了货币与货币之间的交易及其供求主体的现实分析。毕竟，所有的经济模型首先必须符合现实世界。

## 三、对瓦尔拉斯和阿罗－德布鲁一般均衡理论的批评：关于货币与货币交易界定的逻辑缺陷

关于货币与货币交易的研究史，也许从一开始就“错”了。之所以说其错，是因为从货币史角度看，的确可能存在某些特殊商品承担一般等价物职能的史实，但是一旦商品演化为货币，它就不再是商品。这在数学上被称为“过度识别”，具体而言，货币的交易职能和价格在货币交换商品的时候就被确定了：一定的商品等于一定的货币，因此，任何额外定价都是多余的；同样，货币的价值储藏职能在消费和储蓄（延期消费）中被确定了：货币等于未来消费的预期效用的贴现值，因此，给货币设定效用函数显然是多余的。

### 1. 早期的货币观：一种制度安排

随着数字时代的来临，货币的材质（是贝壳、黄金、白银、铜、纸还是数据）并不重要，重要的是，货币是承担跨期交易的制度性载体。真正应该

设想的是，如果没有跨期交易，则货币会退化为一般商品。只有时间上的不匹配、生产和消费的不匹配才需要货币。问题是，任何跨期交易都有风险，因此需要规制。比较著名的早期规制是古代两河流域的《汉谟拉比法典》。该法典规定了商业规范、产权保护，尤其确定了法定货币、抵押、贷款、信用证、本票和合伙的详细规定，如白银的利率被规定为20%。利率的引进，说明跨期交易业已存在，货币是一种制度约定。

沙普斯（Schaps，2004）的著作《铸币时代的发明和古希腊货币化》描述了1904年大英博物馆在希腊以弗所的阿尔忒弥斯神庙地基发掘中发现的一批用银金矿粒打压而成的硬币，说明造币时代起源于公元前6世纪开端。亚里士多德的解释是，“由于进口和出口的需要，货币的使用被发明。出于交换的需要，人们之间达成某种约定，他们约定了一类东西：它自身有用”（第5页）。西福德（Seaford，2004）在其著作《货币和早期的希腊思想》中提出：货币对古雅典社会思想体系的形成至关重要，货币需要计算，塑造了抽象思维。他引述公元前4世纪的毕达哥拉斯学派哲学家阿尔希塔斯（Archytas）的观点：“计算的发现结束了民事纠纷，增进了和谐。哪里有计算，哪里就有公平，也就不会出现不当得利”（第204页）。当然，西福德同样认为，货币可以与无穷多的事物进行交换，但本身不能满足人类的任何基本需要。

学者们是否高估了货币的功能并不重要，真正重要的是，早期学者的观点更加符合事实。货币这一制度安排起码解决了跨期交易的不确定性，无论通过法律强制确定还是契约商定，货币不再是一般商品，无须再与其效用挂钩。

### 2. 效用理论中的货币界定缺陷：货币无效用

在纯理论的一般均衡分析中，货币很早就被引入分析框架（Walras，1900）。这使人们相信，既然在商品交易中存在货币，那么货币就能够进入家庭的效用函数，货币供给和需求函数也可以像商品效用那样导出。帕廷金（Patinkin，1965）的价值理论似乎为货币找到了一个很好的解释基础，但克洛尔（Clower，1967）批评这种解释取消了古老但一直存在的物物交易，不过离奇的是，他反而引进了“现金先行模型”，也就是说，任何交易首先必须存在现金。尽管克洛尔的建议提出了无可争议的货币的交易职能，但他的这一想法遭到了奥斯特罗伊和斯塔尔（Ostroy and Starr，1900）的系统性批评：增加的现金约束条件减少了原本标准交易下的交易机会。

为什么自古典经济学以来，经济学家们前赴后继地为货币在一般均衡中寻找一个位置？这是因为，既然货币是商品——虽然是特殊的商品，那么它应该符合商品的微观经济学特征，即它应该给消费者带来效用。因此，直到近期的一般均衡研究，货币仍然存在于效用函数之中，比如贝纳西（Benassy，1990）在《货币经济学手册》中的“非瓦尔拉斯均衡、货币与宏观经济学”章节，依然沿用包含货币的效用函数设定，效用函数包括了其他所有商品与货币两个成分。

**批评（C1.1 第一种重复计算）：**对“货币进入效用函数”的第一点批评。当商品被赋予了货币的交易职能，则该承担货币职能的商品已经被约定取消了效用。传统经济学家们的分析误区在于忽视了“重复计算”。

我们设想：在公元前 17 世纪苏美尔的某个城邦，政府突然宣布或者全体民众瞬时约定所有的大麦将承担货币的交易职能。那将发生怎样的情形？在 $T_0$ 时刻，全部商品分为两部分：其他所有商品和作为货币存量的大麦。在 $T_1$ 期，所有人都用大麦交换其他商品获得效用，同时也消费部分大麦获得效用。总效用 = 其他所有被消费的商品效用 + 作为消费品的大麦效用。注意：此时作为货币的大麦并没有带来效用。以此类推，在此后的 $T_2$、$T_3$…期，在任何一期，作为商品的大麦都带来效用，但作为货币的大麦默默执行交易职能，并不带来任何效用。直至地老天荒，所有作为货币存量的大麦都没有发挥商品效用职能！因此，何必计算货币的效用？一旦计算，则事实上多计算了商品效用。我们的结论是，一旦某种特殊商品被指定为货币，则其退出商品消费，因而不具备作为商品的效用。当然，如果货币退出流通，比如有人把金币熔化为金饰品，则重新具备了商品效用。

### 3. 一般均衡理论中的货币性质缺陷：货币不灭

在包括货币与商品交易的一般均衡中，因为货币与商品进行交换，所有持有价值论思想的经济学家通常会受困于物物交换和货币与物交换的思维困境。前者可以认为是包含了同等效用或等量的“人类劳动”，于是，后者也应该一样（Patinkin，1965；Ricardo，1817）。① 问题恰恰在此：等量效用交换不等于等量的商品消费，这是因为货币不灭。

---

① 李嘉图（1817）在《政治经济学及赋税原理》中开宗明义地指出：“一件商品的价值，或曰用以与之交换的任何其他商品的数量，取决于生产此件商品所必需的相对劳动量。”

**批评（C1.2 第二种重复计算）：**对“货币进入效用函数”的第二点批评。物物交易是两种商品交换且在当期消费；货币作为交易媒介的出现，是当期消费和未来消费的交换。传统经济学家的分析误区在于忽视了此过程中的“重复计算”。

我们设想：某人 A 与 B 以牛交换羊，各自回家“烹牛宰羊且为乐”，那么，我们可以认为其各自的“乐”代表了相等的效用。但是 A 用一盎司黄金向 B 买羊，一年后，B 用一盎司黄金向 A 买牛，各自先后“烹牛宰羊且为乐”。作为货币的一盎司黄金，无论在一年前还是一年后，都没有灭失，谈何消费与效用？真正发生的事实是：A 消费羊，B 消费牛。总效用仍然是牛羊消费带来的“乐”。货币在此期间并不磨损、折旧，无灭失。由此，推及时间上的正无穷，货币仍然没有带来任何效用。因为，它不是那种被消费掉的商品。

那么，货币是什么？执迷于货币存在效用的所有学者忽视了一个基本经济事实，即货币充当了从第 0 期到正无穷的时间轴上的“未来效用索取权”符号。符号不灭，当人们需要某种符号时，发现那种不容易灭失、磨损、被盗用的东西最适合充当符号。也许，从黄金到比特币，几千年的追求没有根本性变化。当符号确定后，我们可以理解，所谓货币，在与商品的交易中同时充当了价值尺度和价值储藏职能。对于商品卖方，货币是价值储藏，其效用只能用未来的消费衡量。对于商品的买方，货币是价值尺度，其效用只能用当期的消费衡量。因此，所谓第二种重复计算，指的是跨时总效用 = 当期消费效用 + 未来消费效用，其中不能包含任何货币效用。

### 4. 在动态最优分析框架内的货币：均衡货币交易量和持有量的事前决定

我们的第一点批评和第二点批评实际上说明了这样一个事实：效用来自真实的商品与服务消费，如果一定要给货币一个效用值，那么该效用只能按未来的商品与服务消费来赋值。由于在未来，商品和服务消费再度被计算，则任何计算这一价值储藏的行为都是重复的。我们不太清楚最接近瓦尔拉斯天才水准的经济学家阿罗（1964）和德布鲁（1959）是否有意识地理解了这一点，至少在事实上，我们有理由认为他们发现了笼罩在一般均衡理论上的货币这“一朵乌云”。他们没有莽撞地强行设定货币的功能，而是设想了一个无摩擦的非货币经济。在此经济中，只要每个经济主体都进行了跨期最优规划，且如果存在现货市场、期货市场和证券市场，要素和产品配置的帕累托效率得以实现，而货币本身并无存在的余地和必要。就此，奥斯特罗伊和斯塔尔（1990）做了系统性的弱修订，把货币作为第 0 种商品引入市场均衡；这一修订的本质，之所以被我们称为“弱”，是因为它既不能有力地推翻阿罗－德布鲁经济，也不能使模型和论断更加符合现实。原因在于，该修订仍然沿用了克洛尔（1967）的定义：所谓“货币经济”，是“货币去买商品，商品去买货币，但商品并不去买商品”。

**批评（C1.3 货币在跨期交易的风险管理中的优越性）：**对货币无存在必要的批评。如果我们还记得瓦尔拉斯一般均衡的基本内核，那么一切商品和服务都会通过即期交易实现市场出清，如果考虑跨期，最简单的风险管理方式是利率，即货币的跨期价格。

我们完全不否认阿罗－德布鲁框架，这是因为，在一个“无摩擦经济”中，他们的论断完全正确。但是，这需要全社会具有无与伦比的计算能力。我们的推想是，在人类社会暂时（也可能永远）无法具备这种计算能力的约束下，聪明如人类早就找到了替代手段，即对未来风险的管理工具——利率。这要比测算任意两种商品的预期产出和预期需求简单靠谱得多。利率来自跨期交易。如果人们最优地决定了当期消费和储蓄，以支付的货币对应当期消费，以留存的货币（储蓄）对应未来消费，以利率（或者反向说是贴现率，可正可负）应对可能出现的不确定性，那么，一个单一的货币远期价格就可以取代 $n$ 种商品间的期货定价，即只需要一个价格，就可以取代$\frac{n(n-1)}{2}$个期货价格。什么是货币的远期价格，对家庭而言是存款利率，对企业而言是贷款利率。

由此，我们的评论实际上演变为一种猜想，货币自身之间的跨期回购式交易才是真正的货币经济。也许，拉姆齐（Ramsey，1928）模型与瓦尔拉斯（1900）模型的组合，即在 $m$ 期存在 $n$ 种商品（每一期由一个瓦尔拉斯模型给出），同时存在一个沟通各期限的存贷款市场（由拉姆齐模型给出），就可以跨期确定最优消费、储蓄，从而决定了跨期货币配置和各期的市场出清。① 这才是我们真正应该看到的存在货币交易的一般均衡。

---

① 拉姆齐（1928）模型作为跨期最优决策的简单直观经典模型和瓦尔拉斯（1900）模型作为经典而传统的横截面模型，专业读者耳熟能详。由于我们无意再度抄搬，也无意在我们感兴趣的“纯粹货币交易”之外花费时间，在此仅做结合性的精炼表述，两者的结合是实现跨期一般均衡且包含货币跨期交易的较好框架，它比阿罗－德布鲁框架简单。

## 四、制度安排下的天然扭曲型货币经济的阿罗－德布鲁范式：当代现实货币世界的定义和公理体系

### 1. 对货币经济的现实定义

现实世界远非经济学抽象所能穷尽，那么，现实是什么？现实是一个存在扭曲（即存在外生货币供给冲击）的货币市场。在此需要说明的是，基本定理（T1.1）的导出，显然属于微观经济学范畴，体现了微观经济学家对均衡的渴望，也体现了宏观经济学家对一切宏观理论应该具备微观基础的近乎狂热的探寻。这种扭曲体现为以下依据现实所做的定义。

**定义（D1.2）**：货币制度（现金制度、账户制度、支付体系）现实存在。货币制度是一系列法律、规则和监管保证的强制性或诱致性制度。因此，回归微观经济学关于“交易”的本源，一切以购买消费品、投资品和服务为目标的交易，都不是货币交易；货币仅仅是完成交易必须的依据、约束或证明。①

**定义（D1.3）**：金融中介体系现实存在。金融中介体系是由营利性机构组成的，目标是在考虑风险后的利润最大化，因此，为了区分实体交易和货币交易，只有以货币和货币之间的换手为标的的即时或跨期交易才是货币交易。

**定义（D1.4）**：中央银行的法定无限货币发行权现实存在。当然，货币发行的目标是锁定通货膨胀（支持经济增长、实现充分就业、确保国际收支平衡等宏观经济目标）和保障金融体系流动性（相机抉择救助金融机构、承托债券市场等金融稳定目标）。

**定义（D1.5）**：金融中介（商业银行）的资本充足率要求和存款准备金现

① 强制性制度安排较为直观：公元前221年，秦始皇嬴政统一六国，实施了统一的文字、度量衡和货币，以秦半两钱作为标准流通货币，实现了货币生产的国家化和制度化（戈兹曼，2017）。诱致性制度安排可以追溯到更早，戈兹曼（2017，第17—21页）记载的“复利的出现”是一个证据：古巴比伦恩美铁那“铭文锥体”记载的公元前2400年的大麦借贷、德莱海姆泥板以苏美尔文记载的牛群指数级增长且以白银计价的复利模型、公元前24世纪苏美尔人的借贷合约，都是诱致性货币制度。只要是跨期交易，无论以大麦、白银还是奶牛，约定了复利，就是货币交易。中国的情况是单利计算，根据王颖和曾康霖（2016）引述钱穆（2014）对西周时期井田制的分析，以井田出借，以产出偿还，实际上具有随产出浮动的利率性质，利率为产出的11.1%。另外，希克斯（1977）也指出“几乎在全世界、几乎在整个历史中，货币一直都是一种国民体制（或国家体制）；货币是偿付债务的手段，债务是由特定法律制度认可的，而法律制度又是从特定的国家政权中获得它们的权威的”。

实存在。资本充足率决定了金融中介的货币需求（吸收存款）上限，这一点对于我们理解“中央银行并不是通过商业银行调节货币供给，而是通过观测并调节商业银行对公众的货币需求”至关重要，当然对于理解“中介信用”理论也同样至关重要。①

### 2. 货币交易的界定：现实世界的货币公理体系

我们立足于现实中存在扭曲的货币经济，无论这种扭曲是外生货币供给制度、微观交易成本还是摩擦，下列公理体系基于定义 D1.2、D1.3 和 D1.4，而且是讨论我们之后提出的一切货币理论与政策的基本前提。

**现实货币弱公理（A1.1，货币符号公理）：**根据定义 D1.2、D1.3 和 D1.4，货币作为一种制度安排，既不具备生产函数，即需要投入而实现产出的供给端产品特征；也不具备效用函数，即货币只是交易媒介，从未被真正消费掉；还不存在一般商品、服务和物质资产随消费而“灭失”、因磨损而折旧的特点，即货币在数据上不灭。② 如果认同上述三点，那么货币是一种“未来效用索取权”符号。

**现实货币强公理（A1.2，货币交易公理）：**根据定义 D1.2、D1.3 和 D1.4，货币交易是公众和中央银行作为货币供给方、金融中介机构作为货币需求方的“纯粹”货币交易。纯粹的含义是，货币交易不涉及任何非货币商品、服务，仅是货币之间的交易。

从公理 A1.1 和 A1.2，我们做了一个现实区分：商品经济和货币经济。所谓商品经济并不是商品交换商品，而是商品交换货币，即使在这种交换中，货币仅仅以计价单位的形式存在。例如，即便是易货贸易，也仍然存在货币计

---

① 明斯基在《稳定不稳定的经济》中已经意识到这一点。他写道：“在新古典综合理论中，银行业的作用主要体现在货币供给、货币供给的变化以及利率的短期波动。中央银行能够通过调控银行准备金和利率来指导或控制货币供给。事实上，中央银行并不能完全控制银行”（2015，第 197 页）。但是，明斯基并没有明确提出商业银行是货币需求者、中央银行是货币供给者的二元对手交易性质。因此，我们的观点走得更远：中央银行和监管者并非控制商业银行，而是确定了准备金和资本充足率等交易规则，中央银行的公开市场操作不是强制性行政规定，而是市场交易。由此可以理解中央银行与商业银行的货币操作是买卖关系：中央银行供给货币，商业银行需求货币。

② 货币不灭的概念是，比如以大麦作为货币会腐烂，但只要债权债务关系存在，货币额就永远记载在案。

价，否则商品交易无法完成。① 而货币经济不是货币与商品之间的交换，而是货币与未来或其他货币之间的交换。这才能够解释现实的货币需求和货币供给。在我们的定义下，货币需求仅仅是为了得到货币以获利，当然根据国民收入循环，这种利润同样最终归属于居民；但是恰恰由此才能解释，为什么金融中介具有企业的性质。同样，在我们的定义下，货币供给的原始动机是“让自身的流动性保持稳定”，这包括两层含义：一是居民部门有稳定的流动性以满足消费所必须依据的商品交易，即流通中现金（M0）的存在性；中央银行为了使流动性的值（币值，包括通货膨胀率和汇率）保持稳定，必须进行货币供给调整，即基础货币的存在性。二是居民部门为应对币值波动风险采取的存款或汇兑行为，无论哪种行为，都意味着对一定额度或某一种货币的供给。

以上结论是基于对现实的描述，但几乎肯定会引起巨大争议，这是因为我们通过重新定义货币交易，颠覆了传统的货币供求理论。在此，货币需求不再是自凯恩斯（1936）以来的居民部门因为交易、投机和谨慎动机而存在的流动性偏好，而是金融中介部门作为独立部门（相对于传统宏观经济学区分的居民、政府、企业三部门经济）的需求，这样才能解释存款行为，是居民向金融中介的货币供给。在此，货币供给不再仅仅是中央银行的货币发行以及通过商业银行实现的广义货币创造（Philip，1931；Brunner，1961；Burger，1971），而是居民的趋利性操作和中央银行的避险性操作，即无论是存款、外汇买卖还是中央银行货币管理，都是为了规避币值波动和货币供给波动的风险管理。②

## 五、结论

货币在经济系统中的角色是一个恒久的研究课题。本文从瓦尔拉斯和阿罗-德布鲁的一般均衡框架中货币的地位出发，提出了以下一系列不同于以往认知的观点。

第一，在我们的框架中，货币是一种“未来效用索取权”符号。只有这

---

① 如当前在特定范围存在的“易货贸易”，依然以货币计价，只是没有发生货币与商品间的直接交换。

② 居民以存款替代现金，就是对商业银行的货币供给，目的是获得利息，因此是趋利性操作。如果中央银行观察到居民正在大量赎回存款（比如挤兑），则倾向于替代居民向商业银行提供存款，即所谓“再融资”，这是避险性操作。

样，我们才能理解消费和储蓄的跨期配置在货币支付或留存中的地位，也才能破除经济学家多年来持续让货币进入效用函数的无用功。总结我们的理解，愿意接受并持有货币是为了未来的购买以获得未来的效用，那么，货币存量的决定一定具有最优性，这源于经济主体基于对当前效用和未来效用的衡量而做出的决策。我们赞同阿罗和德布鲁的思想，只要跨期，一定涉及定价。同时，我们并不认为一个极其复杂的期货交易市场定价系统符合现实，这是因为人类可以用更简单的跨期货币交易取而代之，而利率是简单、直观、有效的工具，何乐不为？实际上，在所有的动态优化模型中，都外生地给出了一个“贴现率”，这是利率的逆向表达。这说明，经济学家在有意无意中，已然认识到货币跨期交易价格的决定性。

第二，纯粹货币交易是货币与货币之间的跨期交易。由于最优消费等同于交易中的货币，所以这是不再具备研究价值的内容。我们界定的货币交易不是货币与非货币（实物或服务）之间的交易，而仅仅是当前货币与未来货币之间的承诺交易。那么，我们势必提出一个问题：谁在专业从事货币交易？显然，金融中介被纳入了考虑范围。

第三，由于跨期交易是承诺市场，货币交易是以回购形式存在的。回购的特点是存在期限和利率。在我们对阿罗－德布鲁框架的批评中，一个沟通各期的货币回购市场是对极其复杂的期货市场的简单化替代，通过货币的时间价值和风险管理能力，可以同样实现多市场跨期均衡。简单而有效就是美的。

为论证上述三个基本观点，本文做了部分基础性努力，把分析范畴界定为广义货币，把货币交易界定为货币之间的交易，把货币制度、金融中介制度、中央银行制度界定为现实存在。这样，本文的分析为后续关于货币循环、中介信用独立于早期的商业信用和银行信用、实体与虚拟两种货币循环、货币超级中性、货币危机和货币政策规则的一系列理论研究奠定了新的货币经济学框架。

## 参考文献

Arrow, K. J. , 1964. “The Role of Securities in the Optimal Allocation of Risk-bearing”, *Review of Economic Studies*, 31: 91 –6.

Benassy, J. P. 1990. “Non-Walrasian Equilibrium, Money and Macroeconomics”, in Friedman, B. M. and Hahn F. H. (ed. ) *Handbook of Monetary Economics*, Chap 2, Vol I, Amsterdam: North-Holland.

Brunner, K., 1961. "A Scheme for a Supply Theory of Money", *International Economic Review*, II: 79 – 109.

Burger, A. E., 1971. *The Money Supply Process*, Belmont, California: Wadsunta Publishing Company.

Clower, R. W., 1967. "A Reconsideration of the Microfoundations of Monetary Theory", *Western Economic Journal*, 6: 1 – 8.

Clower, R. W., and Howitt, P., 1978. "The Transactions Theory of the Demand for Money: A Reconsideration", *Journal of Political Economy*, 86: 449 – 66.

Debreu, G., 1959. *Theory of Value*, New York: Wiley.

Friedman, M., 1957. *A Theory of Consumption Function*, Princeton: Princeton University Press.

Hahn, F. H., 1971. "Equilibrium with Transaction Costs", *Econometrica*, 39: 417 – 39.

Hahn, F. H., 1984. *Money and Inflation*. Cambridge, Mess: MIT Press.

Hahn, F. H., 1990. "Liquidity", in Friedman, B. M. and Hahn F. H. (ed.) *Handbook of Monetary Economics*, Chap 2, Vol I, Amsterdam: North-Holland.

Hicks, J. R., 1935. "A Suggestion for Simplifying the Theory of Money", *Econometrica*, II, 5: 1 – 19.

Hicks, J. R., 1937. "Mr. Keynes and the 'Classics'; a Suggested Interpretation", *Econometrica*, 147 – 59.

Hicks, J. R., 1939. *Value and Capital*, Oxford: Oxford University Press.

Hicks, J. R., 1977. *Economic perspectives: further essays on money and growth*, Oxford: Oxford University Press.

Keynes, J. M., 1923, *A Tract on Monetary Reform*, London: Macmillan.

Keynes, J. M., 1936, *The General Theory of Employment, Interest Rate and Money*, London: MacMillan.

Ostroy, J. M. and Starr, R. M., 1990. "The Transactions Role of Money", in Friedman, B. M. and Hahn F. H. (ed.) *Handbook of Monetary Economics*, Chap Patinkin, D., 1965. *Money, Interest and Prices*, New York: Harper and Row.

Philip, C. A., 1931. *Bank Credit*, New York: Macmillan.

Ramsey, F. P., 1928. "A Mathematical Theory of Saving", *Economic Journal* 38: 543 – 559.

Ricardo, D., 1821. *On the Principles of Political Economy*, London: J. Murray.

Schaps, D. M., 2004. *The Invention of Coinage and the Monetization of Ancient Greece*, Ann Arbor: University of Michigan Press.

Seaford, R., 2004. *Money and Early Greek Mind: Homer, Philosophy, Tragedy*, Cambridge: Cambridge University Press.

Sidrauski, M., 1967. "Rational Choice and Patterns of Growth in Monetary Economy", *American Economic Review*, 57: 534 – 44.

Solow, R. M., 1956. "A Contribution to the Theory of Economic Growth", *Quarterly Journal of Economics*, 70: 65 – 74.

Spence, M., 1974. *Market Signaling: Information Transfer in Hiring and Related Processes*,

Cambridge, Mass: Harvard University Press.

Thucydides, 1910. *The Peloponnesian War*, London and New York: J. M. Dent and E. P. Dutton.

Swan, T. W., 1956. "Economic Growth and Capital Accumulation", *Economic Record*, 32: 334 –61.

Walras, L., 1900. *Elements of Pure Economics*, Translated and Edited by W. Jaffe, Homewood, Illinois: Irwin.

威廉·戈兹曼，2017，《千年金融史》，北京：中信出版社。

海曼·明斯基，2015，《稳定不稳定的经济》，北京：清华大学出版社。

钱穆，2014，《中国经济史》，叶龙记录整理，北京：北京联合出版公司。

王颖、曾康霖，2016，《论普惠：普惠金融的经济伦理本质与史学简析》，《金融研究》第2期。

**图书在版编目（CIP）数据**

比较 . 第 114 辑 / 吴敬琏主编 . -- 北京 : 中信出版社 , 2021.6

ISBN 978-7-5217-3249-8

I. ①比… II. ①吴… III. ①比较经济学 IV. ① F064.2

中国版本图书馆 CIP 数据核字 (2021) 第 106554 号

**比较 · 第 114 辑**

**主　　编**：吴敬琏
**策 划 者**：《比较》编辑室
**出 版 者**：中信出版集团股份有限公司
**经 销 者**：中信出版集团股份有限公司 + 财新传媒有限公司
**承 印 者**：北京华联印刷有限公司
**开　　本**：787mm × 1092mm 1/16　　**印　　张**：14.75　　**字　　数**：248 千字
**版　　次**：2021 年 6 月第 1 版　　**印　　次**：2021 年 6 月第 1 次印刷
**书　　号**：ISBN 978-7-5217-3249-8
**定　　价**：48.00 元



http://www. caixin. com

E-mail: service@caixin.com